佐藤信
小口雅史 編

古代史料を読む

上 律令国家篇

同成社

律令国家篇

目次

装丁・吉永聖児

はじめに――本書に取り組む方のために――

歴史学の基本は、洋の東西を問わず、現代に残された過去の史資料を読解することから始まる。もちろんいまさら声を大にしていうことでもない。歴史学の発展にともない、さまざまな新しい試みがまぶしいばかりの成果を上げるようになってきているが、史資料を用いない歴史学はありえない。もしそうしたものがあるとすれば、それはもはや歴史学ではない全く別な学問である。

世に、いわゆる歴史ファンは相当数存在するようである。それは全国各地で開催されているカルチャーセンターの講座数とその受講者数が端的に物語っている。良き講師と出会えれば、長く受講しているうちに史学科の大学院生顔負けの知識と方法を身につけることも可能である。現にそうした人は確実に存在する。ただカルチャーセンターの講座は基本的には歴史学の方法論を身につけることを第一義に開講されるものではなく、歴史のさまざまな実相を説くものが多い。あるいは特定の史料を講読するものも存在するが、そこから歴史像を描き出すことまでは普通は目的にはしていない。

とはいえ、歴史学の醍醐味は、やはり原史料からどうやって過去の実態を描くことができるのか、まさにそこにある。高校の日本史は、通常は史料読解から導き出された結論だけを学ぶことを基本とするが、大学の史学科は、史料の読解によってどうやって高校教科書の記述が得られたのかを学ぶところである。この面白さをぜひ多くの方に味わってほしい。対象を私どもの専門である日本古代史に設定したうえで、そういう願いを込めて本書は編集された。

歴史に興味のある一般市民のみなさん、あるいは大学でこれから日本古代史を学んでみたいと考えている高校生のみなさん、あるいはすでに大学史学科に合格して、いよいよ本格的に歴史学に取り組むことになる初学者の皆さん、あるいはすでに史学科に在籍して本格的に学び始めてはいるが、さらに新しい分野に取り組みたいという方などを念頭に、日本古代史料をどうやって用いて古代の実像を描き出すのか、さまざまな史料の性格にまで遡って説き起こしている。読む順は自由であるが、最終的にはぜひ全編を読破して、日本古代史料の世界を満喫してほしいと思う。

本書（全二巻）は古代のうち、およそ九世紀ころまでを念頭に置いた「律令国家篇」（上巻）と一〇世紀以降の「平安王朝篇」（下巻）とからなる。およそ一〇世紀を境に、古代国家が大きく変質することはよく知られている。前者が古代前期、後者が古代後期に当たるが、中世史研究者の側から提起された。いわゆる「王朝国家論」では、その一般には古代的に響く優雅な用語とは裏腹に、一〇世紀以後は中世前期と位置づけられる。本書ではこの時代区分論については、優れて歴史理論の問題なのであえて触れないが、一〇世紀を境に社会が大きく変化したことは間違いない。そのことは本書二冊を通読することによって感じてほしい。

さてこの「律令国家篇」では、九世紀までの重要史料を選んで、Ⅰ「典籍と文学」、Ⅱ「古文書」、Ⅲ「法制史料」、Ⅳ「出土文字資料」の四つに分類し、その読解法を論じている。

Ⅰ「典籍と文学」には、①『日本書紀』『続日本紀』、②『万葉集』、③『古事記』、④風土記、⑤『日本霊異記』、⑥伝記（『唐大和上東征伝』）を配した。①『日本書紀』『続日本紀』は編纂物に分類されるが、国家が自らの正統性を主張するために主観的に編纂されたという側面がある。利用に当たっては最初から厄介な問題を抱えている。とくに神話時代から筆を起こす『日本書紀』は真実をどうやって読み取るかが難しい。もちろん歴史学自体、史料の解釈にもとづく学問であるから、いろんな結論が得られることはある意味で当然である。要はそこに合理性があるかどうかにかかってくる。読者諸賢も、具体的な史料に即して、いろいろと考えてみていただきたい。②『万葉集』は言うまでもなく文学作品であるが、大友家持という名門古代豪族が編纂の中心にあったことから、日本古代史の史料としてもさまざまに活用が可能である。文学作品を歴史学の史料として用いるときの具体的手法を十分味わってほしい。

③『古事記』も、やはり文学作品といえよう。研究者も国文学（日本文学）畑の人が圧倒的多数を占める。しかし『古事記』もまた日本古代史の史料として活用できる。ただ『古事記』偽作説も古くからあってこの問題を解決することが『古事記』の史料性を決める。本書では新しい見解を交えながらこの問題を明快に扱っている。④風土記は日本最古の地誌である。地域史を考えるための格好の素材であるが、残念ながら現在に伝えられているものはわずかである。またそれぞれに個性があって、利用に当たっては注意が必要である。本書では『播磨国風土記』や『常陸国風土記』を主な素材として、地名起源説話、祭祀関係と地域生活史の究明法を明らかにしている。⑤『日本霊異記』は日本最古の仏教説話集であるが、因果応報を説くフィクションないし文学作品的色彩が強いので、永く歴史学は本書に冷淡であった。しかし正当な手順を踏んで（考古学の成果も援用しながら）実証作業を積み重ねていけば、本書からしか明らかにできない古代社会のさまざまな実相が浮かび上がってくる。ぜひこうした側面を堪能していただきたい。⑥伝記では『唐大和上東征伝』を取り上げた。伝記という書物の性格から、これまた主観的な記述が含まれていて、扱いの難しい史料であるが、だからといって放置しておくのはあまりにもったいない。とくに『唐大和上東征伝』は、同時代史料を用いた信憑性の高いものである。また井上靖の『天平の甍』に翻案され広く知られるようになった。過去に大学入試の史料問題として取り上げられたこともあり、映画や歴史ドラマで著名な場面のオンパレードである。本書ではそうした名場面から二つを選び、他の史料との比較を通じて実相に迫る方法を論じている。

Ⅱ「古文書」では、世界史の奇蹟ともいうべき正倉院文書を中心に、その豊かな内容を紹介しながら、その利用法を論じている。まずは①正倉院文書をご覧いただき、正倉院文書の主体である写経所文書としての性格を会得していただきたい。ついで写経所に反故紙として入いる前の一次文書について解説する。②は正税帳を扱う。これは律令制下の地方組織の財政状況を知るための実に貴重な資料群である。本書では「紀伊国正税帳」「大倭国正税帳」を素材として一国の財政がどのように運用されていたのかを読み解いている。また③石山紙背文書では、正倉院文書中で異彩を放つ、下級官人安都雄足とその周辺に関わる、きわめてプライベートな文書群を紹介する。私信が多いが、私信の読解は、当事者同士で自明なことは書かなかったり、名前もニックネームや略称であったりで、人物比定が難しい場合があることなどから、古来正確な解読は困難とされてきた。しかし同時代人の気持ちになりきってその世界に浸ればいろんなことがみえてくる。本来残るはずもない私信がせっかく残ったのであるから、ぜひその活用法を学んでほしい。なお関連史料として大宝二年「御野国戸籍」、正倉院伝来の古地図、経典跋文をコラムとして収めている。

Ⅲ「法制史料」では、律令国家の基本法である律令格式に焦点を当てる。まずは日本古代国家の基本法である①令（大宝令・養老令）をとりあげる。日本最初の完成した律令法典である大宝律令は大半が失われ、随所に残された逸文から復元する必要がある。本書では現存する養老令から、大宝令の復原方法や母法たる唐令との関係をめぐって永い論争のある田令荒廃条を取り上げて、令の古代史料としての利用法を論じている。難解な議論であるが、正面から取り組んでみてほしい。高校の日本史では「律令」といわれ「令」と対になる「律」であるが、日本では唐とは異なり、存在感は薄かった。本書ではコラムとして、その性格を簡単に取り上げている。次に「格」については、九世紀以来の弘仁・貞観・延喜の三代の格が内容に応じて分類編纂された『類聚三代格』のうち、律令時代に関するもの、基本的には弘仁格に納められたものを扱う。本書では近衛府と中衛府をめぐる格の読み方を解説する。格の具体的読解法については、本書の下巻「平安王朝篇」を併せて参照されたい。次に「式」についてはもちろん『延喜式』を取り上げ、その律令時代に関わる部分を扱う。式とは何かについて等々も比較したうえで、先行する弘仁式や貞観式を丁寧に解説しその性格を明らかにする。式の具体的読解法についてもやはり「平安王朝篇」を参照されたい。

Ⅳ「出土文字資料」では、これまでの史料とは異なり、発掘による出土品を中心とした文字資料の利用法を解説する。典籍文書類が江戸時代から研究の対象であったのに対して、比較的最近、存在感を増している新しい資料群である。日本古代史研究において新たに典籍文書類が出現する可能性はほとんどなく、出土文字資料だけが日々新出資料として古代史学界に提供されている。しかし出土資料という断片的なものであるために、初学者が歴史を読解するための資料としてどう扱うかはかなり難しい。そうしたなかで本書ではさまざまな利用法を紹介している。まず①木簡。出土時に学界で大きな注目を浴びた長屋王家木簡や二条大路木簡、さらには木簡の主流である荷札木簡などを取り上げて、その活用法を、物としての木簡という側面をも踏まえながら、丁寧に解説している。出土文字資料をこれだけ丁寧に解説してもらえる機会はそうはないだろう。じっくり取り組んでみていただきたい。ついで②漆紙文書。これはまさに文書なのではあるが、伝来の仕方が正倉院文書などとは異なり、漆容器の蓋などに再利用されて残ったものである。文書として残した物ではないので断片的で移動もする。通常の文書より難解であるといってもよい。本書ではこれまたさまざまな具体例を提示しながら、どのように読解すべきかを丁寧に解説している。出土文字資料としては墨書土器もある。これは一文字かせいぜい数文字が土器に記されたもので、利用方法はさらに難しい。本書では信仰と関わる記載を中心にコラムで解説している。最後に③金石文。これは出土文字資料ではないが、紙に書かれたものではない、ということで便宜的にここに掲げた。本書では上野三碑を中心にとりあげた。石に文字を記する文化は、日本では上野三碑が刻まれた七世紀後半以降に出現する。大陸では大量に生産され、毎年のように新たな出土報告もなされているが、日本では盛行しなかったらしい。本書ではこうした特殊な石碑に刻まれた文章の利用法を解説している。

出土文字資料は先にも触れたように新たな資料が今後とも連綿と発見され続け、古代史研究の進展を支えていくことは間違いないが、しかし本書を読破して分かるように、江戸時代の国学者が取り組んで以来、数百年の研究史がある典籍古文書でもまだまだ分からないことがたくさんあり、新しい見解も続出している。本書の読者諸賢もまた、今後こうした新発見に関わることがあることを祈念して本書の解題に代えることとしたい。

（小口雅史・佐藤信）

凡　例

○各論考の構成要素や版組は扱った史料の性格の違いからあえて統一されていない（おおよそ、本文ないし釈文、読み下しないし訓読文、語句註、解説などから構成されている）。
○典籍類の掲載写真は、諸般の事情で必ずしも最善本のものを掲載しているわけではない。
○各論考中の難解な史料名、人名、地名、用語については、その初出にのみふり仮名を付した。
○各史料に読み下し文が付してあるため、釈文には返り点を付していないものもある。
○史料の読み下しにあたっては現代風仮名遣いを原則とした。
○『大日本古文書』（いわゆる正倉院編年文書）の引用に際しては、㊄巻頁の形式で示した。
○木簡の釈文下段のアラビア数字は、木簡の長さ（文字の方向）・幅・厚さを示す（単位はミリメートル）。欠損している場合の法量は括弧つきで示した。
○漆紙文書釈文の「×」印は、前後に文字の続くことが内容上推定されるが、欠損などにより文字が失われている箇所を示す。

Ⅰ　典籍と文学

①日本書紀《にほんしょき》・続日本紀《しょくにほんぎ》

一　日本書紀

日本は先進中国の国家体制に倣って律令国家を建設したが、その一環として国の歴史書（国史）を編纂した。これは日本が高い文化水準にある国家であることを内外に示す意味でもきわめて重要なことだった。その国の歴史書の第一が『日本書紀』であり、第二が『続日本紀』だった。

『日本書紀』は本来は『日本紀』と言ったという説がある。実際に『日本紀』と表記される場合もあり、両方とも正しい書名と考えて差し支えない。また、書名に「日本」を冠する点は、対外的な意味合いが大きいと考えるべきかもしれない。『日本書紀』は中国の歴史書を模範とした。中国では『史記』を嚆矢として『漢書』以来王朝ごとに編纂が行われた。これを正史という。『日本書紀』に年代的に最も近い正史は『隋書』で、『隋書』は紀（皇帝本紀）・志・伝（列伝）で構成される。『日本書紀』はこのうちの皇帝本紀に倣って作られたため、「紀」という字が書名に付けられたものと思われる。

紀は各皇帝の治世代ごとに出来事を記述したもので、志は礼儀志や音楽志などというように、分野ごとに隋の歴史を叙述したものだった。伝は后妃・王族や主立った官人の経歴・業績を記したもので、また周辺諸民族（諸国）に関する記述もあった。日本の記述も東夷伝倭国条に見られる。このように中国の正史はさまざまな要素から構成されていたため、各皇帝本紀の記述は簡潔だった。それに対して、『日本書紀』はさまざまな事柄が天皇紀に盛り込まれ、非常に内容豊かなものとなっている。自ずと受ける印象はずいぶん異なる。しかし、各天皇の治世代に起こった出来事を記述するという『日本書紀』の基本姿勢は、中国の皇帝本紀と本質的に同じである。日本は自らの考えにもとづいてこの叙述形態を選択し、その選択にもとづいて書名を『日本書紀』としたのだろう。

『日本書紀』の史料的性格

『日本書紀』はこの世の始まりから持統朝までを記述する。全三〇巻。系図一巻が付属していたが失われた。舎人親王の下で編集が行われ、元正朝の養老四年（七二〇）に完成・奏上された。天武十年（六八一）に帝紀と上古諸事の編纂が命じられており、天武朝が律令国家建設の最終段階であることを考えれば、これが直接『日本書紀』に帰結するかどうかは定かではないものの、大きくみれば天武天皇が国の歴史書の編纂を企図し、それが『日本書紀』に結実したことは間違いない。そして、第二の国の歴史書＝『続日本紀』が、『古事記』ではなく『日本書紀』を次ぐものだったことからすれば、『日本書紀』が日本の国の歴史を公的な立場から叙述するという使命を帯びて編纂されたものだったと言ってよいだろう。

冒頭に述べたごとく、国の歴史書の編纂はその国家が高い文化水準にあることを証明し主張するものだった。東アジア世界で考えれば、黄河文明発祥の地である中国が文化・文明の中心・発信地だった。中国から四方に文化・文明が拡大していくから、地理的関係からして朝鮮半島のほうが日本よりも文化水準は高かったはずである。しかし、朝鮮半島で最初の国の歴史書である『三国史記』が作られたのは一二世紀の高麗王朝においてだった。新羅は唐との関係に意を用いなければならず、そのために独自の年号も建てず、独自の律令法典も備えなかったように、国の歴史書の編纂を控えたとも考えられる（『三国史記』には、新羅で真興王六年（五四五）に国史を修撰したという記事があるが、この国史は後世に伝わっていない）。しかし、逆の観点からすれば、日本が唐との関係を保ちつつも、独立した国家として国の歴史書を編纂しえたことは高く評価されてよい。

では、記述が持統朝までで終わっていることの意味は何か。持統朝の次は文武朝で、文武朝の大宝元年（七〇一）に大宝律令が編纂・施行され、律令国家が名実ともにスタートした。つまり、『日本書紀』はこの世の始まりから律令国家の成立直前までの歴史を総括する、律令国家成立前史なのである。

混沌の世界が天と地とに分かれ、天に神々が生まれ、その神が地上に島々を作って日本列島が誕生し、天上の世界（高天原という）では天照大御神が多くの神々を従がえて支配した。そのような神代の叙述から『日本書紀』は始まり、初代天皇とされる神武天皇以後も、四世紀に相当するくらいまでは神話の世界が展開している。国の歴史書が神話から始まるというのは現在の感覚からすれば奇異に感じるかもしれないが、中国の『史記』も朝鮮半島の『三国史記』も神話から始まっている。

神話には歴史的事実とは次元を異にした「真実」がある。この「真実」は日本という国がどのような過程を経て誕生し現在のような姿になったのかを端的に示すものであり、日本人共通の「思想」と表現してもよい。そして同時にそれは、八世紀現在の国家秩序・社会秩序が正しいことを担保するものなのである。

五世紀の叙述になると、倭の五王の時代で日本列島に統一国家ができてくる時代に当たり、国造制や部民制・屯倉制などの国家の支配構造が形成されてくる。しかし、この時期の叙述の大半は人びとの間で語り伝えられてきた内容にもとづいており、さまざまな叙述の中から歴史的事実を抽出する作業が重要になる。そして、武烈天皇の死去、継体天皇の即位によって、律令国家の天皇家に直接繋がる天皇家が創始され、蘇我氏政権確立過程の六世紀を経て、厳密な史料批判は必要なものの、ほぼ歴史的事実が記述されていると考えてよい七世紀の叙述となる。

以上のように、『日本書紀』は各部分によって史料的な性格を大きく異にする。したがって、それぞれの扱い方、注意点も異なる。考えようによっては扱いが非常に厄介な史料である。神話は神話として扱わなければならないし、五世紀・六世紀の部分は歴史的事実を慎重に見極めなければならない。また、七世紀の部分は基本線はほぼ歴史的事実にもとづくとはいうものの、それらは国家側の主張・見解であり、中国の古典にもとづく粉飾も認められ、史料批判を厳密に行う必要がある。

『日本書紀』のテキスト

ところで、八世紀にできた『日本書紀』を現在の我々が読むことができるというのは、考えてみれば大変なことである。二一世紀の現在までテキスト（写本）が大切に伝えられてきたのだが、その重要な役目を果たしたのは朝廷の神祇祭祀に関わってきた卜部《うらべ》家だった。ただし、この卜部家本も運命的な経過をたどる。

卜部家では『日本書紀』全三〇巻を大切に伝えてきたが、戦国時代末の騒乱の中で焼失した。ただ幸いなことに、この直前に三条西家が卜部家本をもとに写本を作っていた。卜部家はこの三条西家本を借り出して写し、新たな家の本とした。この写本は当時の卜部家の当主の名を取って兼右《かねみぎ》本と称される。神代巻の巻一・巻二を除く二八巻が現存している。その後三条西家本が散逸したため兼右本の価値は増し、その一方で、神代巻は卜部家本をもとにした写本が卜部家に別に伝存しており、我々は『日本書紀』全三〇巻を手軽に読むことができるのである。

この他にも、卜部家本をもとにした写本や、卜部家本とは系統を異にする写本（一般に古本系写本と総称される）があり、それらの中には書写時期が九世紀初めにまで遡るものもあって価値は高いが、兼右本のようにまとまって残存しているものはなく、その意味でも兼右本の価値の高さは動かない。兼右本（巻三から巻三十まで）の影写本は天理図書館善本叢書に収められており、また神代巻の巻一・巻二も乾元本が新天理図書館善本叢書に収められている。卜部家本系の他の写本や古本系写本にも影写本が公刊されているものがあるので、興味のある方は図書館で検索してみてほしい。

活字のテキストは、岩波書店・日本古典文学大系に収められている『日本書紀』上・下が基本である。このテキストは返り点付きの原文、訓み下し文、頭注から成り、詳細な説明を要するものには補注が別に付く。歴史学・国語学・国文学による検討を経たテキストであり、信頼性の高いテキストである。

「敏達元年六月条」を読む

ここで『日本書紀』の性格の一端を示すために、敏達元年六月条を取り上げよう。掲げた写本は先に紹介した兼右本の巻二十の該当箇所である。

羽悉寫其字朝庭悉異之六月高麗大
使謂副使等曰磯城嶋天皇時汝等違
吾所議被欺於他妄分國調輙与微者
豈非汝等過歟其若我國王聞必誅汝
等副使等自相謂之曰若吾等至國時
大使顕導吾過是不詳事也思欲偸殺
而断其口是夕謀泄大使知之装束衣
帶獨自潜行立館中庭不知所計時有

〔釈　文〕

六月。高麗大
使謂二副使等一曰。磯城嶋天皇時、汝等違二
吾所レ議、被レ欺二於他一、妄分二国調一、輙与二微者一。
豈非二汝等過一歟。其若我国王聞、必誅二汝
等一。副使等自相謂之曰。若吾等至レ国時、
大使顕二導〔導〕吾過一、是不詳〔祥〕事也。思三欲偸殺
而断二其口一。是夕、謀泄。大使知レ之、装二束衣
帯一、独自潜行。立二館中庭一、不レ知レ所レ計。時有二

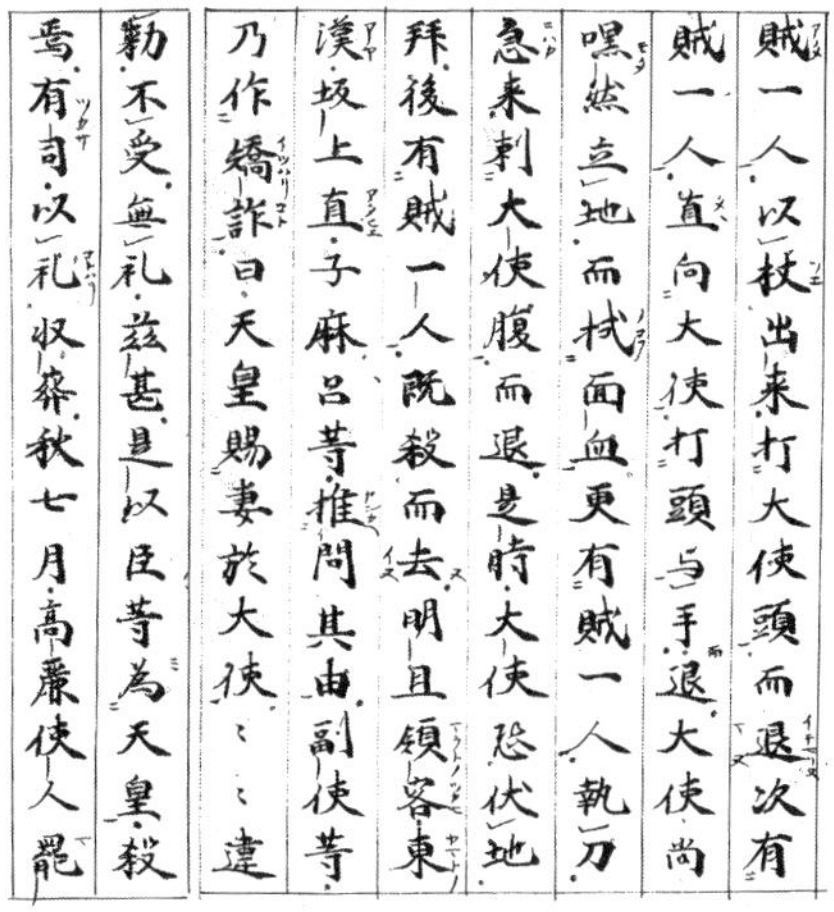
賊一人以杖出来打大使頭而退次有
賊一人直向大使打頭与手退大使尚
嘿然立地而拭面血更有賊一人執刀
急来刺大使腹而退是時大使恐伏地
拝後有賊一人既殺而去明旦領客東
漢坂上直子麻呂等推問其由副使等
乃作矯詐曰天皇賜妻於大使々々違
勅不受無礼玆甚是以臣等為天皇殺
焉有司以礼収葬秋七月高麗使人罷

（画像：天理大学付属天理図書館提供）

賊一人㆒、以レ杖出来、打㆓大使頭㆒而退。次有㆓賊一人㆒、直向㆓大使㆒、打㆓頭與レ手而退。大使尚嘿然立レ地、而拭㆓面血㆒。更有㆓賊一人㆒、執レ刀急来、刺㆓大使腹㆒而退。是時、大使恐伏レ地拝。後有㆓賊一人㆒、既殺而去。明旦、領客東漢坂上直子麻呂等、推㆓問其由㆒。副使等乃作㆓矯詐㆒曰。天皇賜㆓妻於大使㆒、々々違レ勅不レ受、無レ礼玆甚。是以、臣等為㆓天皇㆒殺焉。有司以レ礼収葬。

〔読み下し〕

六月。高麗《こま》の大使、副使等に謂《い》いて曰く「磯城嶋《しきしまの》天皇《すめらみこと》の時、汝等《いましら》吾の議《はか》るところに違《たが》い、他《ひと》に欺《あざむ》かれ、妄《みだり》に国の調《みつき》を分《わか》ち、輙《たやす》く微《いや》しき者に与う。豈《あ》に汝等の過《あやまち》にあらざるか。其れ若し我が国王聞かば、必ず汝等を誅《つみ》せむ。」副使等自ら相謂いて曰く「若し吾等国に至る時、大使吾が過を顕し遑《もう》さば、是れ不祥《さがな》き事なり。偸《ひそか》に殺して其の口を断たんと思欲《おも》う。」是の夕《ゆうべ》、謀《はかりごと》泄る。大使これを知り、衣帯《いたい》に装束し、独り自ら潜《かく》れ行く。館《むろつみ》の中庭に立ちて、計るところを知らず。時に賊《あた》一人有り、杖を以て出《い》で来て、大使の頭《かしら》を打ちて退く。次に賊一人有り、直ちに大使に向いて、頭と手とを打ちて退く。大使尚《な》お嘿然《もくぜん》と地に立ちて面《おもて》の血を拭《ぬぐ》う。更に賊一人有り、刀を執りて急《にわか》に来りて、大使の腹を刺して退く。是の時、大使恐れて地に伏し拝す。後に賊一人有り、既に殺して去る。明旦《あくるあした》、領客東漢坂上直《やまとのあやのさかのうえのあたひ》子麻呂《こまろ》等、其の由を推問す。副使等乃《すなわ》ち矯《きょう》詐《さ》を作《な》して曰く「天皇妻《つま》を大使に賜うに、大使勅《おおみこと》に違《たが》いて受けざるは、礼無《いやな》きこと茲《こ》れ甚し。是《ここ》を以て、臣等《やつこら》天皇の為に殺せり。」
有司《ゆうし》礼《れい》を以て収葬《しゅうそう》す。

高麗は当時の朝鮮半島にあった三国の一つ高句麗のこと。前々年の欽明三十一年に高句麗から初めて使が日本に遣わされたが、翌三十二年に欽明天皇が没したため、山背の相楽館（迎賓館）に留め置かれた。翌敏達元年敏達天皇が即位し、あらためて高句麗使との外交交渉が行われた。この時高句麗使が提出したのが有名な「烏羽の表疏《ひょうそ》」である。「烏羽の表疏」とは黒い烏の羽に外交文書を記したもので、高句麗が日本の文化程度を試すために細工したものと考えられる。従来から朝廷に仕えてきた史部《ふひとべ》（＝書記官）たちがこれを読むことができなかった時、新来の王辰《おうしん》爾《に》が烏の羽を炊飯の湯気にかざして書かれた文字を帛《きぬ》に写し取り文章を読んだとある。

大使の発言の磯城嶋天皇とは欽明天皇のことである。高句麗使は風浪に翻弄され越の国（北陸地方）に漂着した。越の豪族である道君《みちのきみ》はこの事実を朝廷（中央政府）に隠して、自分が天皇だと詐《いつわ》り、使が携えてきた天皇への献上品を受け取った。このことは江渟臣《えぬのおみ》裙代《もしろ》から朝廷に報告され、それにより朝廷から膳臣傾《かしわでのおみかたぶ》子《こ》が越に遣わされて不正が発覚し、献上品は回収された。大使の発言を見る限りでは、大使は初めから道君を疑っていたらしく、進んで献上品を道君に差し出したのは副使たちだったらしい。国王に報告すれば副使たちは責任を問われざるをえない。外交交渉を終え帰国を直前にした時点で、このことを大使は副使たちに通告したのである。

これを聞いた副使たちは、大使を暗殺して口をふさごうと考えたが、この謀議は漏れて大使の知るところとなった。大使は服装を正して密かに相楽館を抜け出したものの、どうしてよいか途方に暮れ、中庭に立ちすくんでいた。夜の闇が大使を取り巻き、静寂の中にピリピリと殺気が肌を刺す。その瞬間、闇から一人の男が現れ、杖で大使の頭をしたたかに殴打し、闇に帰っていった。そして、また違う方角の闇から一人の男が現れ、大使に近寄ったかと思うと、頭や手をどことい わずに殴りつけ、同じく闇に帰っていった。大使は痛めつけられながらも、なお言葉を発することなくその場に立ちつくし、ただ顔の血を拭っただけだった。さらに、三人目の男が刀を持って走り寄り、大使の腹に刀を突き立てて、また闇に帰っていった。大使はたまらず地に倒れ伏し助けを求めたが、容赦なく四人目の男が現れ止めを刺した。四人の男たちは帰国すれば責任を問われる者たちだったのだろう。全員が殺害に関わることで共犯関係を成立させ、運命共同体的な意識を確認したのだろう。まるで映画かＴＶドラマの一場面のような臨場感である。物語としてはスリリングで非常に面白いが、これがすべて歴史的事実かと問われれば、首を傾げざるをえない。『日本書紀』が一方で物語性を備えた文学作品とされる所以である。

翌日の朝、接待役の東漢坂上直子麻呂らが大使殺害にいたった理由を問い質したところ、副使たちは天皇が大使に妻を娶《めと》らせようとしたのにもかかわらず、大使が無礼にもそれを断ったため、殺害したと述べた。この記事が収載されていることからして、副使たちの説明が虚偽であることは日本側もわかっていたはずである。しかし、日本側は副使たちの説明を受け入れて、大使を葬送して事を収めた。

当時は、日本が朝鮮半島における拠点（任那といった）を失い、その回復を模索していた時期である。そこに高句麗から初めての接触があった。朝鮮三国の勢力図が変化しはじめ、中国や日本を巻き込んで朝鮮半島をめぐる情勢が大きく変化を始める時期だった。この記事はそれに密接に関連する記事である。ひとつ対応を誤れば、日本の立場はどうなるかわからないし、任那の回復も絶望的なものとなるだろう。だから、あのような事を荒立てない対応となったのではなかろうか。また、この記事から、地方豪族と中央政府との関係や、それとは別に中小の豪族が中央政府と結び付く状況がうかがえる。さらに言えば、高句麗の大使に妻を娶らせようとしたというのも、日本の習俗として注目されてもよいかもしれない。

敏達朝は六世紀後半に当たり、歴史的事実を書き連ねた七世紀にはいま一歩だった。それをふまえて、この記事からどれだけの歴史的事実を抽出するか、その判断は非常にむずかしい。「烏羽の表疏」はまったくの作り話で、外交儀礼（にともなう文書）の日本の文化水準が高句麗に比して格段に低かった事実を反映した寓話と理解する向きもある。しかし、何ら根拠を示すことなく無前提にそう考えるのは武断にすぎよう。筆者は「烏羽の表疏」に関しても有力な反証がない限りほぼ事実と見做したほうがよいと考えるが、判断は人により区々である。畢竟、そうした判断のむずかしさこそが『日本書紀』を読む面白さなのだろう。

二　続日本紀

『続日本紀』という書名は、日本紀に続く国の歴史書、『日本書紀』を継承する第二の国の歴史書ということを体現する書名である。文武から桓武にいたる各天皇紀を連ねた基本的な形態に変わりはない。ただ、事例の数がきわめて少なく、あっても記述内容が簡素なものがほとんどであるものの、官人の死亡記事に「伝」が付加されている事例があり、この体裁は『日本後紀《にほんこうき》』以後にも引き継がれる（薨伝《こうでん》・卒伝《そつでん》という）。

『続日本紀』は『日本書紀』を接ぐかたちで文武朝から始まる。先にも書いたように、この文武朝に律令国家がスタートする。そして、次の元明朝の和銅三年（七一〇）に平城京への遷都が行われ、奈良時代がスタートする。末尾は桓武朝の途中、延暦十年（七九一）までなのだが、延暦三年（七八四）に平城京から長岡京に遷都が行われ、延暦十三年（七九四）に長岡京から平安京に遷都が行われているから、『続日本紀』は奈良時代をすべて収めて、なおかつ平安時代の叙述は含んでいない。つまり、律令国家がスタートして安定した体制のもとで奈良時代を通じて国家・社会が大きく発展を遂げた、その過程をすべて叙述したのが『続日本紀』であると言うことができる。『日本書紀』を律令国家成立までを総括した書と評したのに比して言えば、『続日本紀』は奈良時代を総括した書と評することができよう。

複雑な編纂過程

『続日本紀』の性格を決定するうえで大きな要因となったのが、その複雑な編纂過程であり、それは『日本後紀』(逸文)の延暦十三年(七九四)八月癸丑条と同十六年(七九七)二月己巳条に収載された上表文からわかる。『続日本紀』は淳仁朝・光仁朝・桓武朝の三度の編纂を経て完成したと考えられている。淳仁朝では、文武朝・元明朝・元正朝・聖武朝・孝謙朝(ただし天平宝字元年〈七五七〉まで)の史書が曹案三〇巻として編纂された。光仁朝では、この曹案を再度見直して記事を整えたが、この間に天平宝字元年の巻を欠いてしまった。また、この作業とともに、淳仁朝・称徳朝と光仁朝の宝亀八年(七七七)までの史書の編纂が行われて二〇巻にまとめられ(ただし未完成)、全五〇巻(ただし欠一巻)となった。桓武朝では、曹案の記事内容に不備があるという理由で(天平宝字元年の巻を補うとともに)修訂作業が行われ、それとともに記事全体が圧縮され二〇巻にまとめられた。その一方で、先の未完成二〇巻も記事が整えられて一四巻となり、さらにこれを接いで桓武朝の延暦十年(七九一)までの六巻が編纂されて二〇巻にまとめられ、全四〇巻の『続日本紀』が完成した。これが現時点での通説的理解である。

右のような編纂状況に対して筆者はかなり異なった想定をしている。それを以下で述べよう。まず延暦十三年の上表文の一節に

文武天皇より降りて聖武皇帝に訖《おわ》るまでは、記註昧《くら》からず余烈存す。但し宝字より起りて宝亀に至るまでは、廃帝受禅して遺風を簡策に韞《つつ》み、南朝登祚して茂実を洛誦に闕《か》く。

とあるが、これと右述の通説とを比較すると即座に孝謙朝が抜けていることに気付く。天平宝字元年の巻が欠けているどころの話ではない。そもそも、なぜ淳仁朝で『日本書紀』に次ぐ第二の国史の編纂が企図されたのか。当時は藤原仲麻呂政権下であり、仲麻呂の性格を考えれば国史編纂を企図したことも十分考えられる。しかし、そもそも日本では何を契機として国史編纂がなされるのか、判然としていない。

村上朝に編まれた『新儀式』には、国史の修撰は三・四代の天皇ごとに行われるとあるが、これは第三の国史である『日本後紀』が桓武朝の延暦十一年以降と平城朝・嵯峨朝・淳和朝を対象とし、第六の国史である『日本三代実録』が清和朝・陽成朝・光孝朝を対象とし、さらにはこれに次ぐ第七の国史（未完成。『新国史』とも『続三代実録』とも称される）がおそらく宇多朝・醍醐朝・朱雀朝を対象としたものだったことにもとづくものと思われる。つまり、淳仁朝の時点で基準はなかったと言ってよい。だとすれば、淳仁朝で国史編纂が企図された必然性をあらためて考えてみる必要があるだろう。

そこで注目したいのが、『令集解《りようのしゆうげ》』（＝令文の注釈集）に引用された「新令私記」の

弁官ならびに諸司等、国内の行事は皆な注して寮に送るべきなり。しかる後に寮その文を修選して、中務《なかつかさ》押監するのみ。

という一節である。弁官をはじめとする諸司は国内で行われたすべての行事を記録して図書寮《ずしよ》に送り、図書寮はそれらを修撰して（国史を編纂する）ことになっており、中務省はそれを指揮・監督すると解説されている。「新令私記」は、天平宝字元年（七五七）に養老律令が施行されたのにともない、平城宮の内裏内に設置された説令所において藤原仲麻呂臨席の中で養老令の講説が行われた際の記録と考えられている。それからすれば、当時の政府は図書寮によ

る国史修撰を想定していたと思われる。

法文上修史事業を担当すると規定されているのは、中務省の被管である図書寮で、その長官たる頭の職掌には「国史を修撰す」とある。中務卿にある「国史を修するを監する」という職掌は、直接には図書寮のこの職務遂行を監督するという意味である。

中国の正史は先に述べたように、王朝ごとの断代史だった。もちろん、王朝が交替するごとに新王朝が前王朝の正史を編纂するということが整然と繰り返されたわけではないが、少なくとも王朝交替ごとに正史編纂の気運が高まる。それと対置した時、王朝交替のない日本では国史編纂の契機が想定されにくかったと言えよう。

唐代には正史編纂の前段階として皇帝ごとの実録が編纂された。図書寮が修撰する国史とはこの実録だったのではなかろうか（当該史書を実録と称してよいかどうかは別に問題にすべきだが、それはこの際措く）。筆者は、『日本書紀』に接ぐものとして文武実録《もんむじつろく》・元明実録《げんめいじつろく》・元正実録《げんしょうじつろく》が図書寮によって編まれ、寮の文庫に収められたのではないかと思う。だからこその「曹案」なのだろう。『日本書紀』に匹敵する内容を備え、それに次ぐ国史ではないという意味である。淳仁朝では実録の集積を承けるかたちで聖武実録が編纂された。『日本書紀』に次ぐ第二の国史の編纂が企図されたのではなかったのである。

和銅七年（七一四）に紀清人《きのきよひと》と三宅藤麻呂《みやけのふじまろ》に国史を撰させたという記事がある。紀清人は従六位上で三宅藤麻呂が正八位下という下級官人であることを考えれば、『日本書紀』編纂のプロジェクト・チームが編成された記事とも考えにくい。筆者は前々年の『古事記』完成をうけて、『日本書紀』の編纂に本格的に着手する一方で、文武実録を修撰する図書寮への応援要員派遣の措置と考えたい。

「実録」の意味

ところで、唐代の実録のうち唯一残る『順宗実録』が順宗の譲位後も豊陵に葬られるまでを記述し、このような形態を日本が手本にしたと想定すれば、日本の実録も譲位後すぐではなく、没後に太上天皇期の記述を含めたかたちでまとめられたと考えてよいだろう。だとすれば、淳仁朝に孝謙実録が編纂されるわけはない。しかし、一方で光仁朝の編纂作業は淳仁朝から始まったという記述に着目すれば、聖武実録は聖武太上天皇実録を含むものだったのではないかと思う。

元明実録・元正実録に太上天皇期の記事が含まれるとはいっても、各太上天皇に関係する記事のみだったが、聖武太上天皇実録は天平勝宝年間の事象を網羅するもの（＝孝謙実録と内容的に遜色ないもの）だったのではなかろうか。ただし、聖武天皇は天平勝宝八歳（七五六）に没するから、翌年の天平宝字元年（七五七）の巻がないのは当然である。聖武太上天皇実録の編纂には、（孝謙天皇を除外して）聖武天皇と淳仁天皇を直接繋げようとする藤原仲麻呂の意図が感じられる。天平宝字元年の扱いについては同年四月に淳仁天皇（大炊王）が立太子しているから、淳仁実録に含めてうまく編纂するつもりだったのだろう。上表文では光仁朝の編纂作業時に欠失したように書かれているが、元来なかったものを、光仁朝ではその事実を失念して淳仁朝から編纂作業を行った結果と考えられる。おそらく、淳仁天皇が即位する以前の天平宝字二年の七月までも元来なかったのだろう。

これを承けた淳仁朝以後の史書の編纂に関しては「宝字より起りて宝亀に至るまでは、廃帝受禅して遺風を簡策に韞み、南朝登祚して茂実を洛誦に闕く」とあった。文中に「宝亀に至るまで」とあり（宝亀は光仁朝の年号）、また現行の『続日本紀』が淳仁朝が巻二十一から始まり、巻三十四が宝亀七・八年の巻であることに依拠して、先述の通説的理解が出来上がったのだが、そもそも光仁朝の半ばで終わるのはきわめて特殊である。『続日本紀』が最終的に桓武朝の延暦十年までを収めて完成とされているから、右の状況が特に奇異に感じられていないのかもしれないが、

『続日本紀』の終わり方がそもそもきわめて例外的なのである。また通説では、文中の「廃帝」は淳仁天皇を指し、「南朝」は平安京に対する称謂で、称徳天皇と光仁天皇を指すと考えられているが、光仁天皇は桓武天皇の父であり、その光仁天皇を称徳天皇と一まとめにして「南朝」と言うのは不自然だろう。三者をあげるのであれば、少なくとも淳仁天皇・称徳天皇・光仁天皇を三者並列にすべきである。

先述のごとく、光仁天皇が没する以前に光仁実録を編纂する状況は考えにくいということも考慮すれば、「南朝」は称徳天皇のみを指し、光仁朝では（聖武太上天皇実録を接いで）淳仁実録と称徳実録が編纂されたと考えるべきであると思う。「宝亀に至るまで」については、詭弁じみた言い方になるのは重々承知のうえで言えば、称徳天皇が宝亀元年（七七〇）の八月に没していることに依拠した表現と見做す余地があると思う。

光仁朝に編纂されたこの部分が「案牘《あんとく》」と表現されていることからも、第二の国史編纂は企図されず、実録が編纂されたと理解するべきである。だとすれば、この部分も桓武朝の編纂作業時に二〇巻から一四巻、さらに一四巻から一〇巻への圧縮がなされたと考えなければならない。

『続日本紀』の性格

以上に述べた理解が正しいとすれば、桓武天皇による『続日本紀』編纂は従来言われてきた以上のきわめて大きな意義を持つ事業だったと評価できる。すなわち、それまでの〈『日本書紀』以後は各天皇の実録を接いでいく〉という方針を大きく転換し、第二の国史＝『続日本紀』を編纂した。『延喜式』の図書寮の巻に国史修撰に関する条文は一切ない。これは図書寮がすでに国史修撰の職掌を担うことを期待されなくなったことを物語る。図書寮が修撰する国史とは実録のことである。桓武天皇の方針転換以後、「撰国史所」などという臨時官司が組織され、『日本書紀』・『続日本紀』の系譜を引く国史が編纂される体制に変わったのである。

またこの一大転換は、『日本書紀』が〈律令国家成立前史を総括する〉という性格を付与されたのに対し、〈奈良時代を総括する〉という性格を付与して『続日本紀』が編纂されたことを意味する。前の時代を総括するという行為の背後には、新たな時代を創始しようという強く明確な意志が看取される。すなわち、『続日本紀』の編纂は新たな時代＝平安時代を切り開いていくという桓武天皇の決意表明でもあった。

史料としての『続日本紀』ということで言えば、文武朝から孝謙朝までの部分も淳仁朝から称徳朝までの部分も圧縮・再編集を経ており、年中行事などは本来省略する原則だったものの、この作業により記事自体が削除されたり、内容が簡素化されてわかりにくくなった事例も多かったことが予想される。また、文武朝から孝謙朝までの六一年間と淳仁朝から桓武朝までの三三年間とが同じく二〇巻にまとめられていることを考えれば、叙述の密度に差があるのは明らかである。さらに、藤原種継暗殺事件から早良親王の死去にいたる関連記事が完成直前の段階で削除されたものの、平城朝になって復活され、さらに嵯峨朝になって再度削除されている。これを見ても、冷徹な史家の立場から歴史的事実を書き連ねたものと簡単には言いがたい。一筋縄ではいかない史料であることが実感される。

しかしながら、『続日本紀』が現在にまで伝存したことによって、律令制度が徐々に整備されていく状況が把握でき、奈良時代に繰り返された政変の具体的経緯が明らかになっている。また、『続日本紀』に収載された詔勅は漢文体のものにしろ和文体のもの（宣命という）にしろ、平安時代の詔勅が定型化するのに対して、天皇の思いを直接的に表明したものが多い。もちろん、詔勅を起草するのは内記なのだが、天皇の思いを十分汲み取って起草されたということなのだろう。これによって我々は天皇の肉声に近いものに触れることができるのである。

『続日本紀』のテキスト

テキスト（写本）に関しては、『日本書紀』と同じく卜部家が重要な役割を果たした。焼失と〈卜部家本→三条西家本→兼右本〉という過程も同じである。兼右本をもとに複数の写本が作られ、それらが現在まで伝存しているが、『続日本紀』で特徴的なのは、この系統とは別の写本が存在することである。金沢文庫本《かねさわぶんこ》という。この写本は、鎌倉幕府執権の北条氏の一族である金沢実時が創設した金沢文庫に収蔵されていた本で、戦国時代末に徳川家康が関東に入府する際、家康に献上されたものである。ただし、この時点ですでに巻一から巻十までは失われ、巻十一から巻四十までの三〇巻になっていた。家康は欠失を惜しみ、卜部家に命じて写本を作って献上させ、それをさらに写して金沢文庫本と合わせ全四〇巻とした。この本は後に尾張徳川家に伝わり、蓬左文庫本《ほうさぶんこ》となっている。巻十一から巻四十までに限るものの、系統を別にする写本が複数あるというのは、それぞれにある誤写・脱漏を見極めやすく、より良質なテキストを作成できる。

影写本に関しては、兼右本自体は手軽に見ることはできないものの、兼右本系の高松宮本が国立歴史民俗博物館貴重典籍叢書に収められている。また、蓬左文庫本も影写本が公刊されており、欠失を補った巻一から巻十までも、本来の金沢文庫本である巻十一から巻四十までも手軽に見ることができる。

活字のテキストは、岩波書店・新日本古典文学大系に収められている『続日本紀』五分冊が基本である。このテキストは先に紹介した『日本書紀』と同じ方針の下に編纂されたもので、返り点付きの原文、訓み下し文、脚注から成り、詳細な説明を要するものには補注が別に付く。これも歴史学・国語学・国文学による検討を経たテキストであり、信頼性の高いテキストである。

注目すべきは、これとほぼ時を同じくして二つの性格のそれぞれ異なるテキストが公刊されたことである。一つは平凡社の東洋文庫に収められた『続日本紀』四分冊で、これは現代語訳に数は少ないが簡単な補註が付く。いま一つは現代思潮社の古典文庫に収められた『完訳注釈続日本紀』七分冊（第七分冊は索引・資料）で、これは訓み下し文に簡単な補註が付く。日本史学科の学生など、『続日本紀』をじっくり読もうと思う人には岩波書店のテキストを勧めるが、もっと手軽に『続日本紀』の世界を覗いてみたいと思う人にはこの二つのテキストを入門編として勧めたい。ただし、この二つのテキストも優れた研究者によって慎重な検討を経て作られたものであり、記述形態は簡略であるものの、十分に信頼に値するテキストである。それを承知してもらったうえで取り上げたいのが天平二年（七三〇）六月甲寅朔条である。写本として掲げたのは高松宮本である。

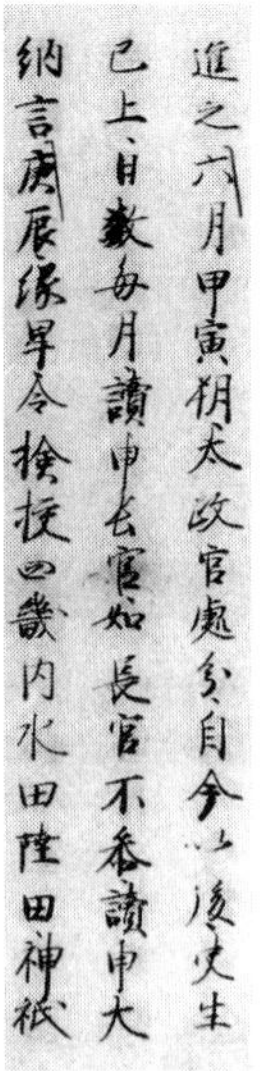

（画像：国立歴史民俗博物館提供）

〔釈　文〕

六月甲寅朔。太政官処分。自レ今以後、史生
已上日数、毎月読二申長官一。如長官不参、読二申大
納言一。（下略）

〔読み下し〕

六月甲寅朔。太政官《だじょうかん》処分すらく。今より以後、史生《ししょう》已上《いじょう》の日数、毎月長官《ちょうかん》に読み申せ。もし長官不参ならば、大納言《だいなごん》に読み申せ。

太政官処分とは太政官が最終決定を行う政務手続きをいう。一般には、官僚機構内で提起された政策は太政官に上程され、太政官が官僚機構としての最終決定を行ったうえで天皇に上奏され、国の政策として最終決定がなされる。しかし、その内容によっては（大雑把に言えば軽微な案件の場合）、天皇の最終判断を必要とせず太政官が決定したものが国の政策として施行される場合があった。この場合の政務手続きが太政官処分である。

各官司には長官・次官・判官・主典《さかん》の四等官の他に、彼らを補助する史生（四等官を職事官というのに対して雑任官という）が置かれた。官司によっては、判官・主典とほぼ同格の品官と呼ばれる官人や、史生とほぼ同格の分番官と呼ばれる官人が置かれている場合もあるが、基本的にはこの四等官と史生が勤務評定の対象となる。また、「日数」とは勤務日数のことである。この写本にはただ「日数」とのみあるが、写本によっては「上日数」とあるものもあり、そちらの方が意味が取りやすい。「上」は訓になおすとツカエマツルと読み、勤務するの意味である。結局、彼らの勤務日数を毎月長官に口頭で報告せよ、長官がいなければ大納言に報告せよ、というのが法令の内容である。

なぜこの条文を取り上げたかというと、先に紹介した三つのテキストすべてで想定している状況が異なるからである。他にもこのような事例があるのかどうかわからないが、きわめてまれな事例だろう。この事例は筆者が偶然見付けたものである。もちろん、平凡社と現代思潮社のテキストはテキストの性格上十分な解説が付いておらず、こちらが推測しなければならない部分があるのだが、どうやら三つのテキストが三つとも独自の解釈をしているのは間違いなさそうである。

岩波書店本はこれを太政官内の業務と考え、報告する長官を大臣とする。太政官は官員の構成が複雑で、長官は太政大臣・左大臣・右大臣の三員である。岩波書店本に注釈はないが、なぜ「大臣」とせず「長官」としたかといえば、天平二年時点で大臣が不在だったからこうした表現が採用されたと説明できるだろう。一方、平凡社本はこれを各官司それぞれにおける業務と考え、報告する長官を各官司の長官と見做す。さらに、現代思潮社本はこれを各官司における業務と考える点では平凡社本と同じであるものの、報告する長官を（太政官の長官である）大臣と理解している。

繰り返すが、この三つのテキストはすべて信頼に値するテキストである。それにもかかわらず、このように三つともに異なる理解をしている。たかだか三一文字の記事ながら、その意味するところがいかに深遠かが実感できよう。はたしてどれが正解なのか、筆者なりの結論はあるが、読者諸氏ひとりひとりで考え結論を出してもらいたいと思う。『続日本紀』にはこのような記事がぎっしりと詰まっている。学会全体で束になって何年をかけても『続日本紀』

をいまだ克服できない理由の一端はここにある。

おわりに

『日本書紀』が扱う時代は他の史料が極端に少ない。考古学的成果を『日本書紀』の叙述と結び付けるのも容易ではないし、また金石文の新たな発見もそうそう期待できるわけではない。したがって、これまで積み重ねられてきた研究方法をさらに研ぎ澄ます必要がある。幸い研究は着実に深化しており、六世紀以前の歴史について新たな展望が開かれることを希望をもって待ちたいと思う。

七世紀の後半からは木簡が多数発見されるようになり、『続日本紀』が扱う八世紀も含めて、『日本書紀』・『続日本紀』の記事には出てこない事実・事象が明らかになっている。この二つの性格の異なる史料を併せ考えることで、従来解明されていなかった歴史が明らかにされ、律令国家建設過程の後半段階から奈良時代の発展段階にいたるまでのさまざまな様相が明らかになっている。さらに研究の進展を望みたい。

（春名宏昭）

参考文献

青木和夫・稲岡耕二・笹山晴生・白藤禮幸校注『続日本紀』一「解説」岩波書店・新日本古典文学大系、一九八九年

井上光貞監修『日本書紀』上「解説」中央公論社、一九八七年

坂本太郎・家永三郎・井上光貞・大野晋校注『日本書紀』上「解説」岩波書店・日本古典文学大系、一九六七年

『日本書紀』四「書誌解説」八木書店・宮内庁書陵部本影印集成、二〇〇六年

②万葉集《まんようしゅう》

一　万葉集の史料的性格と注釈書

『万葉集』は、飛鳥・奈良時代の和歌を集成した歌集である。舒明天皇時代（六二九～六四一）から、最新の天平宝字三年（七五九）正月の大伴家持の歌までの、四千五百首余の和歌を収める。口誦の歌謡から万葉仮名など漢字を用いて記載される和歌が成立する初期の和歌が集められている。天皇・貴族・官人だけでなく、一般民衆とくに東国の人々や防人たちの歌まで諸階層の人々の息吹を伝える作品を載せるところに特徴がある。技巧を排して、素朴な人間性を率直に表現した歌が多く、律令国家形成期の人々の人間性がうかがえる。いくつかの編纂段階を経て全二〇巻にまとめられたと考えられ、編纂には大伴家持が関わったことが指摘されている。

万葉仮名など漢字で表記された和歌に訓を付すことが後に段階的に行われ、写本も天暦五年（九五一）とされる古点を伝えるともされる桂宮《かつらのみや》本、次の時代の次点を伝える藍紙本・元暦《げんりやく》校本・金沢本・広瀬本（藤原定家系）などがあり、さらに鎌倉時代中期の学僧仙覚《せんがく》が付した新点を伝える西本願寺本が知られる。西本願寺本は、『万葉集』二〇巻全巻を伝える最古の完本であり、多くの活字本の底本となっている。これら諸写本間の異同を比較して示す佐々木信綱他編『校本万葉集』が一九二四年から刊行され、校訂・研究に資する有益な仕事として受け容れられている。

注釈書としては、鎌倉時代の仙覚『万葉集註釈』から、近世には北村季吟『万葉拾穂抄』、契沖『万葉代匠記』、賀茂真淵『万葉集考』、荷田春満《かだのあずままろ》『万葉集僻案』、本居宣長『万葉集玉の小琴』などの多くの諸書があり、近代にはさらに多くの国文学者による註釈・研究が積まれて、多くの書物が刊行されている。活字本の代表的な注釈書としては、日本古典文学全集本（小島憲之・木下正俊・佐竹昭広校注訳、小学館）や日本古典文学大系本（高木市之助・五味智英・大野晋校注、岩波書店）、そして新編日本古典文学全集本（小島憲之・木下正俊・東野治之校注、小学館）、新日本古典文学大系本（佐竹昭広・山田英雄・工藤力男・大谷雅夫・山崎福之校注、岩波書店）などがある。本文の原文を収めて索引も備えるテキスト版としては、おうふう本（鶴久・森山隆編『万葉集』、おうふう）、塙書房本（佐竹昭広・木下正俊・小島憲之『補訂版万葉集　本文編』、塙書房）がある。文庫本には、講談社文庫本（中西進編訳）や岩波文庫本（佐竹昭広・山田英雄・工藤力男・大谷雅夫・山崎福之校注）など各出版社版が多数があるが、最近は万葉仮名の原文を収めないものもみられる。なお、和歌番号は旧『国歌大観』の番号が利用される（『新編国歌大観』第二巻私撰集編歌集、角川書店）。

二　万葉仮名と歌の形式変遷

万葉仮名は、漢字の音を借りて一字一音で表記する「阿米」（あめ・天）のような場合が多く、また漢字の訓を借りて「八十一」（くく・九九）とするような表記もあり、漢字を用いてヤマト言葉の和歌を表記することに工夫が必要であった時代の表記法である。難波宮跡（大阪市）で出土した六五二年以前とされる木簡には、「皮留久佐乃皮斯米之刀斯」（はるくさのはじめのとし）と和歌が記されたものが見つかっている。万葉仮名の分析から、古代には音韻が五十音以上に区別されて万葉仮名が甲類・乙類に使い分けられている音があることが知られた（上代特殊仮名遣）。「き」に「支」「岐」「来」などをあてる場合と「己」「記」「気」などあてる場合とで区別があったのである。のちにこうした区別は失われていった。

歌の形式には、短歌（五七五七七の三十一音で詠む）・長歌（五七の二句を何度も繰り返す）・旋頭歌《せどうか》（五七七五七七を定型とする詠み方）などがある。内容的には、宮廷儀礼などで詠まれたり旅や自然を歌った雑歌、男女の恋愛にかかわる相聞歌《そうもんか》、死者を哀悼する挽歌《ばんか》などに分類される。また東歌《あずまうた》や天平勝宝七歳（七五五）の防人《さきもり》歌のような東国の民衆の歌には、方言も読み取られる。

『万葉集』の歌風の変遷は四期に分けられている。第一期は、七世紀の舒明天皇から天智天皇までの時代で、額田《ぬかた》王《おおきみ》たちが知られる。飛鳥の地で律令国家への歩みが進んだ激動の時代であった。この初期万葉の歌は、宮廷儀礼などの集団的な場で口誦で歌われた性格から、次第に漢詩の影響を受けた文字表現が広まった。心情を素直に即事的な表現で伝えている。第二期は天武天皇時代から七一〇年（和銅三）の平城京遷都までの時代で、天武天皇即位から藤原京を都とした時代の、律令国家確立にむけた活気に満ちた時代であった。文字で記載される和歌への移行が進んだ。柿本人麻呂・大伯皇女《おおくのひめみこ》たちの作者が知られる。第三期は、平城遷都から天平五年（七三三）までとされ、山部赤人・山上憶良・大伴旅人・大伴坂上郎女《おおとものさかのうえのいらつめ》らが知られる。第四期は、その後最後の天平宝字三年（七五九）の万葉歌までで、大伴家持らの作者がいる。

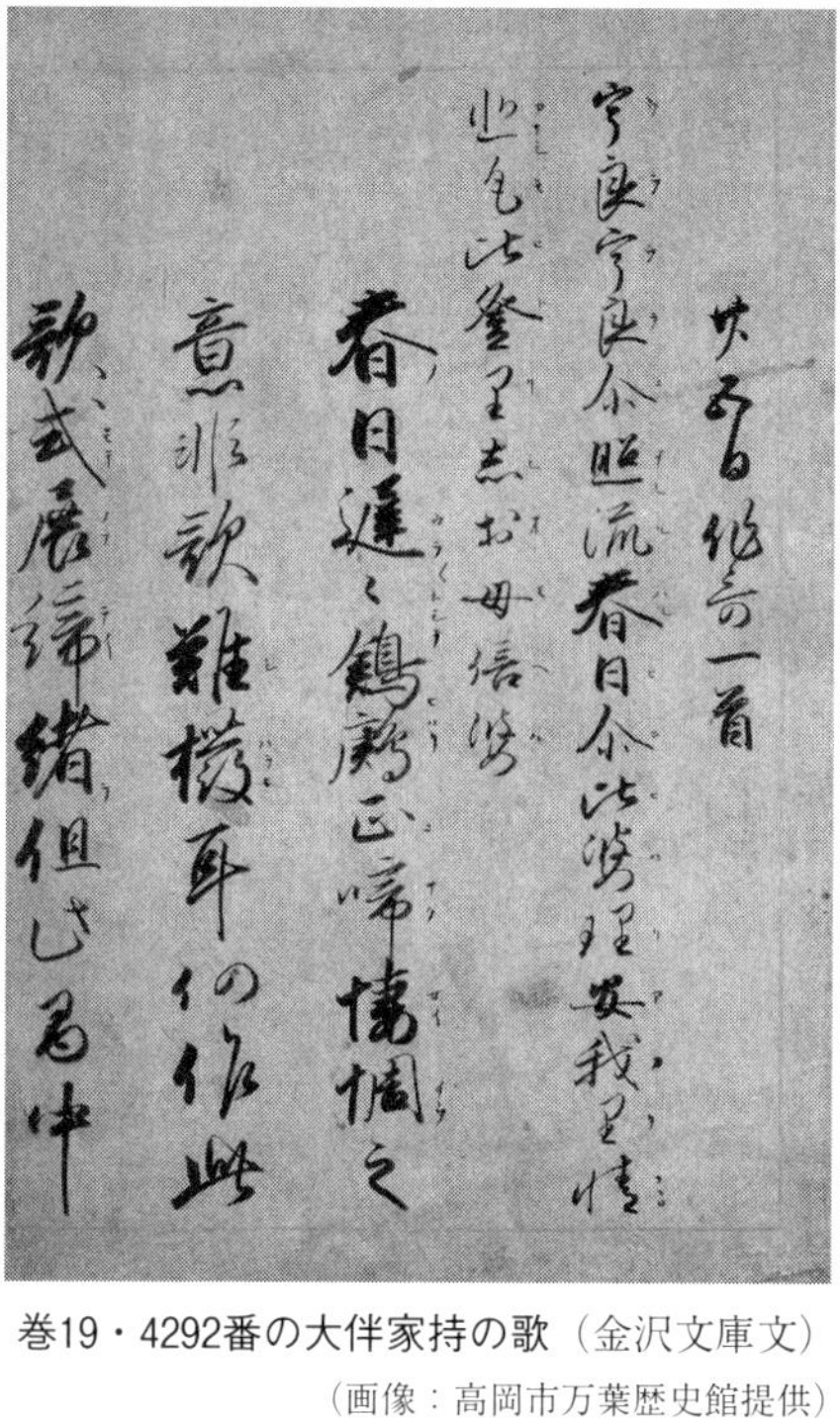

巻19・4292番の大伴家持の歌（金沢文庫文）
（画像：高岡市万葉歴史館提供）

三　史料の解釈

巻十九　四二六〇・四二六一番

〔本文〕
壬申年之乱平定以後歌二首
　皇者《おほきみは》　神尓之座者《かみにしませば》　赤駒之《あかごまの》　腹婆布田為乎《はらばふたゐを》　京師跡奈之都《みやことなしつ》
右一首、大将軍贈右大臣大伴卿作
大王者《おほきみは》　神尓之座者《かみにしませば》　水鳥乃《みづとりの》　須太久水奴麻乎《すだくみぬまを》　皇都常成通《みやことなしつ》　　作者未詳
右件二首、天平勝宝四年二月二日聞之、即載於茲也。

〔訓読文〕
壬申の年の乱の平定まりにし以後《のち》の歌二首
大君は　神にしませば　赤駒の　腹這ふ田居を　都と成しつ
右の一首、大将軍贈右大臣大伴卿の作
大君は　神にしませば　水鳥の　すだく水沼を　都と成しつ　作者詳《つばひ》らかならず
右件《くだり》の二首、天平《てんぴやう》 勝宝《しようほう》四年二月二日に聞き、即ちここに載す。

この二首の歌は、六七二年の壬申の乱で大海人皇子（天武天皇）側について活躍した「大将軍贈右大臣大伴卿」らの歌であり、天平勝宝四年（七五二）に大伴家持が聞いて記録したものである。この「大伴卿」が誰を指すかは微妙な面もある。大伴吹負は、壬申の乱で「将軍」に任じられ大和の戦いで倭京を奪って大活躍したが、「贈右大臣」のことはみえない。吹負の兄大伴馬来田は、壬申の乱で天武天皇につき従ったが、戦場での勲功は伝えられていない。大伴御行は、壬申の乱での具体的な活躍は未詳だが、乱後に封戸百戸を与えられたのは功に依ろう。そして大宝元年（七〇一）に没した時に「贈右大臣」となっており、四二六〇番歌左注の「大伴卿」かといわれる。なお、御行の弟の大伴安麻呂は、壬申の乱で吹負の使者とみえ、兄御行の没後に大伴氏の氏上となって、和銅七年（七一四）の没時に大納言・大将軍・正三位とみえる。この大伴安麻呂が大伴旅人の父であり、すなわち大伴家持の祖父である。

壬申の乱は、天智天皇が皇位を譲ろうとして近江朝廷を主宰させた皇子の大友皇子と、身の危険を感じて吉野に逃れていた天智弟の大海人皇子との間で戦われた皇位継承の争いである。天武天皇は、当初圧倒的に劣勢であったが、東国の地方豪族の子弟である従者の舎人たちの活躍によって、伊勢経由で美濃国に入り、不破関の地を押さえ、東国からの軍勢の動員に成功して、結局近江朝廷軍を破って勝利した。近江朝廷を支えた有力中央豪族たちは敗者となり、天武天皇は天皇としてかつてない権威・権力を体現することになった。こうして「天皇」の専制的な権威を確立した天武天皇に味方した数少ない中央軍事氏族である大伴氏は、乱を勝利に導いた勢力として「壬申年将軍」とも称し、天皇の権威とともに自らの軍事氏族としての位置づけを主張した。「天皇」を神格化してとらえる思潮はこれらの歌のように壬申の乱以降のことであり、大伴氏らがそれを推奨したことが、うかがえる。記録されたのは律令時代でありながら、『万葉集』の七世紀の和歌は、『日本書紀』とは別に歴史情報を伝える内容をもつ場合があるのである。

巻三　四一六番

〔本文〕

大津皇子、被死之時、磐余池陂流涕御作歌一首

百伝《ももづたふ》　磐余池尓《いはれのいけに》　鳴鴨乎《なくかもを》　今日耳見哉《けふのみみてや》　雲隠去牟《くもがくりなむ》

右、藤原宮朱鳥元年冬十月。

〔訓読文〕

大津皇子、死を被《たまは》りし時に、磐余《いはれ》の池の堤《つつみ》にして涙を流して作らす歌一首

ももづたふ　磐余の池に　鳴く鴨《かも》を　今日《けふ》のみ見てや　雲隠《くもがく》りなむ

右、藤原宮《ふぢはらのみや》の朱鳥《あかみとり》元年の冬十月。

この和歌は、天武天皇没後の朱鳥元年（六八六）に、謀反の嫌疑をかけられて死を賜ることになった大津皇子の辞世の和歌である。自らが産んだ草壁皇子の即位をめざす持統にとって、持統の姉である大田皇女が産んだ人望のある大津皇子は邪魔な存在であり、その排除が行われたのであった（『日本書紀』）。なお、この『万葉集』の辞世の和歌とともに、大津皇子には、『懐風藻』（日本古典文学大系『懐風藻　文華秀麗集　本朝文粋』小島憲之校注、岩波書店）に次の辞世の漢詩も残されている。

『懐風藻』

〔本文〕

五言。臨終。一絶。

金烏臨西舎　鼓声催短命　泉路無賓主　此夕離家向

〔訓読文〕

五言。臨終《りんじゆう》。一絶《いちぜつ》。

金烏西舎《きんうせいしや》に臨《て》らひ、鼓声短命《こせいたんめい》を催《うなが》す。泉路賓主《せんろひんしゆ》無《な》し、此《こ》の夕《ゆふへ》家を離《さか》りて向かふ。

『懐風藻』の大津皇子伝には、「状貌魁梧《じやうばうくわいご》、器宇峻遠《きうしゆんえん》。幼年にして学を好み、博覧にして能《よ》く文を属《つづ》る。壮《さかり》に及びて武を愛《この》み、多力にして能く剣を撃つ。性頗《すこぶ》る放蕩にして、法度に拘《かかは》れず、節を降して士を礼《ゐや》びたまふ。是れに由りて人多く付託す…」とある。「よく文をつづった」皇子が、死を前にした悲しみの中で、和歌とともに漢詩の辞世を残した貴重な事例といえよう。

巻一　五〇番

〔本文〕

藤原宮之役民作歌

八隅知之《やすみしし》　吾大王《わがおほきみ》　高照《たかてらす》　日乃皇子《ひのみこ》　荒妙乃《あらたへの》　藤原我宇倍尓《ふぢはらがうへに》　食国乎《をすくにを》　売之賜牟登《めしたまはむと》　都宮者《みあらかは》　高所知武等《たかしらさむと》　神《かむ》
長柄《ながら》　所念奈戸二《おもほすなへに》　天地毛《あめつちも》　縁而有許曾《よりてあれこそ》　磐走《いはばしる》　淡海乃国之《あふみのくにの》　衣手能《ころもでの》　田上山之《たなかみやまの》　真木作苦《まきさく》　檜乃嬬手乎《ひのつまでを》　物乃《ものの》
布能《ふの》　八十氏河尓《やそうぢかはに》　玉藻成《たまもなす》　浮倍流《うかべながせ》　礼《れ》　其乎取登《そをとると》　散和久御民毛《さわくみたみも》　家忘《いへわすれ》　身毛多奈不知《みもたなしらず》　鴨自物《かもじもの》　水尓浮居而《みづにうきゐて》
吾作《わがつくる》　日《ひ》　之御門尓《のみかどに》　不知国《しらぬくに》　依巨勢道従《よしこせぢより》　我国者《わがくには》　常世尓成牟《とこよにならむ》　図負留《あやおへる》　神《くすしき》　亀毛《かめも》　新代登《あらたよと》　泉乃河尓《いづみのかはに》　持《もち》
越流《こせる》　真木乃都麻手乎《まきのつまでを》　百不足《ももたらず》　五十日太尓作《いかだにつくり》　泝須良牟《のぼすらむ》　伊蘇波久見《いそはくみれ》　者《ば》　神随尓有之《かむからならし》

右、日本紀曰、朱鳥七年癸巳秋八月、幸藤原宮地。八年甲午春正月、幸藤原宮。冬十二　月庚戌朔乙卯、遷居藤原宮。

〔訓読文〕

藤原宮の役民の作る歌

やすみしし　我が大君　高照らす　日の皇子　あらたへの　藤原が上に　食《を》す国を　見《め》したまはむと　みあらか
は　高知らさむと　神ながら　思ほすなへに　天地も　依りて　あれこそ　いはばしる　近江の国の　衣手の　田
上山の　真木さく　檜のつまでを　もののふの　八十宇治川に　玉藻なす　浮かべ流せれ　そを取ると　騒く御
民も　家忘れ　身もたな知らず　鴨じもの　水に浮き居て　我が作る　日の御門に　知らぬ国　よし巨　勢道より
我が国は　常世にならむ　図《あや》負へる　くすしき亀も　新た代と　泉の川に　持ち越せる　真木のつまでを　百足
らず　筏《いかだ》に作り　のぼすらむ　いそはく見れば　神からならし

右、日本紀に曰く、「朱鳥七年（六九三）癸巳の秋八月、藤原の宮地に幸《いでま》す。八年甲午　の春正月、藤原宮に幸す。
冬十二月庚戌の朔の乙卯、藤原宮に遷《うつ》居らす」といふ。

これは、藤原宮（六九四〜七一〇）の造営に動員された役民が作ったという形で作られた、宮をほめる歌である。この中で、近江国の田上山（大津市）で切り出された宮殿建築の材料となる檜の木は、筏にして瀬田川から宇治川を下らせて巨椋池（京都府宇治市ほか）に出し、そこから「泉の川」すなわち木津川をさかのぼらせて山背国（平安遷都後は「山城」国）南部の木津（木津川市）で陸揚げし、平城山を越えて大和国に入り、奈良盆地を南まで運んで藤原宮の地（橿原市）まで移動させたことが謡い描かれている。藤原宮の造営に必要な材木調達・運搬の具体的な様子が歌い込まれており、七世紀当時の歴史地理をうかがわせてくれる歌といえる。藤原宮跡の発掘調査では、大極殿の下層などに北から南に流れる造営資材を運ぶための運河が見つかっている。藤原宮では、伝統的な掘立柱建物の建築技法で大規模な宮殿建築が建てられただけでなく、大極殿・朝堂院などの宮殿は新しく大陸的な建築技法を導入して礎石建ち・瓦葺きの建物が建てられた。なお、藤原宮・平城宮の宮殿建築用に檜の木が大量に伐採された田上山は、今日も森林のない山となっているといわれる。

藤原宮を中央に置いて四周に十条・十坊の条坊制による京域をもつ藤原京は、はじめて中国の都城制にならって日本で営まれた本格的な古代宮都であった。それまでの一代ごとに遷宮する大王宮とは異なり、持統・文武・元明と継続する都となったこと。また京域には有力な王族や中央豪族たちに宅地を班給して、天皇の膝下に集住させるようにしたこと。そして大極殿・朝堂院などの宮殿建築に礎石建ち・瓦葺きの大陸風建築技法が導入されたこと、などの変化があった。中央集権的な律令国家を築く上で重要な宮都に関するこうした変化が、藤原京・藤原宮で実現したのだった。当時の貴族・官人たちは、飛鳥から藤原京への遷都を、大きな時代的変貌として受けとめたと思われる。そしてこうした時代変化への実感を背景として、この藤原宮役民の歌が詠まれたのであろう。

巻五　八九二・八九三番

〔本文〕

貧窮問答歌一首　并短歌

風雑《かぜまじり》　雨布流欲乃《あめふるよの》　雨雑《あめまじり》　雪布流欲波《ゆきふるよは》　為部母奈久《すべもなく》　寒之安礼婆《さむくしあれば》　堅塩乎《かたしほを》　取都豆之呂比《とりつづしろひ》　糟湯酒《かすゆざけ》　宇知須々呂《うちすすろ》
比弖《ひて》　之叵夫可比《しはぶかひ》　鼻毗之毗之尓《はなびしびしに》　志可登阿良農《しかとあらぬ》　比宜可伎撫而《ひげかきなでて》　安礼乎於伎弖《あれをおきて》　人者安良自等《ひとはあらじと》　富己呂倍騰《ほころへど》　寒《さむ》
之安礼婆《くしあれば》　麻被《あさぶすま》　引可賀布利《ひきかがふり》　布可多衣《ぬのかたぎぬ》　安里能許等其等《ありのことごと》　伎曾倍騰毛《きそへども》　寒夜須良乎《さむきよすらを》　和礼欲利母《われよりも》　貧人乃《まづしきひとの》　父《ちち》
母波《ははは》　飢寒良牟《うゑこゆらむ》　妻子等波《めこどもは》　乞弖泣良牟《こひてなくらむ》　此時者《このときは》　伊可尓之都々可《いかにしつつか》　汝代者和多流《ながよはわたる》　天地者比呂之等伊倍杼《あめつちはひろしといへど》　安我《あが》
多米波《ためは》　狭也奈里奴流《さくやなりぬる》　日月波《ひつきは》　安可之等伊倍騰《あかしといへど》　安我多米波《あがためは》　照哉多麻波奴《てりやたまはぬ》　人皆可《ひとみなか》　吾耳也之可流《あのみやしかる》　和久良婆《わくらば》

尓《に》　比等々波安流乎《ひととはあるを》　比等奈美尓《ひとなみに》　安礼母作乎《あれもなれるを》　綿毛奈伎《わたもなき》　布可多衣乃《ぬのかたぎぬの》　美留乃其等《みるのごと》　和々氣佐我礼流《わわけさがれる》　可々布《かかふ》
能尾《のみ》　肩尓打懸《かたにうちかけ》　布勢伊保能《ふせいほの》　麻宜伊保乃内尓《まげいほのうちの》　直土尓《ひたつちに》　藁解敷而《わらときしきて》　父母波《ちちははは》　枕乃可多尓《まくらのかたに》　妻子等母波《めこどもは》　足乃方《あしのかた》
尓《に》　囲居而《かくみいて》　憂吟《うれへさまよひ》　可麻度柔播《かまどには》　火気布伎多弖受《ほけふきたてず》　許之伎尓波《こしきには》　久毛能須可伎弖《くものすかきて》　飯炊《いひかしく》　事毛和須礼提《こともわすれて》　奴延《ぬえ》
鳥乃《どりの》　能杼与比居尓《のどよひをるに》　伊等乃伎提《いとのきて》　短物乎《みじかきものを》　端伎流等《はしきると》　云之如《いへるがごとく》　楚取《しもととる》　五十戸良我許恵波《さとをさがこゑは》　寝屋度麻侶《ねやどまで》　来立呼《きたちよば》
比奴《ひぬ》　可久婆可里《かくばかり》　須部奈伎物能可《すべなきものか》　世間乃道《よのなかのみち》
世間乎《よのなかを》　宇之等夜佐之等《うしとやさしと》　於母倍杼母《おもへども》　飛立可祢都《とびたちかねつ》　鳥尓之安良祢婆《とりにしあらねば》

山上憶良頓首　謹上。

〔訓読文〕
貧窮問答《びんぐうもんだふ》の歌一首　并《あは》せて短歌
風交《ま》じり　雨降る夜《よ》の　雨交《ま》じり　雪降る夜は　すべもなく　寒くしあれば　堅塩《かたしほ》を　取りつづしろひ　糟湯酒《かすゆざけ》
うちすすろひて　しはぶかひ　鼻びしびしに　然《しか》とあらぬ　ひげ掻《か》き撫《な》でて　我《あれ》を除《お》きて　人はあらじと　誇《ほこ》ろ
へど　寒くしあれば　麻衾《あさぶすま》　引き　被《かがふ》り　布肩衣《ぬのかたぎぬ》　有りのことごと　着襲《きそ》へども　寒き夜《よ》すらを　我よりも　貧《まづ》
しき人の　父母は　飢《う》ゑ寒《こ》ゆらむ　妻子《めこ》どもは　乞《こ》ひて泣くらむ　この時は　いかにしつつか　汝《な》が世《よ》は渡る
天地《あめつち》は　広しといへど　我《あ》がためは　狭《さ》くやなりぬる　日月《ひつき》は　明《あか》しとい　へど　我《あ》がためは　照りや給《たま》はぬ　人
皆か　我のみや然《しか》る　わくらばに　人とはあるを　人並《なみ》に　我《あれ》もなれるを　綿もなき　布肩衣《ぬのかたぎぬ》の　海松《みる》のごと　わ
わけさがれる　かかふの　み　肩にうち掛け　伏せ廬《いほ》の　曲《ま》げ廬の内に　直土《ひたつち》に　藁解《わらと》き敷きて　父母は　枕《まくら》の
方《かた》に　妻子《めこ》どもは　足《あし》の方に　囲《かく》み居《ゐ》て　憂《うれ》へ吟《さまよ》ひ　かまどには　火気《ほけ》吹き立てず　甑《こしき》には　蜘蛛《くも》の巣かきて
飯炊《いひかし》く　ことも忘れて　ぬえ鳥《どり》の　のどよひ居《を》るに　いと　のきて　短き物を　端《はし》切ると　言へるがごとく　しも
と取る　里長《さとをさ》が声は　寝屋処《ねやど》まで　来立ち呼ばひぬ　かくばかり　すべなきものか　世の中の道

世の中を　厭《う》しとやさしと　思へども　飛び立ちかねつ　鳥にしあらねば

山上憶良頓首　謹上す。

山上憶良による貧窮問答歌である。中国の同様な趣旨の漢詩にならった問答体裁であり、漢詩の影響も考える必要がある。ただし、山上憶良は地方官の経験もあり、他の万葉歌からも家族や弱者への共感に富むことが知られる人物であって、当時の民衆の社会的な実態をふまえて詠んだ歌ということができる。カマドをもつ竪穴住居に住む貧しい家族の生活描写については、彼らへの思いやりの心情とともに、憶良による表現とみることができよう。

巻一　二八番

〔本文〕

天皇御製歌

春過而《はるすぎて》　夏来良之《なつきたるらし》　白妙能《しろたへの》　衣乾有《ころもほしたり》　天之香来山《あめのかぐやま》

〔訓読文〕

（持統）天皇の御製歌《おほみうた》

春過ぎて　夏来るらし　白たへの　衣干したり　天の香具山

のちの百人一首にも採択された、持統天皇の作歌である。この歌の歴史的背景には、持統天皇時代における暦制度の歴史があった。律令国家確立過程で、律令制による法的支配を拡大するとともに、暦制も中国から導入して国内で天皇が暦を制定するようになっていった。『日本書紀』によれば、欽明天皇のころに百済から暦博士が渡って暦の知識が伝わったといい、持統四年（六九〇）に元嘉暦《げんかれき》と儀鳳暦《ぎほうれき》（唐で七世紀に成立した暦）を「行う」と記す。宮廷や渡来人の間ではすでに七世紀前半には暦が伝わっていたと思われるが、天皇が時をも支配するという意味での中央集権的な暦の制度が本格的に施行されるのは、この持統四年の記事の頃であろう。中大兄皇子（天智天皇）が時を計る水時計＝漏刻《ろうこく》を飛鳥で作ったのが六六〇年のことで、その遺跡が飛鳥水落遺跡《みずおちいせき》で明らかになっている。つづく天武天皇・持統天皇の時代に、中国的都城としての藤原京が営まれ、飛鳥浄御原《あすかきよみはら》令《りよう》の編纂が進み中央集権国家の形成が進展したことに対応して、暦の制度も整えられたといえる。

こうして中央集権的な暦制が施行されると、貴族・役人たちは暦にしばられる生活を強いられることになった。暦では正月・二月・三月が春で、四月に入ると夏と定められ、まだ寒くても夏になったり、暑くなったのにまだ春だという「暦の上の季節」と体感的な季節感とにズレも生じる。この持統天皇の作歌は、中央集権的な暦の施行という時代背景の中でまさに詠まれたことが指摘される。

なお、奈良県明日香村の石神遺跡からは、持統三年（六八九）の「具注暦《ぐちゆうれき》」（暦注を書いたカレンダー）を記した木簡が出土している。二次的転用のため変形を受けていたが、もとは長方形の板の表に三月、裏に四月の暦が記載されていた。各日付について、干支（「甲子」といった十干十二支）や日の吉凶のほか、その日に行う行事の吉凶・禍福についての暦注が記載されていた。そして記載の検討から六八九年の三・四月の暦であることが判明した。もともと中国南朝の宋（四二〇～四七九年）で作られ日本列島に伝えられた「元嘉暦」による暦で、列島最古の具注暦木簡であると同時に、中国や朝鮮半島をふくめても元嘉暦の最古の実例であった。この六八九年の具注暦木簡は、まさに上記したような中央集権的な暦の形成過程をうかがわせてくれる出土史料であった。

〔本文〕

春楊《はるやなぎ》　葛山《かづらきやまに》　発雲《たつくもの》　立座《たちてもゐても》　妹念《いもをしそおもふ》

〔訓読文〕

春柳　葛城山に　立つ雲の　立ちても居ても　妹をしそ思ふ

これは、柿本人麻呂歌集の略体歌として知られる和歌である。やまと言葉を漢字で表記するにあたり、漢字の子音を用いる万葉仮名ではなく、表意文字としての漢字を使って、助詞を省いた記載法を採用している。こうした漢字によるやまと言葉の和歌の表記にあたって、七世紀から八世紀にかけての文学的表現には多くの苦労があったことを物語ってくれる。

巻二十　四五一六番

〔本文〕

三年春正月一日、於因幡国庁、賜饗国郡司等之宴歌一首

新《あらたしき》　年乃始乃《としのはじめの》　波都波流能《はつはるの》　家布敷流由伎能《けふふるゆきの》　伊夜之家余其騰《いやしけよごと》

右一首、守大伴宿禰家持作之。

〔訓読文〕

三年春正月一日に、因幡国の庁にして、饗《あへ》を国郡の司等に賜ふ宴の歌一首

新しき　年の初めの　初春の　今日降る雪の　いやしけ吉事《よごと》

右の一首、守大伴宿禰家持作る。

『万葉集』最後の歌である。大伴家持は、天平宝字二年（七五八）六月に因幡守に任じられ、因幡国の国府（鳥取市）に赴任した。翌天平宝字三年（七五九）正月の元日には、儀制令18元日国司条にみえる儀礼が国庁において行われ、守の家持が部下の国司や郡司たちに饗宴を賜わったのである。この日は、暦で春を迎えたのに雪が降るという気象となり、その雪に感じて、良き一年になることを祈って詠んだ和歌といえるだろう。

なお儀制令18元日国司条の養老令は、次のような内容であった。

凡そ元日には、国司皆僚属・郡司等を率ゐて、庁に向ひて朝拝せよ。訖りなば長官賀を受けよ。宴を設くることは聴せ。〔其れ食には、当処の官物及び正倉を以て充てよ。須ゐむ所の多少は、別式に従へよ。〕

この儀式は、①国司が僚属・郡司達を従えて、国庁（庁はマツリゴトドノ。ここでは国庁正殿）に向かって天皇を対象とした拝礼の儀式を行う。次いで②国司長官自らが僚属・郡司達から賀礼を受ける。その後③参加者一同で、郡稲・正税を用いた饗宴を共にする、というものであった。正月の元日には、中央の宮都では、天皇が大極殿に出御して朝堂院にすべての中央政府官人が列立して天皇を拝礼する儀式が行われており、諸国の国府においても、同時に天皇そして天皇からクニノミコトモチとして派遣された国司長官に対して部下の国司や地方豪族の郡司たちが拝礼する儀式が行われたのであった。これは、地方豪族による国家への服属関係を再確認し、また地方官の官人意識を再確認する儀礼といえる。正倉院文書の天平八年（七三六）薩摩国正税帳《さつまのくにしょうぜいちょう》（国の財政帳簿）によれば、「元日拝朝庭刀祢国司以下少毅以上、惣陸拾捌人食稲壹拾参束陸把〔人別二把〕、酒陸斗捌升〔人別一升〕」（古二13）とあり、元日に薩摩国府の国庁（鹿児島県川内市）において、国司から軍団の武官まで六八人が集まって儀制令18元日国司条の儀礼が行われたことがわかる。

大伴家持が越中守として越中国府（富山県高岡市）に赴任していた時代の和歌にも、この元日の儀式・饗宴に関するものがあり、その『万葉集』四一三六番歌の題詞には、「天平勝宝二年（七五〇）正月二日、国庁に、饗を諸郡司等に給ふ宴の歌一首」とみえる。大伴家持は、父の大伴旅人が大宰帥《だざいのそち》として大宰府に赴任していた時に部下の府官や国司たちとともに饗宴をともにしながら和歌を詠みあっていた「大宰府歌壇」にならい、「越中歌壇」を構成してこうした場面で詠まれた和歌を多く『万葉集』に残している。

ただし、右の天平宝字三年（七五九）正月元日に詠んだ歌が、『万葉集』最後の歌となってしまった。その後の大伴家持は、「歌わぬ人」になったとも言われる。中央政界においては、七五七年に橘奈良麻呂の変があって、藤原仲麻呂が権力を掌握していく動向が進んでいた。大伴氏・佐伯氏や彼らの支持する橘氏の勢力が後退するとともに、藤原氏の中で光明皇太后の権威と結びついた藤原仲麻呂が権力を手中にしていったのである。その過程で、大伴家持は一族をどのように守り存続していくか政治的配慮を重ねなくてはならない時勢を迎えていたのである。

（佐藤　信）

参考文献

伊藤博『万葉集の構造と成立』塙書房、一九七四年
稲岡耕二『万葉表記論』塙書房、一九六七年
小島憲之『上代日本文学と中国文学』塙書房、一九六二年
中西進『万葉集の比較文学的研究』講談社、一九九五年

③古事記《こじき》

古事記という書名は、「稗田阿礼《ひえだのあれ》が誦《よ》める勅語の旧辞」（古事記序文）を母胎としてなったことを意識して付されたものである。用字上、和語フルコトを介して古事と旧辞との重なりが意識されていることは明かで、「古《へ》の事をしるした記《フミ》」（本居宣長『古事記伝』一之巻「記《フミノ》題号《ナ》の事」）という一般的な意を表すわけではない。また、宣長がいうように「布琉許登夫美《フルコトブミ》」と訓読された徴証は見当たらず、類聚歌林《るいじゅかりん》（山上憶良）や柘枝伝《しゃしでん》（作者未詳）など（いずれも万葉集所引の逸書）のように、奈良時代の書名の多くが漢籍に倣って音読されている事実に照らして、古事記も音読されたと考えるのが穏当であろう。

一　『古事記』享受史と偽書説の本質

さて、古事記は和銅五年（七一二）に成立した現存最古の史書として知られるが、成立の経緯を伝える史料は古事記序文以外に伝わらない。正史である続日本紀に成立記事が見えないことから、平安朝に作られた偽書とする説が江戸時代以来くすぶりつづけているが、すでに偽書説克服の研究成果は十分に蓄積されており、科学的な意味では成立の余地はない。つとに宣長は、古事記が日本書紀（養老四年〈七二〇〉）以前に成立した書であることを示す内部徴証として、①日本書紀の音仮名は漢音とそれ以前に伝来した呉音が混用されているのに対し、呉音が専用されていること（『古事記伝』一之巻「仮字《カナ》の事」）、②仮名遣（上代特殊仮名遣の問題を含む）は日本書紀よりも古い時代の様相を呈していること（同上）、③一部の例外を除き、旧国名には畿内七道諸国の郡郷名に好字の使用を命じた和銅六年（七一三）の制以前の用字が用いられていること（同七之巻「遠江国造」）、④鏡作連を例外として、所載氏族の姓が天武賜姓以前の旧姓であること（同十五之巻「鏡作連」）、⑤一部の例外を除き、天皇の嫡妻の呼称に皇后号成立以前の大后が用いられていること（同十一之巻「嫡后」、二十之巻「大后」）、⑥天皇の子に皇子・皇女号成立以前の称号が用いられていること（同二十二之巻「日子坐王」）、⑦日本に国号を変更する以前の倭が専用されていること（『国号考』、一七八七年刊）などを指摘しているが、これらは現在の研究水準からみても十分な実証性をもつ。[1]

早くからこうした事実が知られていたにもかかわらず、今日なお偽書説が間欠的に噴出する理由は、古事記という古典が辿った不幸な享受史のうちに偽書説を誘発する契機・要因が遍在することによるといってよい。根源的な要因として第一にあげるべきは、古事記成立直後の養老四年（七二〇）に国家的プロジェクトとして進められてきた正史日本書紀が成立したことである。その結果、古事記の注目される機会は激減し、以降の享受史において日陰の道を歩むことを余儀なくされるに至った。その影響はまず延暦十六年（七九七）に完成をみた続日本紀に成立記事が記述されないという形となって表れ、後に偽書説を生む誘因となったのである。

第二に、寛永版古事記（寛永二十一年〈一六四四〉刊）の刊行も偽書説を誘発する契機となった。江戸初期に徳川家康が進めた文教政策を背景として、日本書紀（慶長十五年〈一六一〇〉）・万葉集（寛永二十年〈一六四三〉）など、古典の刊行が相次ぐが、寛永版古事記もその一つであった。享受史上長く陥没していた古事記は、これを契機として一般の知るところとなったが、唐突に現れたこの古典が直ちに日本書紀に先行する史書として人びとに受け入れられたわけではなかった。河村秀興《ひでおき》『古事記開題』（一八世紀中葉）には、本文に較べて序文の文章が巧緻であること、正史に成立の経緯が見えないことなどをあげて、「上代ノ野史」に後人が序文を偽作して太安万侶に仮託したものとする今日の序文偽作説の先蹤《せんしょう》というべき某人説が引用されている。江戸時代になってはじめて出現してくる偽書説は、寛永版古事記の出現に対する人びとの当惑の反応の一つだったのである。

第三に、寛永版の刊行後、懐疑をもって受け止められていた古事記を表舞台に引き上げることに努めたのが、国学者たちであったことも偽書説誘発の要因となった。国学は幕府政治の矛盾が拡大していく過程で、幕府の正学儒教に対する反定立《アンチテーゼ》として伸張してきた学問である。宣長は天皇を頂点とする古代国家のありようこそ日本のあるべき姿として、古事記を国学の聖典と位置づけたが（『古事記伝』）、正史に成立記事が見えず、享受史のうえでも長く陥没していた古事記に対するこうした破格の評価は、正学をはじめとするさまざまな立場からの反発を誘発することになる。『古事記伝』（寛政二年〈一七九〇〉刊行開始、文政五年〈一八二二〉刊行完了）刊行完了の八年後には早くも沼田順義《ゆきよし》『級長戸風』（文政十三年〈一八三〇〉刊）が古事記偽書説を展開しているが、そこには宣長に対する反発という面があったことを看過すべきではない。

第四に、王政復古によって成立した明治新府が、天皇権力の強化を目的として、国学を基盤に据えた国民教化政策を進めたことも、偽書説を誘発する要因として注目される。中近世を通じて神道の聖典として重視されつづけた日本書紀と並んで、国学の聖典古事記も明治政府の志向する国家観の核をなす古典として位置づけられるに至ったのである。他方、国家の近代化という課題を抱える明治政府は、欧米先進国の文化・思想の導入にも積極的であったから、近代化の深化に伴い前時代的・強権的な国民教化政策に対する反発や批判の声が上がってくるのは必然的な成り行きであった。大正デモクラシーと呼ばれる時期に、記紀の内容に史的批判を加えた『神代史の新しい研究』（二松堂書店、一九一三年）をはじめとする津田左右吉の一連の研究や、古事記偽書説を内容とする中沢見明「古事記は偽書か」（『史学雑誌』三五―五、一九二四年五月）が現れることについては、こうした文脈として理解することも可能である。津田の研究が記紀の内容面の批判に向けられたのに対し、中沢の論は古事記という古典の存在自体の否定に向かったものといえよう。

偽書説とは、要するに古事記享受史の過程で多様な契機によって誘発された否定的な受容姿勢にもとづく言説というのが実態なのであるが、主張の根拠を確認するために、もう少し検討を続けたい。

A序文の述作について
①和銅当時の文章としては巧緻にすぎる。
②職名を記さない太安万侶の署名は令の規定に反する。
③勅撰でありながら無官の人物一人による編纂である。
④序と表が混同されており、奈良朝当時の序・表二本立制に反する。
B序文の内容について
⑤古事記成立に関する記述が正史（日本書紀・続日本紀）に見えない。
⑥天武紀の内容と一致しない。
⑦稗田阿礼は実在が確認できない（他文献に見えない。姓の用法が不明瞭）。
⑧壬申の乱の描写は日本書紀よって書かれたと推測される。
⑨序文冒頭に記された歴史と本文の間に齟齬がある。
C用字・表記について
⑩字音仮名で和語を記すのは平安朝的である。
⑪整理された音仮名の様態は奈良朝後期～平安朝的である。
⑫地名表記が平安朝的である。
D本文の内容について

⑬日本書紀に一致する内容が少なく、独自の伝承が多い。
⑭イザナキ鎮座の地とされる淡海の多賀社は延喜以前の文献に見えない。
⑮上巻大年神系譜には平安朝以降に有力化する外来系の神が含まれる。

Eその他の外部徴証

⑯日本書紀が古事記を参考にした形跡がない。
⑰下巻允恭記の軽太子関係歌は日本書紀に見えず、万葉集では作者が異なる。
⑱新撰姓氏録は古事記を参照していない。
⑲弘仁四年日本紀私記の序文で古事記が称揚されている。

これまでに提示された疑点を整理して示せば右の如くであるが、全一九項のうち序文に向けられた疑点（AB）が約半数を占めるのに対し、内容に関する疑点（D）が三項にすぎないというありようは、偽書説の核心をかなり正確に照射していよう。偽書説とは古事記自体が抱える矛盾や疑点に立脚した言説というわけではなく、序文に対する疑義を核として案出された、より正確にいえば序文の記す成立の経緯を否定するために案出された仮説なのである。右の諸疑点中、和銅五年における古事記の不在を証明する決定的根拠が一つも存在せず、すべてが情況証拠――しかも、その中には主観にもとづく判断（①）をはじめとして、調査不足による誤認（④⑦⑩⑫⑭）、序文の目的・意義に対する無理解（⑨）、記紀の構想の相違に対する無理解（⑬⑯）、各文献の資料性を無視した言説（⑰⑱⑲）など、今日の研究の水準からみて意味のないものも含まれる――であるのはそのためである。[2]

こうした危うさのうえに立つ偽書説論者の中で、最も熱心に実証的な論証を試みたのは筏勲《いかだいさお》であった。筏は、まず『上代文学論集』（民間大学刊行会、一九五五年）において、古事記の序文は「序」と明記しながら上表文の形式で書かれていること（④の前半部分）を問題としつつ、令制下の官人の署名を網羅的に調査して、新たに②を疑点として追加した（ただし、令制下においても例外があることが西宮一民によって指摘されており[3]、特に太安万侶については勅撰書の撰録に専念するための措置と解することができる）[4]。さらに「古事記偽書説は根拠薄弱であるか」（『国語と国文学』三九巻六・七号、一九三二年六・七月）では、奈良・平安朝の表・序を博捜し、前著では疑義の提示にとどまっていた④を実証的なレベルに引き上げて再提示した。いずれも従来の偽書説とは水準を異にした緻密な論であり、特に後者の「著名な文人であつたと思はれる安万侶が、表と序とを混同するような迂闊なことをやる筈がない」という指摘は、容易に反駁し難い迫力をもっていた。筏論の出現によって、表／序問題は最後まで片付かない課題として残される仕儀となったのである。

しかし、この最後の課題も矢嶋『古事記の文字世界』によってあっさりと解決されるに至った。古代中国の表・序を調査すると、皇帝の勅命を受けて作られた書物や詩文の序文には上表形式を採る例も数多く見出されるのである。元明の勅命を受けて編纂された古事記の序文は、まさに古代中国の事例に適合したものだったのである。

二 『古事記』のテキスト

ここからは古事記を研究する際に必要となる古写本の複製・影印、活字テキスト等について紹介していこう。古写本は現在四〇本を数えるが、享受史における陥没の影響を受けて平安朝に遡る写本は存在しない。中世に書写された真福寺本・道果本・道祥本・春瑜《しゅんゆ》本・卜部《うらべ》兼永《かねなが》本（以下、兼永本と略す）以外は、すべて近世の写本である。このうち最古の写本は真福寺本（賢瑜本とも。弘安四～五年〈一三七一～七二〉賢瑜写。北野山真福寺宝生院蔵）である。誤字・脱字も多く、また書写過程の竄入とみられる先帝との続柄記事が下巻天皇記冒頭に存在するなど[5]、問題も多い一方、後述するように他本に見えない平出《へいしゅつ》（改行して敬意を表す書式。序文に二例）や闕字《けつじ》（直上を一～二

古写本複製・影印一覧

写本名	刊行書名（出版社、刊行年）	備考
真福寺本	『真福寺本　古事記』（古典保存会、一九二四～二五年） 『国宝真福寺本　古事記』（京都印書館、一九四五年） 『国宝　古事記』（講談社、一九七四年） 『国宝　真福寺本　古事記』（桜楓社、一九七八年）	複製 複製 複製 影印
道果本	『道果本古事記』（貴重図書複製会、一九四三年／吉川弘文館、一九五一年） 新天理善本叢書第一巻『古事記道果本　播磨国風土記』（八木書店、二〇一六年）	複製 影印
道祥本	『伊勢本古事記上巻』（古典保存会、一九三六年）	複製
春瑜本	『春瑜本古事記上巻』（古典保存会、一九三〇年） 『御巫本古事記』（便利堂、一九三一年） 『〈重要文化財〉春瑜本古事記』（ほるぷ出版、一九八〇年）	複製 複製 複製
兼永本	『卜部兼永筆本　古事記』（勉誠社、一九八一年） 『兼永本古事記　出雲風土記抄　ＣＤ-ＲＯＭ』（岩波書店、二〇〇三年）	影印 画像
祐範本	尊経閣叢刊『前田本古事記』（前田育徳財団、一九三七年） 尊経閣善本影印集成第四輯　古代史籍30『古事記』（八木書店、二〇〇二年）	複製 影印
猪熊本	『猪熊信男氏蔵古事記』（古典保存会、一九三六～三七年）	複製
氏庸本	『龍門文庫善本叢刊　第五巻』（勉誠出版、一九八六年）所収	影印
平瀬本	『龍門文庫善本叢刊　第五巻』（勉誠出版、一九八六年）所収	影印

字分空白にして敬意を表す書式。下巻に八例）が認められるなど、和銅奏覧本の様態を残すとみられる箇所も存在し[6]、最も重要な写本であることは間違いない。複製三種と影印一種が刊行されているが（前頁の表参照）、京都印書館以降の複製・影印には古典保存会複製刊行後に拡大した虫損が複数箇所にわたって認められ、すでに確認できなくなった文字も存在する。真福寺本の調査には古典保存会複製を参看する必要があることを注意しておきたい。

真福寺本と同系統の写本には道果本（永徳元年〈一三八一〉道果写。上巻前半のみ。天理図書館蔵）、道祥本（伊勢本とも。応永三一年〈一四二四〉道祥写。上巻のみ。静嘉堂文庫蔵）、春瑜本（伊勢一本・御巫本とも。応永三三年〈一四二六〉書写者未詳。上巻のみ。神宮文庫蔵）の三本がある。いずれも零本であるが、今日伝わる写本のうち真福寺本・道果本・道祥本・春瑜本以外はすべて兼永本を祖本とするものであるから、真福寺本を補う資料として重要である。

上中下巻の揃った写本で真福寺本に次いで古いのは、卜部系諸本の祖本兼永本（大永二年〈一五二二〉卜部兼永写。鈴鹿勝氏蔵）である。書写年代は真福寺本よりも下るが、中巻を除く上下二巻の系統が真福寺本と異なるため、古事記の本文研究には不可欠な写本である。複製は刊行されていないが、影印とカラー画像を収めたCD-ROMが刊行されている[7]。卜部系諸本のうち祐範《ゆうはん》本（前田本とも。江戸時代初期、中臣祐範《なかとみすけのり》写。尊経閣文庫蔵）は複製と影印、猪熊本（慶長後半〜寛永頃写、書写者未詳。恩頼堂文庫蔵）は複製、氏庸《うじつね》本（龍門文庫本とも。寛永十五年、氏庸書写。阪本龍門文庫蔵）および平瀬本（寛永頃写、書写者未詳。阪本龍門文庫蔵）は影印がそれぞれ刊行されている。いずれも兼永本を補う資料として重要である。

活字本のテキスト・注釈書類は数多く刊行されているが、信頼できるものは多くない。校訂本文が付載されていることが最低条件となるが、それだけでは十分ではない。校訂本文は校訂者が作成した再構本文であって、和銅成立時の本文を精確に再現しえているという保証はないからである。校訂本文には校訂された文字と底本の文字との異同を示す校異注が付されているのが一般的であるが、校訂の結果のみではなく、校訂の根拠、必要に応じて諸本の様態も示された校異注であれば、さらに望ましい。それにもとづいて校訂者の判断とは別の本文再構の可能性を探ることも可能となるからである。現在この要件を満たすテキスト・注釈書は、西宮一民編『古事記 修訂版』（おうふう、二〇〇〇年）、沖森卓也・佐藤信・矢嶋泉編『新校 古事記』（おうふう、二〇一五年）の二書に限られる。前者は初版（一九七三年）刊行以来、補訂版（一九七八年）、新訂版（一九八六年）を経て修訂版に至ったものであるが、二〇〇七年に編者が亡くなったため、今後の更新は望めなくなった。後者は現時点で最も新しいテキストであるが（訓読文・校訂本文・補注から成る）、校訂の根拠はもちろん、真福寺本と兼永本の校異に関わる傍書・頭書類、改行・闕字等の様態などの情報についても、校異注と補注を利用して示されているところに従来のテキスト・注釈書類にはなかった特長がある。このテキストの出現によって、真福寺本のみならず兼永本の様態をも簡便に一望することが可能となった。

なお、古事記を読む際のガイドとなる訓読文であるが、校訂本文同様、古事記の意図した日本語文そのものではないことを十分に理解しておく必要がある。現在の研究水準をもってしても、古事記の訓法は細部にわたって解明されているわけではないからである。ただし、ほとんどの文頭に日本語には本来存在しなかった接続語（於是・故・然など。すべて漢語起源）が置かれていたり、会話文中に一人称代名詞（我・吾・妾・僕など）が頻繁に現れるなど、固有の日本語文とは著しく異なった様相を呈しており、宣長が想定した「古《へ》より云《ヒ》伝《ヘ》たるまゝに記された」ものでなかったことは、すでに明らかにされている[8]。訓読に際しては、漢文訓読の世界を背景として形成された文章語を基調として書かれていることに配慮する必要があることを強調しておきたい。

三　『古事記』序文の論理構造

ここで特に、序文を取り上げて、内容と論理構造を可能な限り精確に読み解いてみたい。序文偽作説の克服が遅れたこともあって、これまで軽視されてきたが、序文の解読は我々に課せられた最も重要な課題の一つであるだけでなく、序文の理解を抜きにしては古事記研究の端緒にさえつけないといっても過言ではないからである。まず、前掲沖森・佐藤・矢嶋編『新校　古事記』から訓読文を左に引用する（ただし、ふり仮名を含めて仮名遣いを現代仮名遣いに改め、行論に必要な符号を付した）。

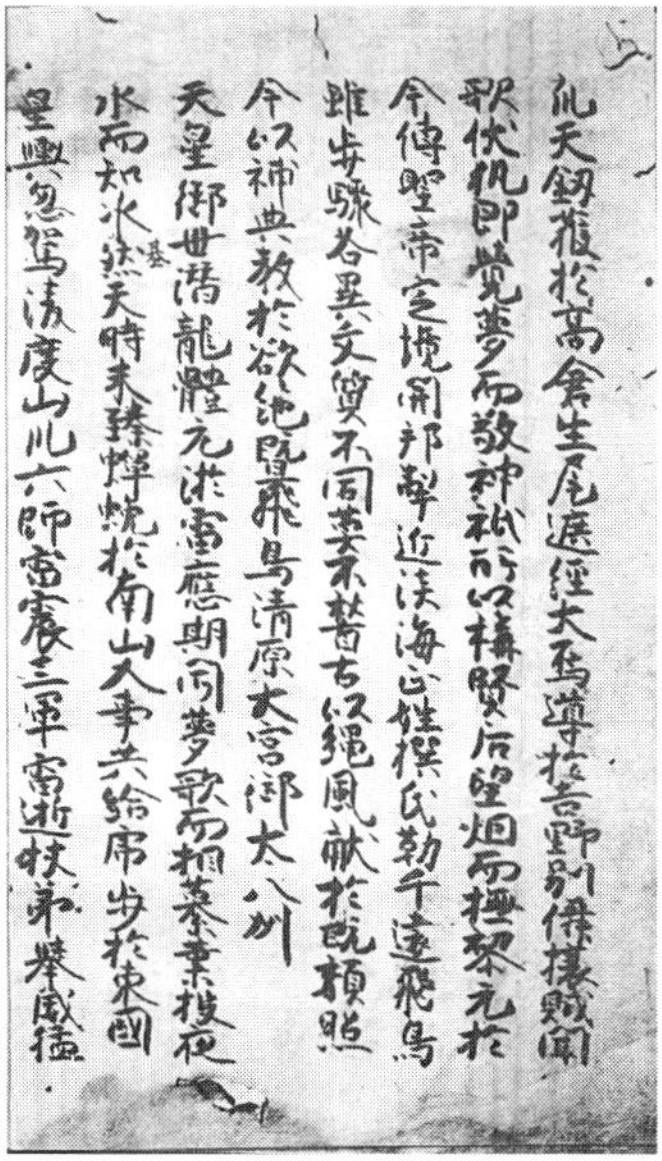

Ⅰ～Ⅱを記した部分（第一丁裏）

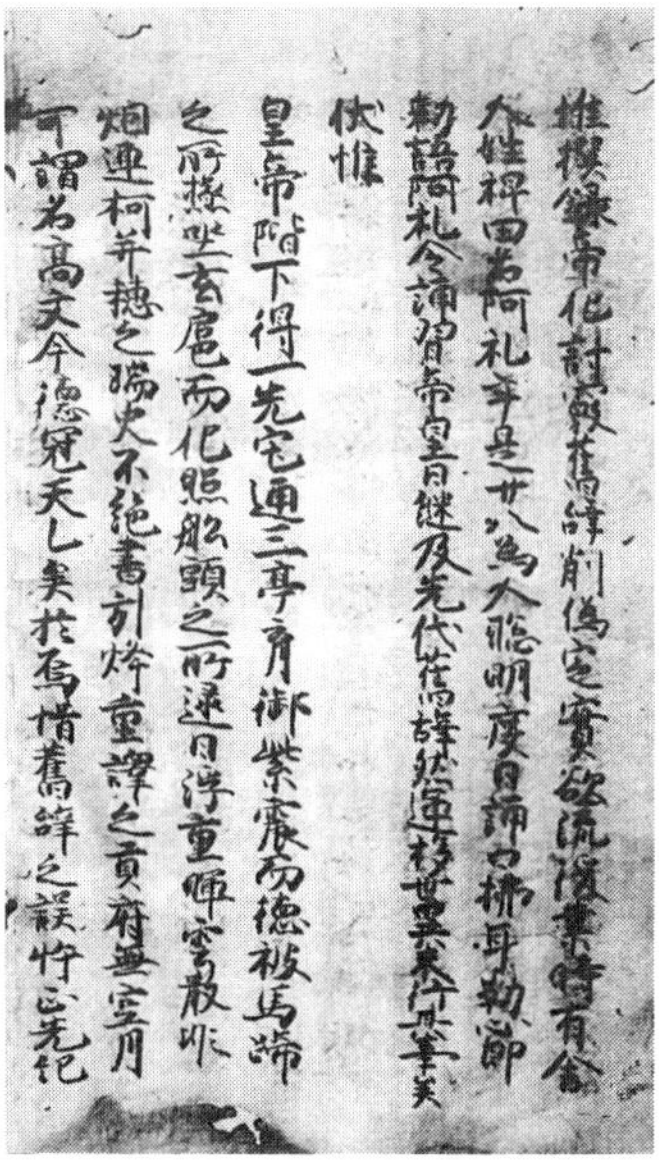

Ⅱ～Ⅲを記した部分（第三丁裏）

真福寺本の序文の一部（画像：国立国会図書館デジタルコレクション提供）

古事記上巻并せて序

Ⅰⓐ臣安万侶《しんやすまろ》言《もう》す。ⓑ夫《それ》、混元《こんがん》既に凝《こ》りて、気象《けぞう》未だ效《あら》われず、名も無く為《わざ》も無くあれば、誰か其の形を知らん。然《しか》あれども、乾坤《かんこん》初めて分《わか》れて、参神造化《さんじんぞうけ》の首《はじめ》と作《な》り、陰陽《おんようこ》斯に開けて、二霊群品《にりょうぐんぼん》の祖《おや》と為りき。所以《このゆえ》に、幽《ゆう》顕《けん》に出《い》で入《い》りて、日月《にちがち》目《め》を洗うに彰《あらわ》れ、海水に浮き沈みて、神祇《じんぎ》身を滌《すす》くに呈《あらわ》る。故《かれ》、太素《たいす》杳冥《ようみょう》にあれども、本教《ほんきょう》に因りて土《くに》を孕《はら》み島を産みし時を識《し》り、元始《がんし》綿邈《めんみやく》にあれども、先聖《せんしょう》に頼《よ》りて神を生み人を立てし世を察《し》れり。寔《まこと》に知る、鏡を懸け珠《たま》を吐きて、百王《ひゃくおう》相《あ》い続き、剣《つるぎ》を喫《か》み蛇《おろち》を切りて、万神《まんじん》蕃息《ばんそく》せしことを。安河《やすのかわ》に議《はか》りて天下《あめのした》を平げ、小浜《おはま》に論《あげつら》いて国土《くに》を清《きよ》む。是《ここ》を以ちて、番仁岐命《ほのににぎのみこと》、初めて高千嶺《たかちほのみね》に降り、神倭天皇《かむやまとのすめらみこと》、秋津《あきづ》島《しま》に経歴《ふ》。化熊《けう》川《かわ》を出《い》でて、天剣《てんけん》、高倉《たかくらした》に獲《え》、生尾径《しょうみみち》を遮《さ》えて、大烏《だいう》、吉野《よしの》に導く。儛《まい》を列《つら》ねて賊《あた》を攘《はら》い、歌《うた》を聞きて仇《あた》を伏《したが》う。即《すなわ》ち、夢《いめ》に覚《さと》りて神祇《じんぎ》を敬《いやま》う。所以《このゆえ》に、賢后《げんご》と称《い》う。烟《けぶり》を望みて黎元《らいがん》を撫《な》づ。今に、聖帝《しょうたい》と伝う。境を定め邦《くに》を開きて、近淡海《ちかつおうみ》に制《おさ》む。姓《かばね》を正し氏《うじ》を撰《えら》びて、遠飛鳥《とおつあすか》に勒《おさ》む。ⓒ歩驟《ぶしゅう》各《おのもおのも》異《こと》にして、文質《もんしち》同じくあらねども、古《いにしえ》を稽《かんが》えて風猷《ふうゆ》を既に頽《おとろ》えたるに縄《ただ》し、今を照して典教《てんきょう》を絶《た》えんと欲《す》るに補《おぎぬ》わずということ莫《な》し。

Ⅱ

ⓓ飛鳥清原大宮《あすかのきよみはらのおおみや》に大八州御《おおやしまくにおさ》めたまう天皇《すめらみこと》の御世《みよ》に曁《いた》りて、潜龍元《ぜんりゅうがん》を体《てい》し、洊雷期《ぜんらいご》に応す。夢の歌を開《と》きて業《わざ》を纂《つ》がんことを想《おも》い、夜の水《かわ》に投《おもぶ》きて基《もとい》を承けんことを知る。然《しか》あれども、天時《てんじ》未だ臻《いた》らずあれば、南山《なんせん》に蝉《ぜん》蛻《たい》し、人事《にんじ》共給《そなわ》りて、東国《とうこく》に虎歩《くぶ》す。皇輿《おうよ》忽《たちま》ちに駕《が》して、山川《さんせん》を淩《こ》え度《わた》り、六師《ろくし》雷震《らいしん》し、三軍電逝《でんせい》す。杖矛《じょうむ》威《いきおい》を挙《ふる》いて、猛士《みようじ》烟起《えんき》し、絳旗《こうき》兵《つわもの》を耀《かかや》かして、凶徒瓦解《がげ》す。未だ浹辰《しょうしん》を移さずして、気沴《けらい》自らに清し。乃《すなわ》ち、牛を放ち馬を息《いこ》え、愷悌《がいだい》して華夏《けげ》に帰《かえ》り、旌《はた》を巻き戈《ほこ》を戢《おさ》め、儛詠《むよう》して都邑《つおう》に停《とどま》る。歳大梁《ほしだいりょう》に次《やど》り、月侠鐘《きょうしゅ》に踵《あた》りて、清原大宮にして、昇りて天位に即《つ》く。ⓔ道は軒后《けんご》に軼《す》ぎ、徳《うつくしび》は周王を跨《こ》ゆ。乾符《かんふ》を握《と》りて六合《ろくごう》を摠《す》べ、天統《てんとう》を得て八荒《はちこう》を包《か》ぬ。二気《にけ》の正しきに乗り、五行の序《つぎて》を斉《ととの》え、神理《じんり》を設《ま》けて俗に奨《よ》め、英風《ようふう》を敷きて国に弘めたまう。ⓕ重加《しかのみにあ》らず、智海浩汗《ちかいこうかん》にして、潭《ふか》く上古《じょうこ》を探り、心鏡煒煌《いこう》にして、明《あきら》けく先代を観《み》る。ⓖ是《ここ》に、天皇詔《の》りたまわく、「朕《われ》聞く、諸家の賷《も》てる帝紀《たいき》と本辞とは、既に正実《しょうじち》に違《たが》い、多く虚偽《くぎ》を加《くわ》えりと。今時《いま》に当りて其の失《あやまり》を改めずは、未だ幾年《いくとせ》も経ずして其の旨滅びなんと欲《おも》う。斯《こ》れ乃ち、邦家《ほうけ》の経緯《きょうい》、王化《おうけ》の鴻基《こうき》なり。故《かれ》惟《ここ》に、帝紀を撰録し、旧辞《くじ》を討覈《とうぎゃく》し、偽《いつわり》を削り実《まこと》を定めて、後葉《ごよう》に流《つた》えんと欲《おも》う」とのりたまう。ⓗ時に舎人《とねり》

有り。姓《うじ》は稗田《ひえだ》、名は阿礼《あれ》、年は是れ廿八《はたちあまりやつ》なり。人為《ひととなり》聡明《そうみょう》にして、目に度《わた》れば口に誦《よ》み、耳に払《ふ》るれば心に勒《しる》す。即ち、阿礼に勅語して、帝皇日継《たいおうのひつぎ》と先代《せんだいの》旧辞とを誦み習わしむ。ⓘ然あれども、運《とき》移り世異《かわ》りて、未だ其の事を行《つた》えず。

Ⅲ ⓙ伏《ふ》して惟《おもい》るに、皇帝陛下《おうたいへいげ》、一つを得て光宅し、三つに通《わた》りて亭育《ちょういく》す。紫宸《ししん》に御《いま》して、徳《うつくしび》は馬蹄《うまのつめ》の極《きわま》る所を被《おお》い、玄扈《げんこ》に坐《いま》して、化《おもぶけ》は船頭《ふねのへ》の逮《およ》ぶ所を照したまう。日浮びて暉《ひかり》を重ね、雲散りて煙《けぶり》に非ず。柯《えだ》を連ね穂を并する瑞《しるし》、史《ふみひと》書《しる》すことを絶たず。烽《とぶひ》を列《つら》ね訳《おさ》を重ぬる貢《みつき》、府空《くらむな》しき月無し。名は文命《もんみょう》よりも高く、徳《うつくしび》は天乙《てんおつ》に冠《まさ》れりと謂うべし。ⓚ焉《ここ》に、旧辞の誤忤《ごご》を惜しみ、先紀《せんき》の謬錯《みょうさく》を正さんとして、和銅四年《しねん》九月《くがち》十八日を以ちて、臣安万侶《しんやすまろ》に詔《の》りたまわく、「稗田阿礼が誦める勅語の旧辞を撰《えら》び録《しる》して献上《たてまつ》れ」とのりたまえば、ⓛ謹みて詔旨《おおみこと》の随《まにま》に、子細《しさい》に採り摭《ひり》いつ。ⓜ然あれども、上古《じょうこ》の時は、言《ことば》と意《こころ》と並びに朴《すなお》にして、文《もん》を敷き句を構《かま》うること、字《まな》に於きて即ち難し。已に訓に因りて述べば、詞《ことば》心《こころ》に逮《およ》ばず、全《また》く音《おん》を以ちて連ねば、事の趣《おもぶき》更に長し。ⓝ是《ここ》を以ちて、今、或《ある》は一句《いちく》の中《うち》に音・訓を交え用い、或《ある》は一事《いちじ》の内に全く訓を以ちて録《しる》す。ⓞ即ち、辞理《じり》の見え叵《がた》きは注を以ちて明らかにし、意況《いきょう》の解《さと》り易きは更に注せず。ⓟ亦、姓《うじ》に於きて日下《にちげ》を玖沙訶《くさか》と謂い、名に於きて帯《たい》の字《まな》を多羅斯《たらし》と謂う、如此《か》くある類《たぐい》は本の随《まにま》に改めず。ⓠ大抵《おおよ》そ記せるは、天地開闢より始めて、小治田御《おわりたのみ》世《よ》に訖《いた》る。故《かれ》、天御中主神《あめのみなかぬしのかみ》より以下《しも》、日子波限建鵜草葺不合命《ひこなぎさたけうがやふきあえずのみこと》より以前《さき》を上巻とし、神倭伊波礼毘古天皇《かむやまといわれびこのすめらみこと》より以下、品陀御世《ほんだのみよ》より以前を中巻とし、大雀皇帝《おおさざきのすめらみこと》より以下、小治田大宮より以前を下巻とし、并せて三巻を録し、謹みて献上《たてまつ》る。ⓡ臣安万侶、誠惶誠恐《じょうこうじょうく》、頓首頓首す。

ⓢ和銅五年正月《がち》廿八日　正五位上勲五等太朝臣安万侶《おおのあそみやすまろ》

一般に序文はⅠⅡⅢの三段落から成るとされるが、歴史の効用・意義を説く序論（Ⅰ）と古事記成立の経緯を記す本論（ⅡⅢ）から成るとみるべきで、本論が天武朝（Ⅱ）と元明朝（Ⅲ）とに分けて記されているのである。序文全体の冒頭と末尾に当たるⓐⓡにはそれぞれ上表文の常套句が用いられているが、序文偽作説の主張とは逆に、古事記編纂の直接的契機が元明の勅命にあったとするⓚの内容を形式面から保証することを確認しておこう。そのうえで、ⓐに続くⓑが序文開頭に常用される発語の辞「夫《それ》」で開始されていることにも注目したい。元明の勅命による編纂という事情から上表形式が採択されているとはいえ、その本質は序文であることを端的に示しているからである。

序論はまず古事記の記す歴史（史実を意味しない）から主要な事績を摘記して、国土・国家の形成史とその統治者たる天皇の来歴、代表的な天皇の治世を概観し（ⓑ）、各治世には寛急の差はあるものの過去（歴史）を参考にして現在の政治を行う姿勢はすべての天皇に共通していたと総括し、天皇統治における歴史の意義・効用を述べる（ⓒ）。

つづいて古事記成立の経緯を記す本論となるが、発端の事情を記すⅡは壬申の乱直前から書き起し、乱に勝利して即位するまでの経緯を天武の立場から略述した後（ⓓ）、天武の徳治を賞讃するが（ⓔ）、注目されるのは、「重加《しかのみにあ》らず」として天武が「上古」「先代」すなわち歴史に関心をもつ天皇であったことを特記することである（ⓕ）。ⓓⓔを間に挟むけれども、ⓕは明らかに序論Ⅰⓒを承けた記述であり、ⓒにいう歴代天皇と同様、天武もまた歴史に関心をもつ天皇であったことを確認・強調するのである。つづくⓖから古事記の母胎となった帝紀・旧辞編纂の経緯が語られるが、ⓖの直前に位置するⓕがⅠⓒを承けて記述されていることのもつ意味は小さくない。すなわち、ⓖはⓕを介して序論の主張と繋がりつつ、歴史の意義・効用を十分に理解していた天武が、諸家から朝廷にもたらされる帝紀・本辞（旧辞）には多くの虚偽が加えられている実情を聞き、正しい歴史認識にもとづく帝紀・旧辞編纂の必要を痛感し、編纂に乗り出したのが古事記成立の発端であったと記述していることになるからである。

ところで、宣長はⓘを「天皇 崩《カムアガリ》坐て御世かはりにければ、撰録の事果《ハタ》し行《オコナ》はれずして、討覈ありし帝紀旧辞は、いたづらに阿礼が口にのこれりしなり」（『古事記伝』二之巻）と解釈し、今日それが一般化しているが、ⓖの時点で行われたのは帝紀・旧辞の討覈と撰録の両方で、撰録は行われなかったわけではない。ⓖに見える天武の発言末尾部分は、本来「撰録帝紀、討覈旧辞、削偽定実、欲流後葉」と書かれている（古事記原文の引用は、前掲『新校 古事記』による。以下同じ）。これを読み下せば「帝紀《たいき》を撰録《せんろく》し、旧辞《くじ》を討覈《とうぎやく》し、偽《いつわり》を削《けづ》り実《まこと》を定《さだ》めて、後葉《ごよう》に流《つた》えんと欲《おも》う」となるが、こうした訓読文にもとづいて解釈したのが宣長説で、この時点では撰録は行われておらず、「欲」（未然の願望）の対象であったとするのである。「撰録帝紀」以下を日本語文として理解する限り、宣長の解釈に問題はないように思われるが、日本語として読まれることを前提として変体漢文（和化漢文）をはじめとする多様な文体を駆使して書かれている本文とは異なり、序文は元明の勅命を受けて成った史書の冒頭を飾ることを意識して、対句を多用した本格的漢文で書かれていることを看過してはならない。序文は日本語文ではなく漢文（中国古典語文）として理解する必要があるのである。その場合、問題となるのは「欲」の位置である。漢文では「欲」は述語動詞の前に置かれ、未然の事柄に対する意思や願望を表すが、天武の発言では「流後葉」の前に置かれていることに注意しなければならない。「撰録帝紀」以下の四句を漢文として解釈すれば、「撰録帝紀、討覈旧辞、削偽定実」までは已然の事柄（已《すで》に終わった事柄）で、「欲」（未然の願望）の対象は直下の「流後葉」のみと理解される(9)。宣長のいうように、ⓖの時点で「撰録の事」が行われていなかったのだとすると、「欲」は「撰録帝紀」の上に置かれる必要があるが、その場合「撰録帝紀」以下「流後葉」に至るすべてが「欲」の対象となってしまい、「討覈」は行われたとする宣長の解釈も成立しないことになる。

ⓘについての宣長の解釈とともに、ⓗに見える稗田阿礼の役割に関する宣長以来の通説も修正されねばならない。宣長は、阿礼に「そらに誦《ヨミ》うかべさせ」たのは帝紀・旧辞撰録のための前提作業と考えたが（『古事記伝』二之巻）、帝紀・旧辞の討覈・撰録はⓖの段階では完了したものとして記されているのであるから、阿礼の役割は「欲」の対象、すなわち「流後葉」（後世に伝え広める意）に関わるものと捉え直す必要がある。阿礼登用の理由としてⓗにあ

げられているのも、優れた識字力（「目《め》に度《わた》れば口《くち》に誦《よ》み」）と記憶力（「耳《みみ》に払《ふ》るれば心《こころ》に勒《しる》す」）とであって、一般に言われるように記憶力のみが必要とされていたわけではない。太安万侶がⓚで「上古《じょうこ》の時《とき》は、言《ことば》と意《こころ》と並《なら》びに朴《すなお》にして、文《もん》を敷《し》き句《く》を構《かま》うること、字《まな》に於《お》きて即《すなわ》ち難《かた》し」と述べているように、外来の漢字を用いて日本語（特に散文）を記述することは、奈良朝初期にあっても困難を伴う作業であった。まして天武朝であってみれば、一応の完成をみたとはいえ、その帝紀・旧辞本文を不特定多数の人びとが天武の意図する日本語に還元することは、より困難であったと考えねばならない。こうした情況のもとで帝紀・旧辞を世間に流布し、また「後葉《ごよう》に流《つた》え」ることは不可能に近かったのである。阿礼の役割は、誤読の可能性のある多義字や難訓字の訓の特定、理解が困難な語句や複数の理解が可能な文字列の意味の切れ目の明示など、安万侶の手で現行古事記に施された各種の注記と同様の指示をはじめとして、帝紀・旧辞本文を細部にわたって日本語に還元するための補助的役割を負うものだったのである。

古事記完成までの経緯を記す本論後半部Ⅲは、時代を元明朝に移し、元明の徳と治世を讃美するところから語り起こされる。天武朝に一応の完成をみた帝紀・旧辞は、天武の死によって「後葉《ごよう》に流《つた》え」ることが頓挫してしまったため、依然として旧辞・先紀（帝紀）に誤りが含まれていることを惜しんだ元明は、こうした情況を是正しようとして、和銅四年（七一一）九月十八日に稗田阿礼の誦習する天武勅語の旧辞の撰録を安万侶に命じ（ⓚ）、安万侶は詔旨に従って詳細に採録するよう努力したことが記される（ⓛ）。古事記完成の契機は「旧辞《くじ》の誤忤《ごご》を惜《お》しみ、先紀《せんき》の謬錯《みょうさく》を正《ただ》さん」と考えた元明が、太安万侶に対して「稗田阿礼が誦める勅語の旧辞を撰び録して献上れ」と命じたところにあったというのがⓚの内容であるが、Ⅲⓚが明確にⅡⓗを承けて記述されていることに注目したい。何故なら、「稗田阿礼が誦める勅語の旧辞」という歴史書を介して、「旧辞の誤忤を惜しみ、先紀の謬錯を正さん」（Ⅲⓚ）とする元明の意思と、「今時《いま》に当《あた》りて其《そ》の失《あやまり》を改《あらた》めずは、未《いま》だ幾年《いくとせ》も経《へ》ずして其《そ》の旨《むね》滅《ほろ》びなんと欲《おも》う。斯《こ》れ乃《すなわ》ち、邦《ほう》家《け》の経緯《きょうい》、王化《おうけ》の鴻基《こうき》なり。故惟《かれここ》に、帝紀《たいき》を撰録《せんろく》し、旧辞《くじ》を討覈《とうぎゃく》し、偽《いつわり》を削《けづ》り実《まこと》を定《さだ》めて、後葉《ごよう》に流《つた》えんと欲《おも》う」

（Ⅱⓖ）という天武の意思とがまさに重なるからである。要するに、天武同様、元明もまた天皇統治における歴史の効用・意義（ⓒ）を弁えた天皇であり、それ故に天武の修史事業を継承するに至ったというのが序文の論理なのである。ここまでの序文の論理は序論・本論を通じて一貫しており、間断するところがない。

　さて、ⓛから記述は安万侶の立場に転換し、元明の命を受けて即座に撰録作業に取りかかり、詔旨に従って筆録に努めたことを記した後（ⓛ）、漢字を用いて上古の日本語を記述することの難しさを分析的に述べたうえで（ⓜ）、最終的に採用した記述方針（ⓝ）、施注方針（ⓞ）、慣用表記の扱い（ⓟ）、そして古事記で扱われた歴史の範囲を記して献上の辞を述べ（ⓠ）、末尾に上表形式の結句を置いて（ⓡ）、献上の年月日と署名とを記す（ⓢ）。古事記の成立問題を考えるうえで、撰録者の立場から記されたⓝⓞⓟⓠはきわめて重要な意味をもつ。まず、ⓝの「或は一句の中に音・訓を交え用い、或は一事の内に全く訓を以ちて録す」については、一般に音訓交用表記を記述方針とすることを述べたものと誤解されているが、ここは音訓交用表記と訓主体表記の併用、つまり訓主体表記を基本方針として採択し、必要に応じて音仮名を交用したことを意味する。[10]実際に、現行古事記本文は正訓字主体で記述されているのである。記述方針の提示（ⓝ）を承けて、文字列の理解が困難な場合には、注を付して文意・語意を明かにし、そうでない場合には注を省略するよう努めたとする施注方針（ⓞ）が示されるが、現行本文を検討すると、ⓞに示された方針どおりに以音注（音仮名の使用範囲）・訓注（漢字の訓）・声注（アクセント）などの注記が施されていることが知られる。[11]つづいて慣用表記の扱いに触れ、現在も通用の古い慣用表記については、原本の表記を温存したことが記される（ⓟ）。この点についてもⓟに示された方針に沿って記述されていることが、現行本文を通じて確認される。[12]要するに、古事記本文は慣用表記の採否も含め、安万侶の記す記述方針どおりに記され、安万侶の示す施注方針どおりに注が施されているのである。ⓝⓞⓟに続き、古事記で扱われた歴史の時代範囲が記されるが（ⓠ）、ⓠを含めたⓝⓞⓟの内容は今日の書籍の凡例に相当するものである。序文については早くから偽作説が唱えられてきたが、序文と現行古事記本文とは、むしろ密接不可分な関係にあることが確認されるのである(13)。

最後に、真福寺本の様態を通じて知られる古事記序文の記述姿勢・性格について触れておきたい。四五頁の写真で確認できるように、真福寺本序文第14行（第一丁裏五・六行目）と第29行（第三丁裏四・五行目）の二か所に、同系の道果本・道祥本・春瑜本や卜部系諸本にはない改行が認められる。この改行は「天皇」（天武）と「皇帝陛下」（元明）の用語について行われており、公式令23〜37平出条の規定に適合する。一般的な序文とは異なり、古事記序文が上表形式で書かれていることを考えれば、この改行は公式令23〜37平出条の規定によった措置である可能性がきわめて高い(14)。真福寺本は全巻を通じて一面八行の配行であるが、一行の配字は二一字から二六字と一定せず、兼永本の一面八行一行一五字と比較すると一行当たりの文字数は六字から一一字も多く、紙幅を節約して文字情報を詰め込もうとした印象を受ける。平出のように無駄の多い書式は無視されても不思議はないように思われるが、実際には真福寺本にのみ平出が認められるのである。

念のために述べておけば、真福寺本が書写された一四世紀後半にはすでに律令の実効性は失われていたと考えてよい。真福寺本を除く古写本に平出が見られないことが、何よりの証拠である。そのような時代にもかかわらず、真福寺本序文に平出が温存されたのは、ひとえに書写者賢瑜の愚直さによるものと推測される。前述の如く、真福寺本は誤写・脱字も多く、一行の配字も一定しない写本であるが、それは逆に賢瑜が自身のさかしらを加えることなく、愚直にもととなった本を書写したことを示していよう。真福寺本の書写段階では、公式令の実効性は失われているのであるから、賢瑜にとって平出の措置を取る意味はない。この平出が第一義的な意味をもつのは、公式令の規制下に上表形式の序文を執筆した人物、すなわち太安万侶と古事記の撰録を命じた元明とである。平出に着目していえば、真福寺本序文の様態は元明奏覧本の一端を伝えるものと見られるのである。

註

（1）研究成果全般については次の二書を参照。矢嶋泉『古事記の歴史意識』吉川弘文館、二〇〇八年、同『古事記の文字世界』吉川弘文館、二〇一一年。
（2）偽書説に対する具体的な検討と批判については、註（1）文献参照。
（3）西宮一民『日本上代の文章と表記』風間書房、一九七〇年。
（4）西宮一民『古事記の研究』おうふう、一九九三年、矢嶋『古事記の歴史意識』（註（1）参照）。
（5）矢嶋泉「真福寺本古事記の頭書と下巻天皇記冒頭続柄記事」『青山語文』四七、二〇一七年三月。
（6）（7）矢嶋泉「真福寺本古事記の平出と闕字」『青山語文』四六、二〇一六年三月。
（8）矢嶋泉『古事記の文字世界』（註（1）参照）。
（9）西宮一民『古事記の研究』（註（4）参照）。
（10）亀井孝「古事記は よめるか」『日本語のすがたとこころ㈡ 亀井孝論文集4』吉川弘文館、一九八五年。
（11）小松英雄『国語史学基礎論』笠間書院、一九七三年、矢嶋『古事記の文字世界』（註（1）参照）。
（12）矢嶋泉『古事記の文字世界』（註（1）参照）。
（13）矢嶋泉「『古事記』序文の構造と論理」『青山語文』四八、二〇一八年三月。
（14）註（6）に同じ。

参考文献

亀井孝『日本語のすがたとこころ㈡亀井孝論文集4』吉川弘文館、一九八五年
小松英雄『国語史学基礎論』笠間書院、一九七三年
西宮一民『古事記の研究』おうふう、一九九三年
矢嶋泉『古事記の歴史意識』吉川弘文館、二〇〇八年
矢嶋泉『古事記の文字世界』吉川弘文館、二〇一一年

（矢嶋　泉）

④風土記《ふどき》

一　風土記とは

史料の成立経緯と概略

一般に風土記は、律令制下の国ごとに作成された日本最古の地誌《ちし》といわれる。しかしこれは必ずしも正しい言い方ではない。八世紀において、『播磨国風土記』や『出雲国風土記』などと呼ばれる本が存在したわけではない。「風土記」という用語の初見史料は、延喜十四年（九一四）に提出された三善清行《みよしのきよゆき》の『意見封事十二箇条』である。『〇〇国風土記』という呼び名が定着し出すのは、これ以降の時代であった。

風土記とは、中央政府の命にしたがい、国ごとに作成された「解文《げぶみ》」（上申文書）形式の報告書をさす。和銅六年（七一三）、律令国家は諸国に対して、①地名の文字の改正（好字《こうじ》に変えること）、②特産物や自然植生の種類、③土地の肥沃度合い、④地名の由来話、⑤古老の伝承の収集、という五つの項目にわたる報告書の作成、提出を義務づけた（『続日本紀』同年五月甲子条）。これを受け各国で作られた、いわゆる「国風《くにぶり》」の報告書を、便宜上風土記と呼んでいるだけである（以下、本論でもこの用法に従う）。

これがまとまった形で現存する国は、常陸・出雲・播磨・豊後・肥前の五ヶ国分のみである。それ以外の国の分は残されていない。しかし史料の一部が、鎌倉時代の『釈日本紀』など、後世の歴史註釈書等に引用され、断片的に伝えられているものがある。それを風土記逸文《いつぶん》という。

このように風土記は七一三年以降、原則として国ごとに作成、編纂されたものであるから、その成立時期も国によってまちまちである。右の五つの風土記のうち、完成年が明記されるのは『出雲国風土記』で、史料末尾に「天平五年二月卅日」と記されている。天平五年は西暦の七三三年である。これは和銅六年の官命から、ちょうど二〇年目にあたる年である。相当の時間を費やして完成したのが『出雲国風土記』であった。

それに対し最も早い時期に書かれたのは『播磨国風土記』である（ただし正本ではなく草稿本だとみる説がある）。地方制度の表記が国―郡―里制によっていることなどにより、それは七一六～七年頃までだったと推定されている。さらに『常陸国風土記』がこれに続き、九州の二風土記は、大宰府での二次的編纂などを経て、天平年間頃までに完成したとみられている。

また編纂責任者がはっきりわかるのも『出雲国風土記』だけである。やはり史料末尾に「国造《こくぞう》兼意宇《おう》郡大領《ぐんだいりょう》」の「出雲臣広島《いずものおみひろしま》」の名が記されている。責任者が国司ではなく、意宇郡大領も兼ねる国造であるのは異例であり、これは出雲国の特殊性によると考えられる。他の四つの風土記には、このような署名箇所がなく、従来さまざまな推測がなされているが、厳密な編纂責任者は不明とせざるをえない。

史料内容と分量のズレ

つぎに史料の中身と分量についても、それぞれの国ごとに個性がみられ、相互にズレがある。このうち先の和銅六年の官命内容に、最も忠実なのは、『出雲国風土記』である。

たとえば、官命の項目①の地名の「好字」への改正については、すべての郷にわたって註記し、②の各郡の特産物や自然物の種類、とくに「薬草」となる物産品の情報などは、驚くべきほど克明に調査・報告されている。これは出雲国による「年料雑薬」の貢献と関連するのであろう。また項目④と⑤の地名の由来話や古老の伝承の収集に関しても、神話を中心とする簡潔な叙述が多く見られ、唯一、③の土地の肥沃度合いの調査報告だけが記されていない。これは『出雲国風土記』が、二〇年という長い歳月をかけて出来た報告書であり、また一部の脱落箇所を除き、ほぼ完本の形で伝わった史料だったからだと思われる。掲載されている国内の地名件数は約一〇〇〇で、全体の文字数は約一万八〇〇〇字に及んでいる。

残る四つの風土記は完本ではなく、いずれも脱落本、省略本の史料である。したがってその分量も叙述の克明さも、『出雲国風土記』には及ばない。そのなかで『播磨国風土記』には、『出雲国風土記』では欠けている土地肥沃度情報が、ほぼすべての里にわたり載せられている。しかし国の総記部分から明石《あかし》郡の箇所と赤穂《あかほ》郡の条を完全に欠いている。地名総数は三六五例程度、総文字数は約一万二〇〇〇字である。ついで省略本である『常陸国風土記』の地名総数は約一三〇例であり、さらに『肥前国風土記』は約八〇例、『豊後国風土記』はわずか約五〇例の地名しか載せられていない。

このように和銅六年の官命五項目に対する編纂、報告態度は、国ごとに特色がみられ、また史料の伝わり方により、分量についても多寡がある。ただしどの国の風土記において

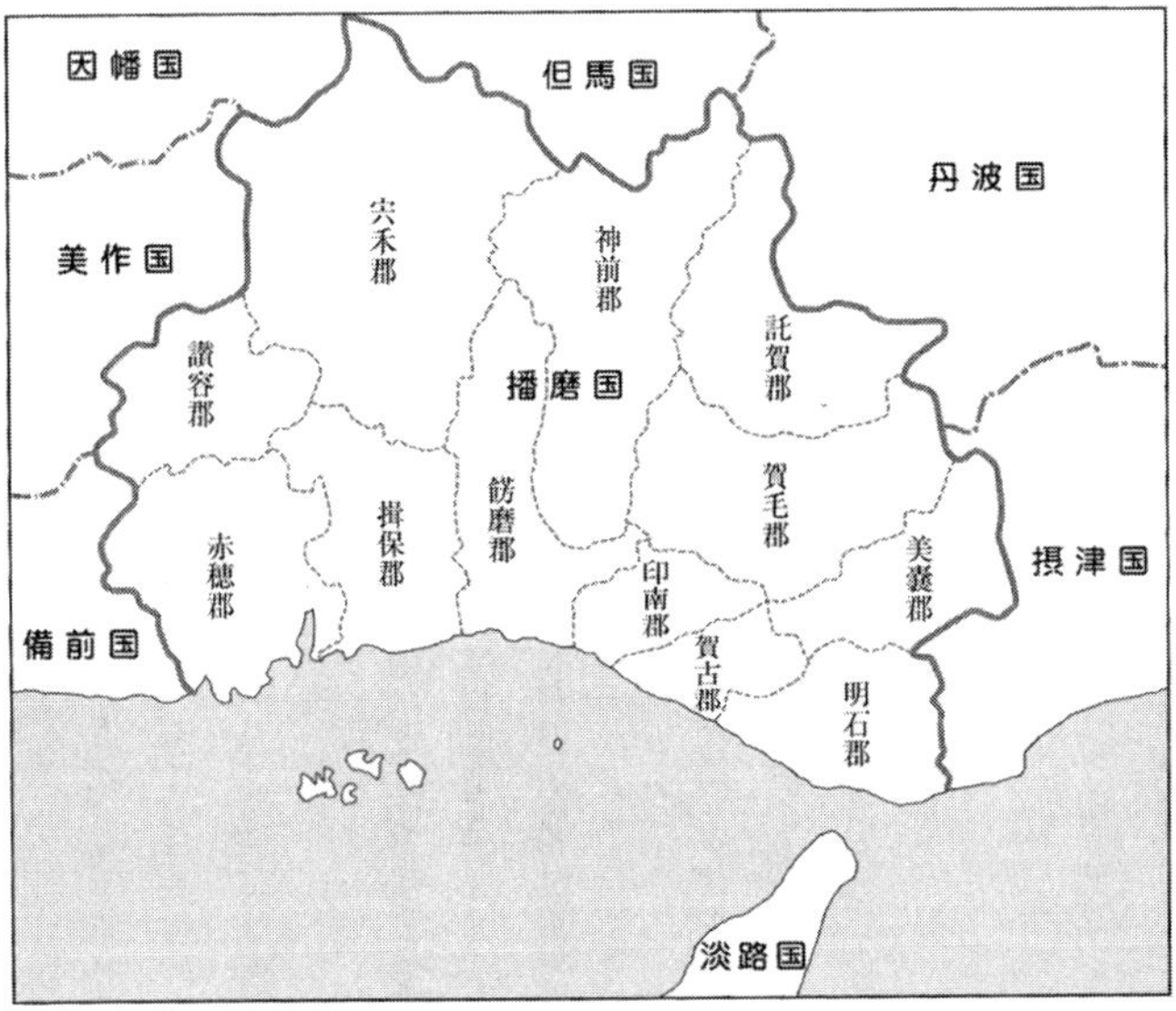

播磨国の諸郡（郡名の表記は風土記にもとづく）

も、熱心に記述、報告されているのは、国内の地名起源説話である。つまり和銅六年の官命の受けとめ方は、国よって多様だったが、国内の地名とその起源説話の調査収集と報告だけは、不可欠なものとして重視されたといえる。これは現存する各国風土記の逸文内容を見ても明らかである。

伝本と本文校訂

五つの風土記の史料については、八世紀の原本が、そのまま現在に伝わっているわけではない。いずれも後世に人の手によって筆写されたものである。筆写時期は『播磨国風土記』を除き、ほとんど中世末期~江戸時代であり、史料形態は冊子本である。ただし伝えられたテキストが一系統だけでなく、複数に及ぶ場合が少なくない。

たとえば『出雲国風土記』の最も古いテキストは、奥書に慶長二年（一五九七）の筆写年紀をもつ、一般に「細川家本」といわれる写本である。しかしこれとは別に「補訂本系」と呼ばれる写本資料も存在し、この両者を付き合わせることにより、史料本文の比較校訂が可能になるわけである(1)。

他方、いちばん古い時代の写本をもつのが『播磨国風土記』である。筆風などにより、それは平安時代後期だったと推定されている。これは京都の公家、三条西家《さんじょうにしけ》において代々秘蔵されてきたものであった。全長八メートル以上に及ぶ巻子《かんす》状の写本で、現在は天理大学附属天理図書館に所蔵されている（国宝指定）。幕末以降にその存在が広く知られるようになり、その後、写本や注釈研究が動き出す。ただし『播磨国風土記』の写本は、今のところ、三条西家本の一系統しか見つかっておらず、他国風土記と異なり、史料本文の比較・校訂作業に困難さをともなうことになる。いちばん古い時代の写本であるにもかかわらず、本格的な調査研究が最も遅れたのが『播磨国風土記』であった。

二　風土記の地名起源説話の諸特徴

一次資料は口頭伝承

前述のように、各国の風土記において、力を入れて調査され、叙述されていたのは地名起源説話であった。これは机上の創作物が採られたのではなく、本来それぞれの土地で口頭で語られていたものを一次資料とするとみられる。それが和銅六年の官命以降、国配下の官人によって収集され、最終的に文字化されたのであった。文字化にあたっては、一定の改変や潤色が加わったはずである。しかしこれは『古事記』『日本書紀』の伝承や神話のように、中央の宮廷や貴族社会で語り継がれたものでなく、基本的に各地の地域社会で継承されていた話を母体とする。この点が風土記の地名起源説話の最大の魅力の一つである。

四分類できる地名起源説話

もともと各地の語りを母体とするものであったから、それらは地域ごとにバリエーションに富む内容になっている。しかし合わせて八〇〇例近くにのぼる五つの風土記の地名起源説話を、ごく大ざっぱに分類するとその中身は、(A)自然植生や動物などの多寡にもとづく話、(B)一般豪族や渡来人の活躍にもとづく話、(C)天皇、皇族等を主人公とする話、(D)神を主役とする話（神話にもとづく話）、の四つのグループに分けることができる。

この四つのグループの説話に関して各国風土記の特徴をいえば、『出雲国風土記』の地名起源説話には(C)の天皇や皇族の事蹟にもとづく話がなく、(D)の神話にもとづく説話がほとんどを占める。しかも登場する神は、一部の神名を除き出雲独自のローカル神ばかりである。これが『出雲国風土記』の地名起源説話の大きな特徴である。

一方、(C)の天皇・皇族の事蹟にもとづく地名起源説話が多いのは、『常陸国風土記』と九州の二風土記である。『常陸国風土記』ではヤマトタケル（＝倭武天皇）の伝承が目立ち、九州の二風土記では、景行《けいこう》天皇（＝纏向日代宮《まきむくひのしろのみや》御宇《あめのしたしろしめす》大足彦《おおたらしひこ》天皇）の巡行にまつわる説話が集中する。もちろんこれは事実にもとづかず、『日本書紀』の伝承の改変、潤色とみなすべきであろう。すでに指摘されているとおり、本来の語りの場においては、地元豪族や地域神を主体とする話が語られていたのだと思われる。

これに対して(A)〜(D)の地名起源説話がほぼ満遍なく出揃っているのが『播磨国風土記』である。合わせて三六五程度の地名起源説話のうち、最も多いのが(D)の神話にもとづくもので、ついで(C)→(B)→(A)の順となっている。『播磨国風土記』は、地名起源説話のサンプル・モデルともいうべき風土記といえるだろう。

祭りの諸事の縁起譚と地名のいわれ

それでは、このような地名起源説話は、どのような歴史の解明や、地域社会像の復元に役立つのであろうか。これをみる際、手がかりになる点は、地名起源説話のなかの、とくに先述の(B)〜(D)の説話群は、比較的長文なものが少なくなく、そこには地名のいわれ話のほか、事実上それと重複する形で、祭りの諸事の縁起譚、すなわち祭りの「モノ」（祭具・祭神・土地景観など）、「コト」（神事・呪術・慣行）、「ヒト」（祭主一族、集団）の縁起譚を断片的に見いだせる点である。

つまり風土記の地名起源説話は、その編纂時の「今」、各地の村々で定期的に開かれていた祭りとの関わりをもち、より詳細にいうと、そこで語られていた神話、すなわち祭りの諸事の縁起を説こうとする口頭伝承（神語り）から採られたとみるべきであろう。そして地名の由来話も、地名という「モノ」の縁起譚の一つであったわけである。

すでに説かれているように、古代の神話は、文字を通して読書の対象になるようなものではなかった。神聖な時と場において語られるものであった。このような神話を聞かせることを通じて、聞き手に対し、さまざまな神事から成り立つ祭りを実修《じっしゅう》させることを目的としたといわれる(2)。各地の地名のいわれも、こうした目的をもって、祭りにおいて必ず語り聞かされるものであったと理解される。

祭りと地名のいわれ話との関係をこのように想定できるとすれば、現存する地名起源説話の史料からは、風土記編纂時の「今」、各地の祭りで実践されていた行事や神事の中身、その前提にある地域生活史の一端、さらには王権などの外部勢力との関係性などの解明にアプローチすることが可能になるであろう。

このような見方にしたがって、以下、現存する各国風土記や逸文のうち、とくに『播磨国風土記』の地名起源説話からいくつかの事例を引用し、具体的に考えてみることにする。

三　古代の祭祀関係と地域生活史の究明に向けて

境界祭祀と空洞の容器――『播磨国風土記』託賀郡法太里甕坂条――

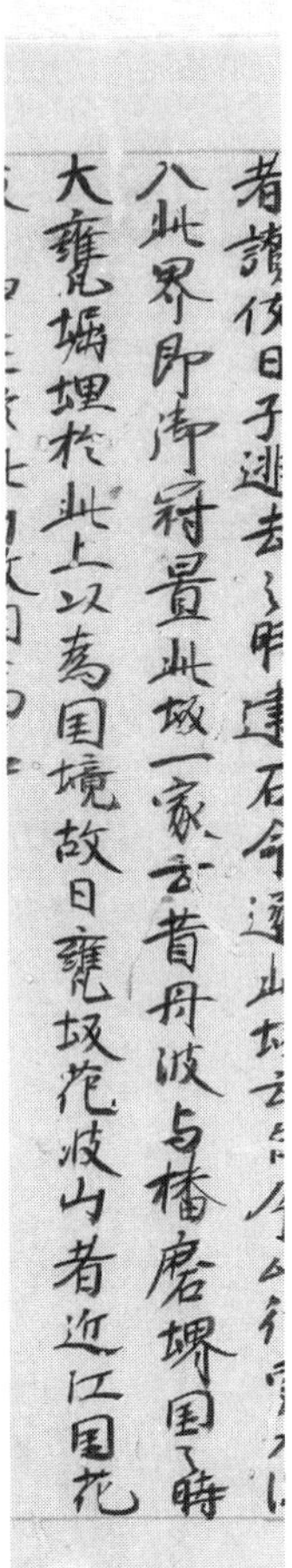
八此界即御冠置此坂一家云昔丹波与播磨堺国之時
大甕堀埋於此上以為国境故日甕坂花波山者近江国花

（画像：天理大学附属天理図書館提供。以下同）

〔釈　文〕

（前略）一家云、昔、丹波与播磨、堺国之時、大甕堀埋於此上、以為国境。故曰甕坂。（後略）

〔読み下し〕

一家《あるひと》云く、昔、丹波と播磨、国を堺いし時、大甕《おおみか》をこの上に掘り埋め、もって国の境となす。故に甕坂《みかさか》と曰う。

本条には、丹波国と播磨国の国境に位置した法太里の「甕坂」という地名の起源が記されている。「一家云く」と書かれるように、この前段の「本説」に対する異説が紹介されている。しかしここではその一方、国境上の境界祭祀の場において、祭具である「大甕」を、坂に掘り据えて用いることの由来も説かれていると見るべきである。むしろ口頭儀礼の段階では、祭具使用の縁起を語るなかで、地名の起源も説かれていると捉えられよう。

近年の研究で明らかにされているように、疫病が蔓延《まんえん》し、飢饉《ききん》が連続する古代社会では、多くの人びとが簡単に命を落とす現実があった。そのため各地の地域社会では、村のはずれや「坂」などの結界部などにおいて、外部から災厄や疫病が侵入するのを防ごうとする、地域守護の祭祀が行われていた。その際、境界上の目立つ地点において、「忌瓮《いはひべ》」と呼ばれる、神聖な容器を据えつけて行う神事があったらしい。この点は、『古事記』崇神《すじん》天皇段、『日本書紀』崇神天皇十年九月条、あるいは『筑後国風土記』逸文（『釈日本紀』巻五所引）の「命尽くし坂」での「甕依姫《みかよりひめ》」の伝承などからも読み取ることができる。

こうした甕のほか、壺《つぼ》・瓢箪《ひょうたん》・筥《はこ》など空洞の容器が果たす役割について、神道考古学者の佐野大和は、これらは単に境を画する標識としての道具ではなかったという。境界を守る神や精霊を、甕や壺の中に依り憑かせ、「外界から災を運び込むものを攘い退けて、自分たちの世界の平和を守る」(3)道具だと信じられていたと述べている。首肯すべき意見であろう。

右の風土記の史料は、このような目的の、空洞祭具を用いた境界祭祀が、播磨国託賀《たか》郡の甕坂でも行われていたこと、またその際、祭りの実修のため、その始まりの起源を語る「神語り」があったことを示すだろう。

ただしその神語りは、本来右のように短いものであったのではなく、もっと長めの分量を持ち、祭りをめぐる「コト」や「ヒト」の縁起譚も語られていたはずである。風土記の叙述の第一義の目的は、あくまで地名の由来を説こうとする点にあるから、他の部分は採集されなかったとみられる。これはほかの地名起源説話にも当てはまることである。

なお古代の祭りでは、それぞれの目的に応じて、さまざまな祭具が用いられた。空洞の容器のほか、葛《つづら》・人形《ひとがた》・馬形・盆《ひらか》（瓮）・機器《はた》・幡・鏡・佐比《さひ》・玉・鈴・琴・杖・褶《ひれ》（比礼）・弓矢（丹塗矢《にぬりや》）・剣などが使われていたことは、各国風土記の神話・伝承を通じて確認できる。

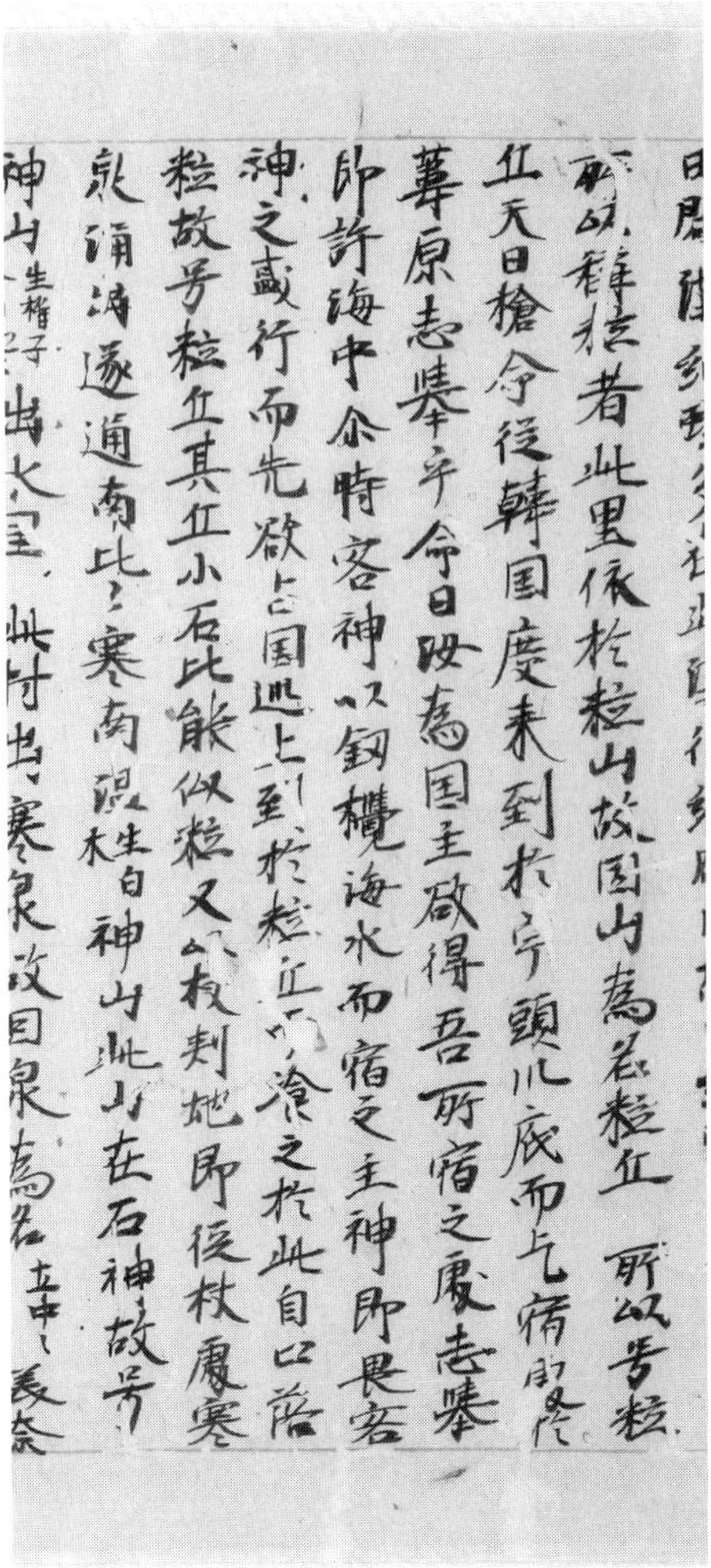
「国占め」の食膳儀礼と勧農――『播磨国風土記』揖保郡揖保里条――

〔釈　文〕

揖保里。（土中中）。

所以称粒者、此里、依於粒山。故因山為名。粒丘。所以号粒丘者、天日槍命、従韓国度来到於宇頭川底、而乞宿処於葦原志挙乎命曰、「汝為国主。欲得吾所宿之処」。志挙、即許海中。爾時客神、以剣攪海水而宿之。主神、即畏客神之盛行、而先欲占国、巡上到於粒丘而湌之。於此自口落粒。故号粒丘。其丘小石皆能似粒。又以杖刺地。即従杖処寒泉涌出、遂通南北、々寒南温。生白朮。（後略）

〔読み下し〕

揖保里《いいぼ》。（土は中の中）。粒《いいぼ》と称《い》う所以は、この里、粒山《いいぼやま》に依る。故に山に因りて名となす。粒丘。粒丘と号《なづ》くる所以は、天日槍命《あめのひぼこのみこと》、韓国《からくに》より度《わた》り来て宇頭《うづ》の川底《かわじり》に到りて、宿る処を葦原志挙乎命《あしはらしこおのみこと》に乞う。曰く、「汝は国《くに》主《ぬし》たり。吾が宿る処を得んと欲《おも》う」と。志挙、すなわち海中に許す。時に客の神、剣を以て海水を攪《か》きて宿る。主の神、すなわち客の神の盛《いきお》いある行《さま》を畏れて、先に国を占めんと欲いて、巡り上り粒丘に到りて湌《お》す。ここに口より粒落ちる。故に粒丘と号く。その丘の小石、みなよく粒に似る。また杖を以て地に刺す。すなわち杖の処より寒泉《しみず》涌き出て、遂に南と北に通ず。北は寒く、南は温くし。白朮《おけら》生う。

本条では、揖保里の「いいぼ」の地名のいわれが、里内の粒丘の地名によると述べられ、その後、少し長めの縁起譚と、薬草の一種、「白朮」の産出情報などが記されている。本文の後半箇所において、「その丘の小石、みなよく粒に似る」とあるように、粒丘の真のいわれは、山中に露出している小石が、御飯粒《ごはんつぶ》（粒・飯穂）に似ていることに因むのであろう。粒丘の有力な比定地の一つ、現在の兵庫県たつの市揖保川町の半田山《はんだやま》に登ると、山中に御飯粒にそっくりの「石英粒《せきえいりゅう》」が散らばっているのを見ることができる。中国地方の人びとの間では、石英粒は、しばしば「小《こ》米石《ごめいし》」と呼ばれることが多い。このような小米石が散在する状況にもとづき、この山が粒丘と命名されるにいたったと思われる。

にもかかわらず、条文の前半には、外来神に勝とうとした地元神の行動にもとづく地名説話が収められている。天日槍命の勢いに畏れをなした国主の葦原志挙乎命《あしはらしこおのみこと》は、宇頭川（現在の揖保川）を遡って丘に登り、慌てて食事をとるが、口元から粒を落としてしまう。これが粒丘の地名由来だという。ついで神は丘上で杖を刺すと、そこから寒泉が湧き出たとも記されている。

これらの神話が載せられた理由は、この粒丘において、現実の国主である地元豪族が、普段、右に示される二つの神事を基軸とする、国占めの儀式を実施していたからであろう。つまり本条は、粒丘の地名起源説話であるとともに、粒丘での祭りをめぐる「コト」の縁起譚、すなわち「国占め」の祭祀儀礼の縁起譚にもなっている。

国占めの儀礼は、国主としての神役に扮した地元豪族が、まず第一に、周辺農民から差し出される初穂《はつほ》を実際に食べるという「食膳《しょくぜん》」の行事として行われた。このようなお米のやりとりと、実際の食膳の行事を可視的に実施することにより、現実の土地領有や支配関係が、確認・更新された

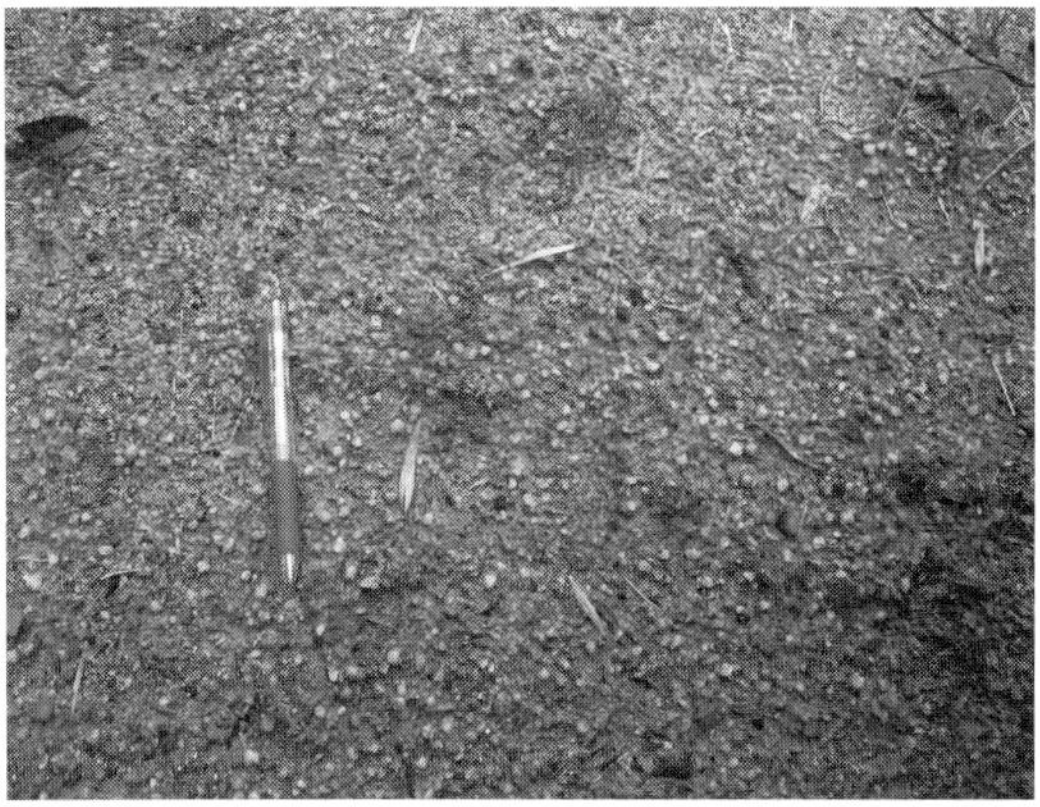

半田山の石英粒（筆者撮影）

のであった。

しかしこの儀礼ではそれだけでなく、その後、国主が水源地近くの土地に杖を刺す所作をともなう、いわゆる「杖立て」の神事も行われた。杖立ての伝承は、後世になると、「弘法大師のもらい水」の民話など、他所から訪問した僧侶や貴人などによる霊験譚として語り継がれていく。しかしここでは祭りの一環として、国主である地元神が行う霊験譚になっている点が特徴である。

古代の丘陵からの湧き水が、人びとの飲み水の供給源になるとともに、稲作の水源地として、きわめて重視されていたことは言うまでもない。杖立ての神事は、地域社会の国主である地元豪族が、山麓部の農民たちの生活と生業を保障する根源説話にもなっているわけである。

『播磨国風土記』には、このほかにも、さまざまな内容を含み込んだ国占め儀礼の縁起譚を確認できる（約一〇例以上）。それらを総合してみると、地元族長層の土地領有では、農民に対する支配権を可視的に確認するような神事とともに、いわば農民たちへの勧農権を行使するような儀礼が行われていた。つまり古代の土地領有は、支配と庇護の両面から成り立っていた。[4]

神を祭る一族の縁起譚 ——『常陸国風土記』行方郡条——

〔釈　文〕

古老曰、石村玉穂宮大八洲所馭天皇之世、有人。箭括氏麻多智。截自郡西谷之葦原、墾闢新治田。此時、夜刀神、相群引率、悉盡到来、左右防障、勿令耕佃。（俗云、謂蛇為夜刀神。其形蛇身頭角、率引免難時、有見人者、破滅家門、子孫不継。凡此郡側郊原、甚多所住之）。於是、麻多智、大起怒情、着被甲鎧之、自身執仗、打殺駈逐。乃至山口、標梲置堺堀、告夜刀神云、「自此以上、聴為神地。自此以下、須作人田。自今以後、吾為神祝、永代敬祭。冀勿祟勿恨」。設社初祭者。即還、発耕田一十町餘。麻多智子孫、相承致祭、至今不絶。其後、至難波長柄豊前大宮臨軒天皇之世、壬生連麿、初占其谷、令築池堤。時夜刀神、昇集池邊之椎株、経時不去。於是、麿、挙聲大言、「令修此池、要在活民。何神誰祇、不従風化」。即令役民云、「目見雑物、魚虫之類、無所憚懼、随盡打殺」。言了応時、神蛇避隠。所謂其池、今号椎井池。池回椎株、清泉所出、取井名池。即向香島陸之駅道也。

〔読み下し〕

古老《ふるおきな》の曰く、石村《いわれ》の玉穂の宮に大八洲所馭《おおやしましろしめ》す天皇の世、人あり。箭括《やはず》の氏《うじ》の麻多智《またち》、郡より西の谷の葦原を截《き》り、墾闢《ひら》きて新に田を治る。この時、夜刀神《やとのかみ》、相い群れて引き率て、悉盡《ことごと》く到り来て、左右に防障《さえぎ》りて、耕し佃しむることなし。（俗《くにひと》　云《いわく》く、蛇を謂いて夜刀神となす。その形、蛇の身にして頭に角あり。率引《ひき》いて難を免れる時、見る人あらば、家門を破り滅し、子孫は継がず。凡そこの郡の側の郊原《のはら》に甚だ多く住む所なり）。ここに麻多智、大いに怒りの情を起こし、甲鎧《よろい》を着被《つ》けて、自身ら仗《ほこ》を執り、打ち殺し駈い逐う。乃ち山口に至りて、標《しるし》の梲《つえ》を堺の堀に置き、夜刀神に告げて云く、「これより上は、神の地となすことを聴《ゆる》す。これより下は、須らく人の田となすべし。今より以後、吾は神の祝《はふり》として、永代に敬い祭らん。冀《ねが》わくは、な祟《たた》りぞ、な恨みぞ」と。社を設けて初めて祭るといえり。すなわち還りて、耕田一十町あまりを発《おこ》して、麻多智の子孫、相い承けて祭りを致し、今に至るまで絶えず。その後、難波の長柄《ながら》の豊前の大宮に臨軒《しろしめ》す天皇の世に至り、壬生連麿《みぶのむらじまろ》、初めてその谷を占めて、池の堤を築かしめる。時に夜刀神、池の辺の椎株《しいのき》に昇り集まり、時を経るども去らず。ここに麿、声を挙げ大言にて、「この池を修めしむるは、要《むね》は民を活かすにあり。何の神、誰《いずれ》の祇《かみ》ぞ、風化《おもむけ》に従わざるは」と。すなわち役民に令じて云く、「目に見る雑の物、魚虫の類、憚《はば》り懼《おそ》れることなく、随盡《ことごとく》に打ち殺せ」と。言い了わるその時、神の蛇、避け隠れる。いわゆるその池は、今、椎井池《しいいのいけ》と号く。池の回りに椎株あり。清泉出れば、井を取り池と名づく。すなわち香島に向かうの陸《くが》の駅道《うまやみち》なり。

本条にみえる箭括氏麻多智と壬生連麿の伝承は、これまでの古代の地域史研究で、重要な素材としてたびたび引用されてきたものである。ここには継体朝《けいたい》（＝石村の玉穂の宮に大八洲所馭天皇の世）と孝徳朝《こうとく》（＝難波の長柄の豊前大宮臨軒天皇の世）という二つの異なる時代に、ほぼ同じ土地での開発を妨害した蛇神、すなわち「夜刀神」に対する麻多智と麿の対応の違いが描かれている。谷間の水という、自然そのものを象徴すると思われる夜刀神の妨害や祟《たた》りに対し、一方の麻多智は、一旦武装して立ち向かおうとした。しかしやがては境界の標識としての「梲」を立て、神との共存の姿勢を示す。そのうえで最終的に水田一〇町以上の開発に成功する話が語られる。

他方、壬生連麿は、自然神との共存の姿勢をまったく示さない。夜刀神に対し天皇の教えに服属するように求め、動員した「役民」に向かい、妨害するものはすべて打ち殺せと宣言する。これにより夜刀神は結局退き、築かれた池は「椎井の池」と呼ばれたと記されている。

『常陸国風土記』の行方《なめかた》郡条の冒頭によれば、壬生連麿は本郡（実際には評《こおり》と表記）を建郡した人物の一人であった。右の話は、あくまで中央政府と天皇の権威に連なる官人の立場にもとづく実際の行為が、人びとの間で記憶され、風土記の編纂時まで伝えられたのであろう。

麿がこのような姿勢をとれたのは、七世紀の初頭前後以降、古代国家が夜刀神のような地方の荒ぶる神や固有神への信仰を再編成し、それを「天照大神」を頂点とする中央集権的な宗教体系のもとに組み入れようとする動きを強めたからだと言われる。(5) そうした時期の新たな地方官人の立場からみると、夜刀神のような自然を体現する荒ぶる神は、あくまで圧殺し、否定すべき対象になっていたと考えられよう。

ただし七世紀の半ば頃、このような動きがあったにもかかわらず、夜刀神に対する地元信仰は、その後消滅することはなかった。右の史料の箭括氏麻多智の話のラストでは、麻多智が永久に祭り続けると宣言して建てた社は、「今」に至るまで無くならず、それは麻多智の子孫が「祝」(司祭者)として敬い続けていると記されている。地域民衆のプリミティブな信仰は、そう簡単に無くなるものではなかった。

とすれば、話の前半の箭括氏麻多智の話は、もともとどのような目的で語り継がれていたのであろうか。もちろん本文には書かれないが、語りの段階では、「郡より西の谷」や、社が建てられた場所の地名のいわれを説こうとする話も含まれていたと思われる。しかしその目的の中心をなしたのは、風土記編纂時の「今」、夜刀神の社の祝の地位に就いている麻多智の子孫一族の縁起を語ること、すなわち従来、開発妨害を繰り返してきた夜刀神の「祟り」「怒り」を鎮め抑え、土地の開発に成功した箭括氏の功績を示すことにあったと考えられる。

現存する風土記のうち、『播磨国風土記』や『肥前国風土記』などには、主要な交通路の要衝地や難路において、「行く人の半ばを死なせ、半ばを生かそう」とする荒ぶる神の伝承が、合わせて一〇例以上見られる。これらの史料群については、従来、交通障害神研究や、「境界の交通祭祀」論の立場から考察されてきた。しかし話の最大のポイントは、荒ぶる神の祟りや怒りが、新たに派遣されてきた特定一族やその始祖的人物の働きや才智の発揮などにより、最終的に鎮め祭られ、さらに地域社会に安全と平和がもたらされたと記されている点である(6)。

箭括氏麻多智の話は、基本的にこれと似通った伝承だと理解され、夜刀神という祟り神を最終的に鎮め、地域守護の霊威に転換させたという箭括氏一族の始祖、麻多智の功績を印象づける話として、毎年恒例の祭祀の場において語られていたのではあるまいか。

史料の末尾に、「すなわち香島に向かうの陸の駅道なり」と書かれるように、説話の舞台と交通路との関連が示唆されている事実も、荒ぶる神の鎮祭伝承と重なる点である。結局のところ、風土記に載る麻多智の話は、もともとは神を祭る一族の縁起譚として語られていたと理解される。

註

（1）島根県古代文化センター編『解説　出雲国風土記』島根県教育委員会、二〇一四年。
（2）岡田精司「記紀神話の成立」『岩波講座日本歴史』二、一九七五年。
（3）佐野『呪術世界と考古学』続群書類従完成会、一九九二年。
（4）拙著『日本古代国家の農民規範と地域社会』思文閣出版、二〇一六年。
（5）岡田精司『古代祭祀の史的研究』塙書房、一九九二年。
（6）拙稿「風土記の「荒ぶる神」の鎮祭伝承―王権と地域権力による地域編成の一断面―」『出雲古代史研究』二五、二〇一五年。

参考文献

秋本吉郎『風土記の研究』ミネルヴァ書房　一九六三年、一九五八年
飯泉健司「風土記逸文解説」中村啓信監修・訳注『風土記　下　現代語訳付き』角川文庫、二〇一五年
植垣節也「解説」『新編日本古典文学全集五　風土記』小学館、一九九七年
上田正昭編『日本古代文化の探求　風土記』社会思想社、一九七五年
小倉慈司「『播磨国風土記』解題」『新天理図書館善本叢書一　古事記道果本　播磨国風土記』八木書店、二〇一六年
兼岡理恵『風土記受容史研究』笠間書院、二〇〇八年
瀬間正之『風土記の文字世界』笠間書院、二〇一一年
直木孝次郎・西宮一民・岡田精司編『鑑賞日本古典文学二　日本書紀　風土記』角川書店、一九七七年
中村啓信「風土記総解説」中村啓信監修・訳注『風土記　上　現代語訳付き』角川文庫、二〇一五年
橋下雅之『古風土記の研究』和泉書院、二〇〇七年
三浦佑之『風土記の世界』岩波新書、二〇一六年
茂木雅博他編『風土記の考古学①～⑤』同成社、一九九四年

（坂江　渉）

⑤日本《にほん》霊《りょう》異《い》記《き》

一　日本霊異記とは

『日本霊異記』は、正しくは『日本国現報善悪霊異記《にほんこくげんぽうぜんあくりょういき》』といい、『霊異記』は「レイイキ」とも「リョウイキ」とも読まれ、奈良の薬師寺僧景戒（キョウカイ、またはケイカイ）が編纂した、日本最古の仏教説話集である。本書は合計百十六話の説話が収録され、上巻は三五話、中巻は四二話、下巻は三九話から構成されている。上巻は雄略天皇から聖武天皇の神亀四年（七二七）まで、中巻は天平元年（七二九）から天平宝字七年（七六三）まで、下巻は孝謙・称徳天皇から嵯峨天皇までの説話が時代順に配列されている。文体は変則的な和漢文で、各巻ごとに序文があり下巻末には跋文があって、編纂の意図が判明する。

二　編纂者と成立年代

編纂者の景戒については、本書の記述以外は知られていないが、下巻三十八縁に自伝的記事があり、それによれば延暦六年（七八七）に慚愧の心を発し、延暦十四年に僧位の第四階である「伝燈住位」を得て官僧となったが、それまでは妻子が存在し自度僧（私度僧）的な生活をおくっていたらしい。本書には紀伊国、中でも名草《なくさ》郡の説話が多く

（七話）、また名草郡の宇治大伴連《うじのおおとものむらじ》の祖先である大部屋栖野古《おおとものやすのこ》を賞賛しているところから（上巻五縁）、景戒を紀伊国名草郡の大伴氏の出身であるとする説もあるが(1)、確かではない。

『日本霊異記』の説話編纂の意図には、下巻序にすでに末法に入ったという危機感がみられ、世相の混乱に対して因果応報の原理を示すことで人びとを正しい道に赴かせようという意図と、日本国を仏教による霊験が存在する仏国土として認識しようという、自土意識が見られる。説話も時代順に配列されているところから、景戒は日本における仏法史の展開を意識したと思われる。

本書の成立年代についてはさまざまな説があり、それらを総合すれば上巻二十九縁・下巻七縁の「白髪部《しらかべ》」が「真髪部《まかべ》」に改姓される延暦四年（七八五）が本書成立の上限で、弘仁十四年（八二三）に設置された加賀国以前の「越前国加賀郡」の呼称が用いられている点や、下巻三十九縁の「今、平安の宮に十四年疏《とお》して」とあるのを嵯峨天皇即位後一四年とすれば、弘仁十三・十四年が下限となる。いずれにも決しがたいところから、本書は下巻三十八縁の景戒が慚愧の心を発した延暦六年から、下巻三十九縁の弘仁年間頃に追補成立したと考えるのが妥当であろう。

三　写本・影印本・刊本

写本については、『日本霊異記』の伝本に完本はなく、興福寺本・真福寺本・来迎寺本・前田家本・金剛三昧院本の五本が残る。興福寺本は延喜四年（九〇四）の奥書があり上巻のみが伝わるが、書写年代を平安中期、さらには院政期とする説もある。真福寺本は中下二巻が残り、院政期に書写されたと思われる。来迎院本も中下二巻が残るが、中巻は後半を逸し下巻も中途と末尾を欠く。前田家本は尊経閣文庫が所蔵し、下巻のみ残る。また金剛三昧院本（高野本）は現在散逸しているが、これを模本にする流布本が多く確認され、国会図書館に伝わるものが良質とされる。

影印本では、興福寺本については『日本国現報善悪霊異記上巻』（京都便利堂、一九三四年）、来迎寺本については日本古典文学影印叢刊一『日本霊異記　古事談抄』（財団法人日本古典文学内貴重本刊行会、一九七八年）、前田家本については前田育徳会尊敬閣文庫編尊経閣善本影印集成四〇『日本霊異記』（八木書店、二〇〇七年）、金剛三昧院本（国会図書館本）については、古典資料六『日本霊異記』（すみや書房、一九六九年）が刊行されている。

また校本では遠藤嘉基・春日和男校注『日本霊異記』（日本古典文学大系、岩波書店、一九六七年）があり、校訂・注釈の活字本については、江戸時代に狩谷棭斎《かりやえきさい》が真福寺本の模本である不忍文庫本をもとにして『校本日本霊異記』を著し（日本古典全集『狩谷棭斎全集第二』日本古典全集刊行会、一九二五年）、さらに『日本霊異記攷証』（『狩谷棭斎全集第二』一九二六年）を刊行している。明治以降前田家本や興福寺本が発見されるとこれらを対校に用いるが、戦後は興福寺本・真福寺本・来迎院本を底本に用いることになり、武田祐吉「日本古典全集本」（朝日新聞社、一九五〇年）、中田祝夫「日本古典文学全集」（小学館、一九七五年）、小泉道「新潮日本古典集成」（新潮社、一九八四年）、出雲路修「新日本古典文学大系」（岩波書店、一九九六年）などがある。近年では、本郷真紹監修山本崇編集『考証日本霊異記　上』（法藏館、二〇一五年）が刊行されている。

四　史料の性格

『日本霊異記』は江戸時代の狩谷棭斎以来の研究があるにもかかわらず、歴史学側での評価は著しく低かった。それは『日本霊異記』が以後の『三宝絵《さんぼうえ》詞《ことば》』や『法華験記《ほっけげんき》』、さらに『今昔物語集』などの説話集に大きな影響を与えた最古の仏教説話集であるという性格から、当然その内容は仏教的な因果応報譚が中心であり、説話をそのまま歴史的史料として扱うことはできないことにある。『日本霊異記』に収められている説話の内容では、悪報により地獄に堕ちる地獄冥界遊行譚、負債を返済しないまま死んだため牛となって労働して返済をするという化牛説話や、僧侶への迫害・殺生・多淫・親不孝などの悪報が示されるとともに、反対に『法華経』などの経典の書写、仏像礼拝などの篤い仏教信仰や、放生による動物の報恩譚などの善報も示されており、その性格は仏教教化のための書である。このような説話の意図が仏教的な因果応報の事実を示すことにあるため、説話の内容を直ちに事実と認めることはできない。

しかし一方では、『日本霊異記』の史料性について十分検討を行わず、単に説話から恣意的に字句のみを歴史的事実として抜き出した研究も見受けられる。これは『日本霊異記』の説話が法会での唱導を目的としたものであることや、同類異話など布教集団で共有された説話の存在など、『日本霊異記』の基本的性格を十分検討しないまま「史実」として用いたことによるものであり、『日本霊異記』を歴史的史料として利用する難しさを如実に物語る。また『日本霊異記』の説話では年月日や干支、人物名・地名などが示されているが、その年代と郡里制・郡郷里制の施行時期が一致しないものも存在する。これは説話が場所だけでなく、「語り継がれるもの」として時間も超えて移動する性質を持っているため、古い説話が再生されて伝播する可能性を否定できないことにある[2]。

さらに説話の形成過程についても、十分考証する必要がある。『日本霊異記』の説話の舞台は、東は陸奥国から西は肥後国まで分布しており、これだけの広範な地域の説話を景戒が創作したとは考えにくい。とくに説話の舞台や登場人物について在地性がよく示されている説話に関しては、景戒がそれだけの知識を有していたとは思われず、むしろ在地で語られていた説話を収集して編纂したと考えるのが妥当である。それゆえ『日本霊異記』を歴史的史料と見なす場合、説話の形成過程や個別説話の内容を十分に検証する必要がある。

『日本霊異記』の研究は主に国文学の分野で研究されてきており、膨大な蓄積がある。戦後の研究史でも、『日本霊異記』は『冥報記《めいほうき》』や『般若験記《はんにゃげんき》』などの中国説話の翻案であるという指摘がなされてきた[3]。上巻の序文にも景戒は『冥報記』・『般若験記』を意識し、下巻三十八縁でも『諸経要集《しょきょうようしゅう》』などの類書も見ており、『日本霊異記』は東アジア仏教圏の影響を受けて形成されている。『日本霊異記』の説話が在地の法会での例証話だとすれば、これらの説話の創作者は『冥報記』などの中国の説話の知識を有している人物であることは間違いない。

また一方では、『日本霊異記』の説話の成立には、「私度僧の文学」という視点から自度僧の布教活動がその成立に大きな影響を与えているとされる[4]。さらに説話に唱導的性格を指摘する説もあり、『日本霊異記』は法会などで話された例証話を編纂したものとして、僧侶や寺院関係者の手を経て説法の材料となったとされる[5]。加えて記紀神話の神話的世界・氏族伝承が仏教説話に改変されたとする説や[6]、『日本霊異記』の構造論から景戒の思想的背景を探求する研究もある[7]。このように『日本霊異記』説話の研究については、国文学の各方面からのさまざまな考察があるが、歴史的背景や史料性の視点から見た考証は少なく、『日本霊異記』を歴史的史料として用いた研究は、ほとんど見られなかった。

しかし最近では日本古代史・宗教史の分野でも歴史的史料として注目されるようになり、実証作業が重要であることが指摘されるようになってきた[8]。その視点から日本古代史側からのアプローチとして、『日本霊異記の原像』（平野邦雄編東京女子大学古代史研究会、角川書店、一九九一年）が史料的に利用できる可能性を提示した。その後、『歴史評論』六六八号（歴史科学協議会、二〇〇五年）では「『日本霊異記』に古代社会をよむ」という特集号が組まれ、また日本古代史・国文学分野からの学際的研究の試みとして、『日本霊異記を読む』（小峯和明・篠川賢編、吉川弘文館、二〇〇四年）などの取り組みがあり、『日本霊異記』を歴史的史料として活用していこうとする試みが行われている。

『日本霊異記』には、「本記」や「賛」（上巻五縁など）の原史料を参照していることがうかがえることがすでに指摘されており、詳細では相違があるものの、『日本書紀』や「元興寺縁起」・「比蘇寺縁起」などの寺院縁起も参照している可能性がある。また上巻四縁では、厩戸《うまやど》皇子（聖徳太子）の称号、上巻五縁では厩戸皇子の薨去年や片岡山説話など、『日本書紀』と共通する点も見受けられ、正史との比較や原史料の存在を実証することによって、歴史的史料として利用できる可能性がある。

例えば、中巻一縁は長屋王《ながやおう》を主人公とする話であるが、そこには「太政大臣正二位長屋親王」と記されている。長屋王は天武天皇の孫であり、天皇の子ではないのでそもそも「親王」は誤りであり、神亀元年（七二四）に正二位左大臣となっているので「太政大臣」も誤りであるとされ、『日本霊異記』のこの説話の事実関係は疑問視されてきた。しかしその後平城京左京三条二坊の長屋王邸跡から「長屋親王宮鮑大贄十編」と記された木簡が出土したことから、令の規定とは異なり、当時の古代社会では長屋王は「親王」と認識されていたことが判明し、『日本霊異記』の記述が必ずしも誤りではなかったことを証明した。このように出土した木簡によって説話の登場人物などが証明された例では、上巻二十二縁で登場する道昭《どうしよう》の弟子の「知調《ちちよう》」が、飛鳥池遺跡から出土した木簡に見える「智調」と同一人物と考えられている事例がある。[9] そのほか上巻十二縁には元興寺僧の道登が大化二年に宇治橋を架橋したことが見えるが、道登は大化元年の十師の一人で、「宇治橋断碑」によれば大化二年に宇治橋を造作したという所伝が存在し、金石文史料との比較も可能である。

さらに下巻三十六縁は、藤原永手《ふじわらのながて》が西大寺の八角塔を四角とし七層を五層にしたため、その罪報によって地獄に堕ちたという説話であるが、西大寺の東塔基壇跡の発掘調査の結果、当初は八角塔が計画され、その後四角塔に変更されたことが裏づけられている。このように最近の考古学的な遺物や遺構の調査から、『日本霊異記』の説話が全くの創作ではない部分も明らかになってきた。

それゆえ説話を単に創作や虚構として片付けるのではなく、『日本霊異記』の基本的性格を踏まえたうえで、説話の中にある虚構の部分を取り除くことで、新たな史実がみえてくる可能性を『日本霊異記』は秘めている。その実証作業によって史実性が高まれば、『日本霊異記』は奈良時代から平安時代初期にかけての古代社会や地域・人びとの様子を知ることができる、貴重な「史料」となると思われる。[10]

五　史料本文を読む――上巻七縁――

『日本霊異記』の説話の中には、他の資史料と比較検討することによって、説話がある程度歴史的事実を反映していることをうかがうことのできるものが存在する。その代表的な例として、以下に上巻七縁を採り上げる。

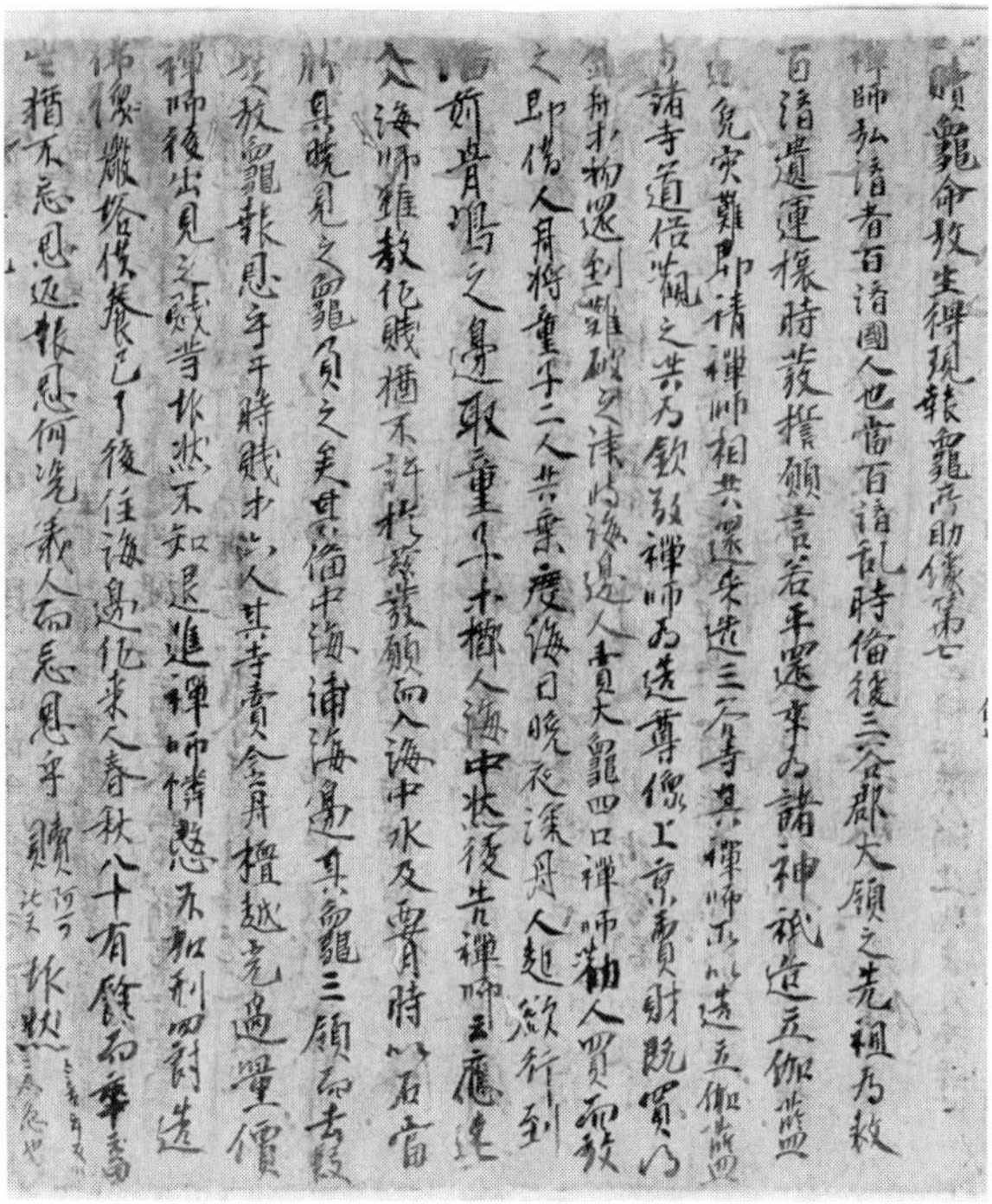
贖龜命放生得現報龜所助縁第七
禅師弘濟者百濟國人也當百濟亂時備後三谷郡大領之先祖爲救
百濟遣運旅時發誓願言若平還卒爲諸神祇造立伽藍
免災難即請禅師相共還來造三谷寺其禅師所以造立伽藍
諸寺道俗觀之共爲欽敬禅師爲造尊像上京賣財既買
金丹等物還到難破之津時海邊人賣大龜四口禅師勸人買而放
之即借人舟將童子二人共乘度海日晩夜深舟人起欲行到
備前骨嶋之邊取童子擲人海中然後告禅師云應速
入海師雖教化賊猶不許於是發願而入海中水及腰時以石當
腰其暁見之龜負之矣其備中海浦海邊其龜三頷而去疑
是放龜報恩乎于時賊等六人其寺賣金丹檀越先過量價
禅師後出見之賊等忙然不知退進禅師憐愍不加刑罰造
佛像嚴塔供養已了後住海邊化來人春秋八十有餘而卒焉
畜猶不忘恩返報恩何況義人而忘恩乎

（画像：興福寺・奈良文化財研究所提供）

〔釈　文〕

贖二亀命一放生得二現報一亀所レ助縁第七

禅師弘済者、百済国人也。当二百済乱時一、備後三谷郡大領之先祖、為レ救二百済一、遣運レ旅時、発二誓願一言、若平還卒、為二諸神祇一、造二立伽藍一、遂免二災難一。即請二禅師一、相共還来、造二三谷寺一。其禅師、所二以造立一伽藍多、諸寺道俗観レ之、共為二欽敬一。禅師、為レ造二尊像一上レ京、売レ財既買二得金丹等物一。還到二難破之津一。時海辺人売二大亀四口一。禅師勧レ人買而放レ之。即借二人舟一、将二童子二人一、共乗度レ海。日晩夜深。舟人起レ欲、行二到備前骨嶋之辺一、取二童子等一、擲二人海中一。然後、告二禅師一云、応速入入海。師雖二教化一、賊猶不レ許。於レ茲、発願而入二海中一。水及レ腰時、以二石当レ脚、其暁見レ之、亀負之矣。其備中海浦海辺、其亀三領而去。疑是放亀報レ恩乎。于レ時、賊等六人、其寺売二金丹一。檀越先過量レ価、禅師後出見レ之。賊等抵然不レ知二退進一。禅師憐愍不レ加二刑罰一。造レ仏厳レ塔供養已了。後住二海辺一、化二来人一。春秋八十有余而卒。畜生猶不レ忘レ恩返二報恩一。何況義人而忘レ恩乎。

〔読み下し〕

亀の命を贖ひて放生し現報を得て亀に助けらるる縁　第七

禅師《ぜんじ》弘済《ぐさい》は、百済《くだら》の国の人なり。百済の乱れし時に当りて、備後《びんご》国三谷《みたに》郡大領《たいりょう》の先祖、百済を救わんが為に、遣されて旅《いくさ》に運《めぐ》りし時、誓願を発《おこ》して言わく、「もし、平らかに還り卒《おわ》らば、諸《もろもろ》の神祇《かみ》の為に伽藍を造立《ぞうりゅう》せん」

と。遂に災難を免《まぬか》る。即ち禅師を請け、相共に還り来たりて、三谷寺を造る。其の禅師、造立する所の伽藍多く、諸の寺の道俗、之《これ》を観て、共に欽敬《きんけい》を為す。禅師、尊像を造らんが為に京《みやこ》に上り、財を売り既に金《こがね》・丹《に》等の物を買い得たり。還りて難破《なにわ》の津に到る。時に海辺の人、大亀四口《く》を売る。禅師、人に勧めて買いて之を放しつ。即ち人の舟を借り、童子を二人を将《ひきい》て、共に乗りて海を度《わた》る。日晩《く》れ夜深《ふ》ける。舟人、欲を起こし、備前《びぜん》骨嶋《かばねじま》の辺りに行き到りて、童子等を取り、海の中に擲《な》げ入る。然る後、禅師に告げて云わく、「速やかに海に入るべし」と。師教化《きょうけ》すと雖も、賊猶《な》お許さじ。茲《ここ》に於いて発願《ほつがん》し海中に入る。水の腰に及ぶ時、石の脚に当たるを以て、其の暁《あかつき》に之を見れば、亀の負へるなり。其の備中《びっちゅう》の海浦海辺にして、其の亀三つ領《い》て去る。疑わくは是れ放てる亀の恩を報ゆるかと。時に、賊等六人、其の寺に金・丹を売る。檀越《だんおつ》先に過ぎり価《あたい》を量り、禅師後に出でて之を見る。賊等慌然《たちまち》に退進を知らず。禅師憐愍《あわれ》びて刑罰を加へず。仏を造り塔を厳《おごそ》かにして供養すること已に了《おわ》りぬ。後に海辺に住みて、来たる人を化《け》す。春秋八十有余にして卒す。畜生すら猶お恩を忘れずして恩を返報せり。何《いか》に況《いわ》んや義人にして恩を忘れんや。

（本郷真紹監修山本崇編集『考証日本霊異記　上』参照、一部改変）(11)

〔語句註〕

百済：朝鮮三国の一つで、四～七世紀。高句麗・倭（日本）と連合するも、唐・新羅連合軍のために六六〇年に滅亡。

大領：郡司の長官で、伝統的在地有力豪族が任ぜられた。

禅師：高僧に対する尊称。

伽藍：塔・金堂・講堂などの寺院建造物の総称。

金・丹：「こがね」と「に」。造仏のための装飾材料、顔料。

難破の津：難波、淀川河口における水上交通の重要な港。

童子：寺の雑用を勤める下級身分の者。
檀越：施主。寺院の建立者。

説話の内容から上巻七縁の構成は、①「三谷寺」の寺院縁起、②亀の報恩譚、③百済僧弘済卒伝、④結語《けちご》に分類することが可能で、いくつか原型となる説話が存在したことが想定できる。説話の意図からすれば②の報恩譚が重要であるが、そのために①「三谷寺」縁起と③百済僧弘済卒伝が用いられ、主人公が弘済であるように構成されている。

さて①の部分は、「三谷寺」という地方寺院の伝承（「三谷寺」の縁起）である。「三谷寺」を建立した理由は、有力在地豪族であった三谷郡の大領の先祖が六六三年の百済再興のための援軍として白村江の戦いに従軍し、諸神祇に誓願した結果無事に帰還できたことによる。仏教説話であるにもかかわらず、誓願した対象が神祇である例は群馬県金井沢《かないざわ》碑文などにも見える。同様な説話には上巻十七縁があり、伊予国越智《おち》郡大領の先祖が白村江の戦いに従軍し唐軍の捕虜となるが観音信仰のもとに脱走し、航海の末に無事に帰還して朝廷に仕えて郡を建て寺を造り、その観音像を子孫が今にいたるまで帰依した、という寺院建立の縁起譚である。このように白村江の戦いに徴兵された例は、『三善清行意見封事《みよしきよゆきいけんふうじ》』が引用する『備中国風土記』逸文の備後国下道郡迩磨郷《にまごう》の地名説話にも見える。また、弘済のような百済からの亡命僧の例には上巻十二縁の僧義覚などがおり、上巻七縁の歴史的内容はその時代的背景を示しているといえよう。

説話の舞台となる三谷郡は、『和名抄』には「三谿郡」とあり、「三谷郡」という郡名が寺院名となる「郡名寺院」の代表的な例である。このような郡名寺院は『日本霊異記』の中でも、「三木《みき》寺」（下巻二十六縁）「磐田《いわた》寺」（中巻三十一縁）などの例があり、最近では文字瓦や墨書土器などの出土遺物からも郡名寺院の例が多く認められる。

「三谷寺」に比定されているのが、広島県三次《みよし》市に所在する寺町廃寺である（図1）。寺町廃寺は一九七九～八一年

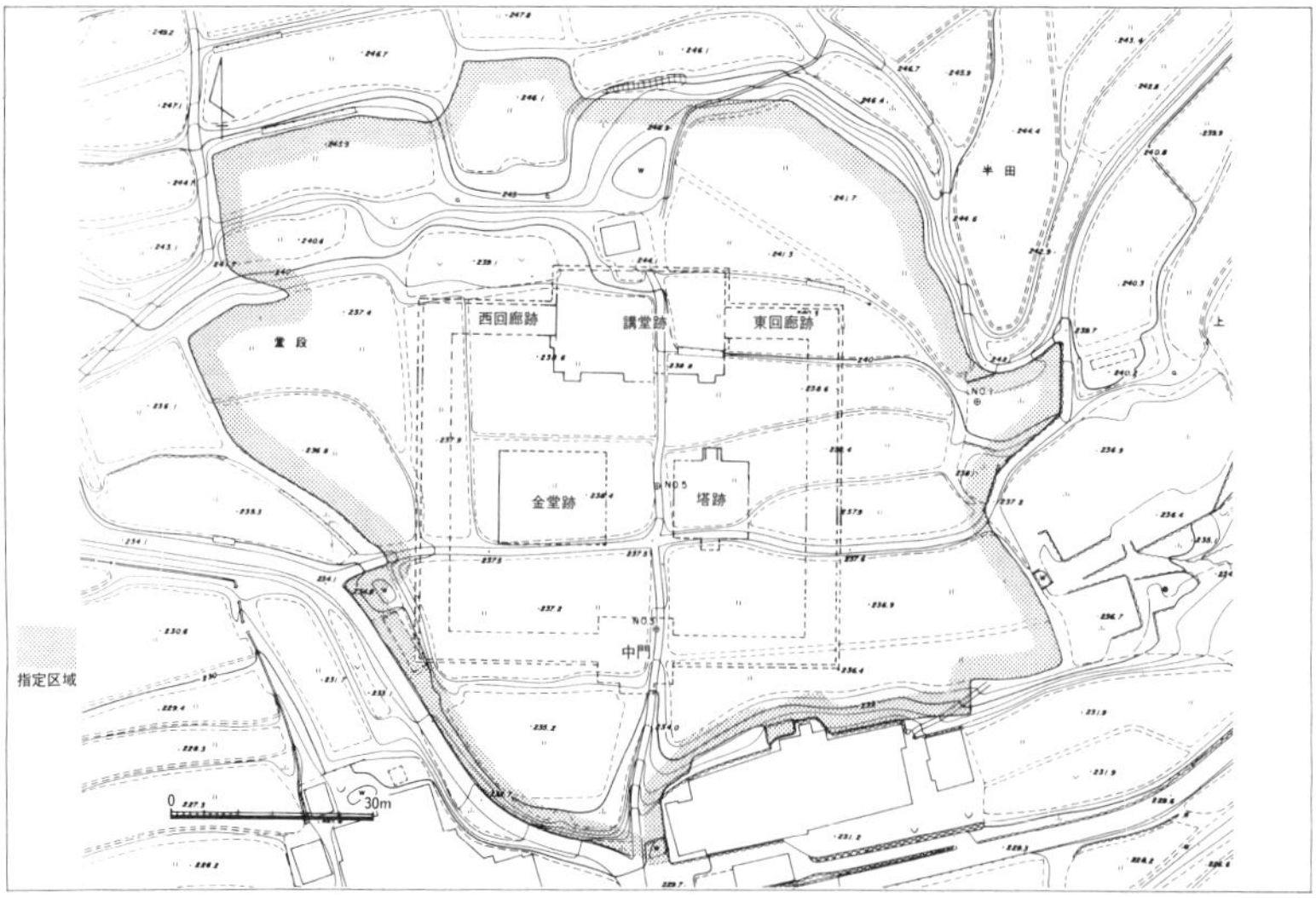

図1　寺町廃寺（三次市教育委員会『史跡　寺町廃寺跡』1984年より転載）
（画像：三次市教育委員会提供）

に発掘調査が行われ、塔を東、金堂を西に配置する法起寺式伽藍配置であることが確認された。[12] 出土した創建瓦は百済系の素弁八葉蓮花文軒丸瓦で（図2—①）、白村江への出兵が行われた天智朝頃の年代と考えられている。また軒丸瓦の文様だけでなく、朝鮮半島からの寺院造営技術と考えられる瓦積基壇などの存在から、説話の内容のように百済僧弘済が造営に関与していた可能性は高い。[13]

寺町廃寺の軒丸瓦の特徴は、瓦当部の下端に「水切り」と呼称される三角状の突起が付き、その分布は広範で三谷郡寺町廃寺を中心に上山手廃寺、三次郡寺戸廃寺・三上郡

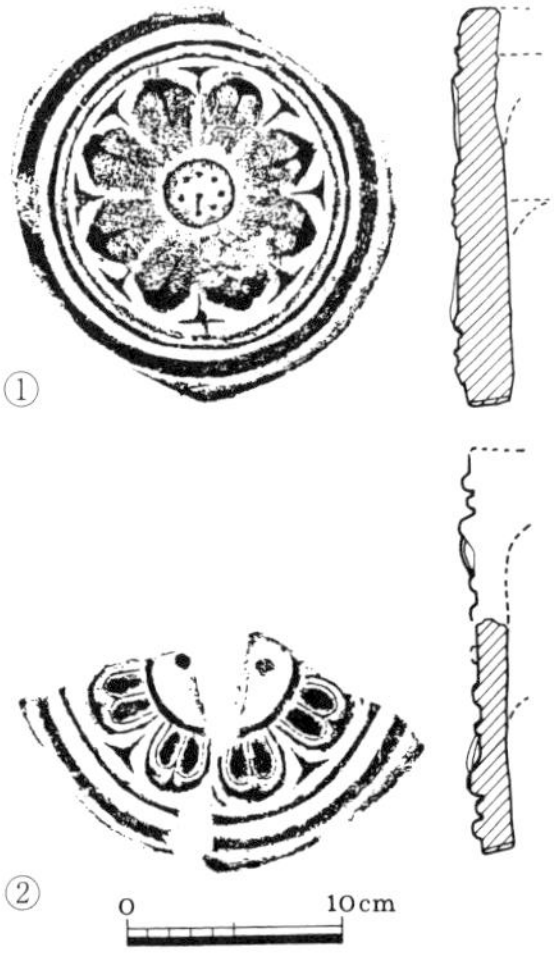

図2　寺町廃寺出土軒丸瓦（広島県草戸千軒町遺跡調査研究所編『備後寺町廃寺―推定三谷寺跡第3次発掘調査概報―』1982年より転載）
（画像：広島県立歴史博物館提供）

伝神福寺跡・世羅郡康徳寺廃寺に分布し、さらに安芸国高宮郡明官寺廃寺や備中国大崎廃寺、出雲国神門《かんど》郡神門寺廃寺にまで分布している（図2―②）。このような「水切り瓦」の分布圏が、「多に諸の寺を起こしまつらむ」という誓願を反映していると見ることもでき、弘済の布教の範囲と考えることもできよう。

次に②の亀の恩返しであるが、上巻七縁の亀報恩譚は中国の「毛宝白亀《もうほうはくき》」伝承をもとにしており、上巻第七縁のモチーフと共通する点は、①亀を買って放生する②放生者が危難に遭う③放生した亀の報恩によって助かる、という点である。このうち『捜神後記《そうじんこうき》』「毛宝白亀」の説話では、市で亀を買う点や落城によって長江に身を投じる点が、上巻第七縁では弘済の善行と海賊による危難に替わっているものの、『捜神記』などには見えない「一石上に堕つるが如しと覚ゆるに、水裁して腰に至る」という表現は、上第七縁とほぼ類似する。したがって上巻第七縁の亀の報恩譚に影響を与えたのは、中国の『捜神後記』の「毛宝白亀」説話であると考えられる。兵庫県神戸市深江北町遺跡の調査では、「咒願師□朝臣□成／亀智識」という天平年間の紀銘木簡が出土し、「咒願師」「亀智識」とあることから亀の放生が行われていたことが想定され、弘済による難波津での亀の放生も、このような仏教的な放生の事実にもとづいた可能性がある。

また上巻七縁は、百済僧弘済が三谷寺建立後海辺に住み往来の人を教化して八十余歳で没したことを述べ、弘済の卒伝という形にまとめている。この「海辺」は、同じ備後国を舞台とした下巻第二十七縁に登場する深津郡の深津市付近が想定されるが、深津市の推定地には寺町廃寺と同様な金堂・塔跡の瓦積基壇で法起寺式伽藍配置をとる宮の前廃寺が存在する。宮の前廃寺からは「紀臣石女」「紀臣和古女」「軽部君黒女」などの女性名を記した文字瓦も出土し、仏教信仰を同じくする「知識」に依る寄進と考えられる。このような文字瓦の例には大野寺土塔の例があり、宮の前廃寺には弘済のような布教僧がいて、それを中心に「知識」を形成していたと想定される。

以上のように、上巻七縁はすでに在地で成立していた①三谷寺縁起と③百済僧弘済卒伝の一次伝承をベースに、②

亀の報恩譚がその後挿入されて説話として整備された、と考えることができる。同じ備後国を舞台とする下巻二十七縁も「穴君」や「品治」などの在地豪族が登場し、在地の伝承をもとに『捜神記』の「枯骨《ここつ》報恩譚」のモチーフを用いて報恩譚に仕上げているところが上巻七縁と共通するので、この二つの説話の創作者は備後国の在地伝承をもととして、中国の説話の知識を利用して「報恩譚」説話を創作できる人物であると思われる(14)。

このように上巻七縁は、『日本書紀』に見える白村江の戦いという歴史的事件を背景に、在地豪族による寺院建立の縁起、弘済のような僧侶による寺院の造営と地方寺院のネットワークの存在などを、寺町廃寺などの考古学的成果と合わせて検証することによって、説話の舞台や時代的背景、さらには地域社会を解明する歴史的史料になりえる可能性があることを示している。『日本霊異記』は、説話の創作・虚構部分を除けば、『日本書紀』や『続日本紀』などの正史に見ることができない、当時の古代社会を復元できる可能性がある。

六　『日本霊異記』の歴史的史料の可能性

『日本霊異記』には天皇・皇族・貴族を始め、僧侶や地方豪族から庶民に至るまで登場し、聖武天皇や聖徳太子・行基のような有名な人物から、『日本霊異記』にしか見えない地方豪族・庶民、また自度僧と呼ばれる律令の規定に反する僧侶や女性たちのような社会から弾圧や差別を受ける階層までが、それぞれが繰り広げる善報悪報の切ない物語を展開させている。さらに皇族・貴族による僧侶の迫害や郡司による出挙の不正など、これが歴史的事実であるとするならば、これほど当時の社会像をよく示している史料はない。

とくに重要なのは、『日本霊異記』の半数近くの説話が畿内以外の地域を舞台としている点である。そしてその範囲は、北は下巻四縁の陸奥国から南は下巻十九縁の肥後国八代郡までに及び、ほぼ全国が舞台となる。そこではさまざまな地域の姿が描かれており、たとえば中巻四縁の「少川《おがわ》市」や下巻二十七縁の「深津市」は他の史料には一切見えないが、そこでは水上交通を利用した独自の地域経済活動が描かれていて、社会経済史では貴重な史料となりうる。このように『日本霊異記』は、『日本書紀』『続日本紀』などのような正史には見えない地域史の史料ともなり、またそれらの説話の舞台となる地域を見ていくと、官道や国分寺が存在する地域を舞台としていることが多く、地域史・交通史の史料としても重要である。

古代には、東大寺を始め大安寺・元興寺や興福寺などの官大寺僧が地方に布教に赴いていたことは『日本霊異記』からもうかがうことができるが、そのような法会の際の手控えとされるのが『東大寺諷誦文稿《ふじゅもんこう》』で、延暦十五年（七九六）の法華八講の記事を載せるので、成立は延暦十五年以降説や天長年間（八二四～八三四）頃と考えられる。[15]作者は不明で、三論宗・華厳宗の知識を持っている官大寺僧と思われ、法会の際に用いる表白や願文の模範文または公式的文例か、それに用いる類句などを収録した覚書やメモの類・法会次第と考えられている。[16]

また『日本霊異記』と同様に、布教のための例証話を収録したものに『日本感霊録《にほんかんれいろく》』がある。『日本感霊録』は本来五八話からなると思われるが完本は遺存せず、竜門文庫本の一五話と『東大寺要録』『南法華寺《みなみほっけじ》古老伝』の佚文二話の計一七話が現存、撰述者は元興寺僧義昭とされる。成立時期は承和十五年（八四八）以降と考えられ、その内容は日本における衆生の信仰に応じた不思議な仏教霊験譚を上下二巻に収録しており、元興寺《がんごうじ》（飛鳥寺＝本元興寺を含むか）に残る四天王の霊験を中心とする仏教説話集である。[17]「倭言」の音が付してあるところから、法会での唱導に用いられたと思われ、『日本霊異記』や『東大寺諷誦文稿』と共通する部分がある。

『東大寺諷誦文稿』と『日本霊異記』の成立はほぼ同時期で、『日本感霊録』がやや遅れるが、『東大寺諷誦文稿』は法会次第の手控え、『日本霊異記』『日本感霊録』は法会で使用された例証話という性格である。そして『孝子伝』や『諸教要集』などに見える「丁蘭の木母」が、『東大寺諷誦文稿』『日本霊異記』『日本感霊録』に共通して見えることなど、この三史料は共通する点が少なくない。また、紀伊国関係の説話も『東大寺諷誦文稿』『日本霊異記』『日本感霊録』に共通して見られることから、『日本霊異記』のみが紀伊国と関係が深いわけでもない。さらにそれぞれが地方での法会に関係するところから、『東大寺諷誦文稿』『日本霊異記』『日本感霊録』の唱導は東国・西国という広範囲で行われ、官大寺僧の布教の行動範囲を知ることができる。『日本霊異記』のみが注目されがちであるが、『東大寺諷誦文稿』や『日本感霊録』なども同様に、今後重要な歴史的史料として検証していく必要がある。

『日本霊異記』は仏教説話集であるが、登場する人物や舞台となる地域、そしてそこに見える社会像は、他の史料に見えない貴重な情報をもたらすものである。厳密な実証作業によって抽出された歴史的事実によって、新たな古代史像を描くことができる可能性を『日本霊異記』は秘めている。

註

(1) 志田諄一「景戒の出自」『日本霊異記とその社会』雄山閣、一九七五年。
(2) 多田伊織「コラプションと原テクスト」『日本霊異記と仏教東漸』法藏館、二〇〇一年。
(3) 矢作武「『霊異記』と中国文学」山路平四郎・国東文麿編『日本霊異記』古代の文学4、早稲田大学出版会、一九七七年。
(4) 益田勝実「私度僧の文学」「『日本霊異記』の方法」『説話文学と絵巻』三一書房、一九六〇年。
(5) 植松茂「日本霊異記における伝承者の問題」『国語と国文学』一九五六年七月号。寺川眞知夫「日本霊異記の原撰年時について」『国文神戸』一二、一九七二年。中村史『日本霊異記と唱導』三弥井書店、一九九五年。
(6) 守屋俊彦『日本霊異記の研究』三弥井書店、一九七四年。
(7) 出雲路修「日本国現報善悪霊異記の編纂」『説話集の世界』岩波書店、一九八八年。
(8) 吉田一彦「史料としての『日本霊異記』」『新日本古典文学大系月報』七三、一九九六年。
(9) 吉田一彦「『日本霊異記』の史料的価値」小峯和明・篠川賢編『日本霊異記を読む』吉川弘文館、二〇〇四年。
(10) 吉田一彦『民衆の古代史―〈日本霊異記〉に見るもう一つの古代』風媒社、二〇〇六年。

（11）「領」は、「キル」という新潮日本古典集成本に従った。
（12）三次市教育委員会『備後寺町廃寺—推定三谷寺跡第一〜三次発掘調査概報—』一九八〇〜八二年。
（13）菱田哲郎「古代日本における仏教の普及」『考古学研究』五二—三、二〇〇五年。
（14）三舟隆之「『日本霊異記』地域関係説話形成の背景—備後国を中心として」『日本霊異記説話の地域史的研究』法蔵館、二〇一六年。
（15）小林真由美「東大寺諷誦文稿の成立年代について」『国語国文』一九九一年九月。
（16）中田祝夫『東大寺諷誦文稿の国語学的研究』風間書房、一九六九年。鈴木景二「都鄙間交通と在地秩序—奈良・平安初期の仏教を素材として—」『日本史研究』三七九、一九九四年。
（17）辻英子『日本感霊録の研究』風間叢書、一九八一年。

参考文献（文中引用・註文献は除く）

遠藤嘉基『日本霊異記訓釈攷』和泉書院、一九八二年
黒沢幸三『日本古代伝承文学の研究』塙書房、一九七六年
小泉道『日本霊異記諸本の研究』清文堂、一九八九年
河野貴美子『日本霊異記と中国の伝承』勉誠社、一九九六年
寺川眞知夫『日本国現報善悪霊異記の研究』和泉書院、一九九六年
原田行造『日本霊異記の新研究』桜楓社、一九八四年
藤本誠『古代国家仏教と在地社会—日本霊異記と東大寺諷誦文稿の研究—』吉川弘文館、二〇一六年
二葉憲香『日本霊異記研究文献目録』永田文昌堂、一九八一年
丸山顕徳『日本霊異記説話の研究』桜楓社、一九九二年
山口敦史『日本霊異記と東アジアの仏教』笠間書院、二〇一三年

（三舟隆之）

⑥伝記——唐大《とうだい》和《わ》上《じょう》東《とう》征《せい》伝《でん》——

一　古代の伝記史料と『唐大和上東征伝』

古代史にかぎらず、人物中心の伝記史料には魅力的な内容が多い。しかしながら面白い記事ほど、事実や実態をどれだけ正確に記しているのか判断しにくく、扱いの難しい史料である。

古代に活躍した人物で多くの伝記を編まれた人といえば、厩《うまや》戸《ど》王《おう》（聖徳太子）や空海の名が挙がる。それぞれの膨大な伝記群から、完成時期の違う伝記を複数選び出して記事を比較するだけで、日本思想史の一端を描き出せるほどの豊富な資料群を形成している。

たとえば、厩戸王の伝記『上宮聖徳法王帝説』（編者未詳）は、『日本書紀』以前に成立した史料を豊富に使用しているが、記事内容は系譜関係が多く物語的エピソードは乏しい。それ自体の成立年代は平安時代に降る。死後九〇年余を経て完成した国史『日本書紀』の記事は、伝説的なエピソードもあるが、彼の経歴や事蹟に関わる豊富な情報を伝えている。しかしながら大山誠一の研究[1]以降、史実かどうか慎重に扱う傾向が強まっている。

「太子伝」（厩戸王の伝記の汎称）の代表作ともいえる『聖徳太子伝暦』（別名『聖徳太子平氏伝』）は、九一七年に藤原兼輔《ふじわらのかねすけ》が著した。後世の太子信仰に大きな影響を与えた伝記で、史実とは思えない伝説的な内容の記事を豊富に含んでいる。これらより後に作られた諸伝記にも新たな情報を含んでいることがあるが、一部参考になるケースはあるものの、おおむね後世の人々の仮託したものが多い（伝記が成立した時期の思潮を物語っているところから、思想史の有用な史料になるのだが）。

一方、ここで取り上げる『唐大和上東征伝』は、記事の信頼性と豊富で多彩な情報量という点で、古代伝記史料における白眉の存在である。主人公は日本に戒律を伝えた日本仏教の大立者の鑑真《がんじん》であり、幾度もの挫折を乗り越えて本懐を遂げた物語はドラマ性にあふれている。これを素材にした歴史小説の名作『天平の甍《いらか》』を読めば、作者の井上靖がいかに『唐大和上東征伝』の文章を生かして書いているのかがわかる。敢えて近現代の小説家が脚色を加えなくても、充分に臨場感にあふれた物語になっているのである。

撰者は真人元開《まひとげんかい》すなわち淡海三船《おうみのみふね》（淡海真人三船《おうみのまひとみふね》）である。壬申の乱で敗れて自害した大友皇子の孫で、八世紀後半において石上宅嗣《いそのかみのやかつぐ》と並び「文人之首」（『続日本紀』天応元年六月辛亥条〈石上宅嗣薨伝〉）とされた。最古の漢詩集とされる『懐風藻《かいふうそう》』の撰者の候補でもある。歴代天皇の漢風諡号《しごう》の制定にも関与したとされる。若年で出家し、鑑真に先駆けて来日した唐僧道璿《どうせん》に師事して「元開《げんかい》」の法名《ほうみょう》を得ており、僧侶から還俗《げんぞく》した後は鑑真からも教えを受けている。「真人元開」の「真人」は姓[2]で「元開」は出家時代の法名をそのまま使っている。

さらに、本書の成立過程で大きな役割を果たしたのが、鑑真とともに渡日した思託《したく》である。彼は鑑真の最期まで身辺に侍した愛弟子だった。思託が著した僧伝の『延暦僧録』には「史記に自叙あり」として自身の伝記も載せている（『延暦僧録』そのものは現存しないが、『日本高僧伝要文抄』第三に思託伝逸文が残っている）。その中で「後に真和上（＝鑑真）、唐寺（＝唐招提寺）へ移住す。人に謗讟《ぼうとく》（＝謗《そし》る）せらる。思託、和上の行記を述べ、兼ねて淡海真人元海にも請《こ》いて和上の東行傳荃《とうこうでんせん》を述べ、すなわち先徳を揚げ、後昆《こうこん》（＝後人）に流芳《るほう》せしむ。」と述べており、本書成立の経緯がうかがえる。また本書の記事には、渡航の際に積み込んだ経巻や仏具の具体的リストが数次の渡航ごとに別々に挙がっており、渡航失敗から再渡航に至るまでの鑑真の行動についても実録風の詳細な記述がある。以上から、思託の手元に師匠鑑真に関する日誌的史料や文書群が保管されており、それらを活用したことに疑いない。

ただし、上の『延暦僧録』逸文から読み取れるように、思託自身も別に鑑真の伝記を撰していた。現在は諸書に逸文が残るのみだが、三巻本で『大唐伝戒師僧名記大和上鑑真伝』などの書名で呼ばれていた（同書の逸文は『新訂増補國書逸文』〈国書刊行会、一九九五年〉の増補部分に多く収録されている）。ここでは先学に従い『広伝』と称する。本書と『広伝』逸文の記事を比較した蔵中進は、「主題に直接関連するもの以外はすべて削除あるいは要約して」三巻の『広伝』から一巻の本書を撰したとする(3)。また石井正敏は、思託が鑑真の徳を称揚して後世に伝えるために、「一介の渡来僧の著作と、当代の〈文人ノ首〉と称された淡海三船の筆になるものとでは、日本人に与える影響に大きな差があることを考えて」三船に作成を依頼したとする(4)。本書末尾に「宝亀十年歳次己未年二月八日己卯撰」とあり、鑑真の十七回忌を迎える宝亀十年（七七九）を期して思託が三船に依頼して著されたとみてよい。この直前にあたる九年の十月には宝亀の遣唐使が帰国しており、鑑真の亡くなったことは現地に伝わっていた。末尾に並ぶ漢詩の中には、この時に来日した高鶴林の詩もある。

なお、後述する『唐大和上東征伝』の古写本の中には、巻末の「真人元開撰」の前に「天台沙門思託撰」と付しているものがある（観智院乙本）。このように思託撰の『広伝』と三船撰の二つの伝記は混同されることもあったようである。

いずれにせよ本書は、故人と直接面識のある人々が一次史料を参照して撰述した信憑性の高い伝記である。

二　写本・活字本

前記のように上質な内容をもつ『唐大和上東征伝』だが、史料として大きな問題点を抱えている。それは研究者間で共有できる活字テキストの決定版が無いことである。ここでは蔵中進の整理(5)にもとづいて略述する。

古写本としては、院政期に成立した①観智院甲本（東寺観智院所蔵）と南北朝期に成立した②大東急文庫本（高山寺本、大東急記念文庫蔵）が名高い。後者からは高貴寺本、内閣文庫本、東大史料編纂所本などの新古の写本が派生した。これら二本と別系統とみられるのが鎌倉期成立の③観智院乙本（東寺観智院所蔵）だが、惜しむらくは欠損部が多い。ここから派生した金沢文庫本も同様である。以上の古写本のどの系統にも属さないのが、宝暦十二年（一七六二）に東大寺戒壇院で開板された④戒壇院原刊本である。前記の古写本と比べて誤脱字が少なく、この版本によって補われた記述も多い。「東征」の字句が幕府に咎められたために少量の頒布でとどまったが、後に一部字句を削除して再刊され、広く流布した（「戒壇院修訂本」）。

活字本として比較的入手しやすいものを中心にあげると、①を底本にした『寧楽遺文《ならいぶん》』本、②の系統に属する『群書類従』本、④を底本とする『大日本仏教全書』本とこれを底本とした『大正蔵経』本、④を翻刻した蔵中進編の『唐大和上東征伝』（和泉書院、一九七九年）がある。

テキスト研究のうえで問題となるのが④の扱いである。その跋《ばつ》文には諸本を参校して「十中八九を得た」と書かれており、綿密な校訂作業を経て刊行されたことがうかがえる。前述のように、①や②と比べて明らかに誤脱字と思われる箇所や文意の通りにくい箇所は少ない。この本の底本や校訂に使用したテキストの中には、上記の古写本をさかのぼる古写本や別系統の古写本などを含む可能性も考えられるが、今日のテキスト校訂作業で不可欠な校訂の根拠が記されておらず、残念ながら宝暦十二年に刊行された版本中の情報という以上の評価はできない。テキスト確定にあたって優先すべきは「より文意の通るテキスト」ではなく「より原本に近いテキスト」であるのが原則だ。したがって現状としては、最古の写本の観智院本を底本とし、④も含む諸本を使って校訂せざるをえない。

なお①～④の古写本はいずれも複製本が刊行されており、それぞれに付された解説文も有用である。国立国会図書館のデジタルミュージアムでは、これら複製本の多くについて写真を閲覧・複写することができる。字形や字配りの確認だけなら、研究素材として充分である。

三　史料本文を読む

ここでは七四二年に鑑真が渡日要請を受諾する場面（A）と、鑑真が七四八年に海南島に漂着した後、七五一年に広州に立ち寄った場面（B）の二つをあげる。

Aは、その場に思託が居合わせたかどうか不明だが、後々まで鑑真と同行した栄叡《ようえい》や普照《ふしょう》、祥彦《しょうげん》らと話題にすることもあっただろう。三船の文章の巧みさもあって緊張感のある生々しいエピソードとなっている。

場面Aを読む

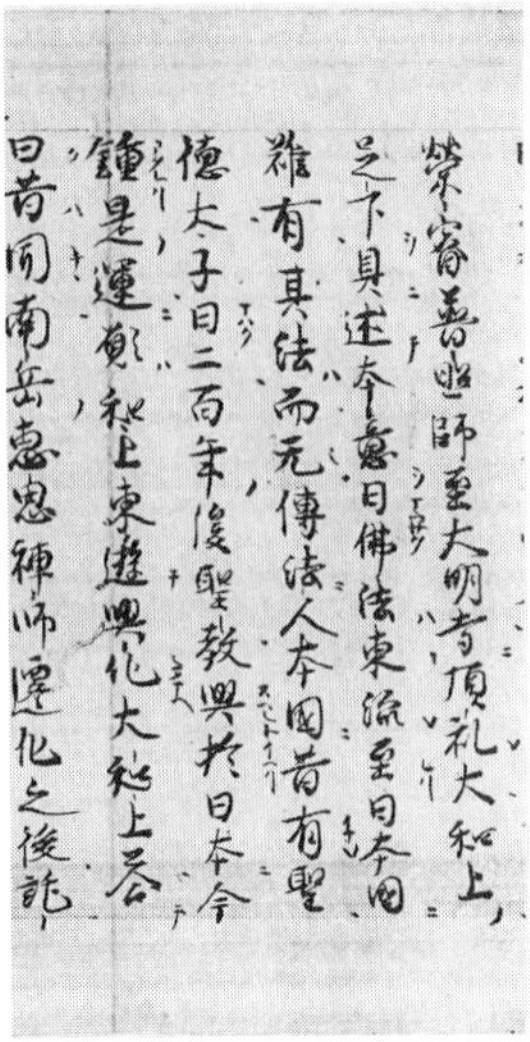

〔釈　文〕

／榮睿普照師至㆓大明寺㆒。頂㆓礼大和上足下㆒、具述㆓本意㆒曰、「佛法東流至㆓日本國㆒。雖㆑有㆓其法㆒而无㆓傳法人㆒。日本國昔有㆓聖德太子㆒。曰、一二百年後聖教興㆓於日本㆒。今鍾㆓是運㆒。願和上東遊興㆑化。」／大和上答曰、「昔聞、南岳恵思禅師遷化之後、託㆓

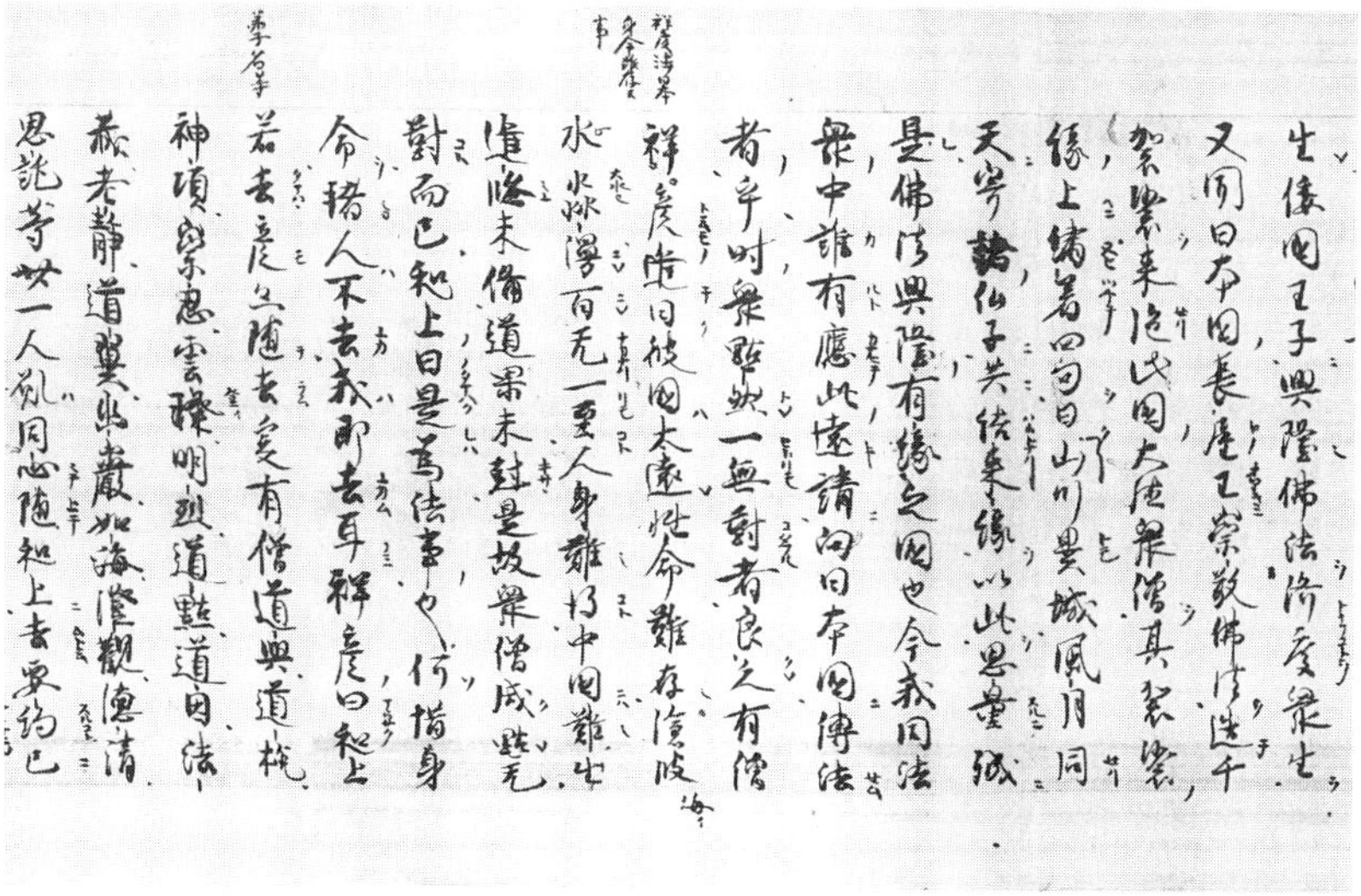

（画像：国立国会図書館提供、以下同）

生倭國王子一、興二隆佛法一、済二度衆生一。又聞、日本國長屋王、崇二敬佛法一、造二千袈裟一棄二施此國大德衆僧一。其袈裟縁上繍二四句一曰、山川異レ域、風月同レ天、寄二諸仏子一、其結二来縁一。以レ此思量、誠是佛法興隆有縁國也。今我同法衆中、誰有下應二此遠請一向二日本國一傳レ法者上乎。」時衆黙然一無二對者一。／良久、有二僧祥彦一。進曰、「彼國太遠、生命難レ存。滄海淼漫、百无二一至一。人身難レ得、中國難レ生。進修未レ備、道果未レ剋。」是故、衆僧咸黙、无レ對而已。／和上曰、「是爲二法事一也。何惜二身命一。諸人不レ去、我卽去耳。」祥彦曰、「和上若去、彦亦随去。」／爰、有二僧道興、道杭、神頂、崇忍、雲（靈カ）璨、明烈、道默、道因、法藏、老静、道翼、幽巖、如海、澄觀、德清、思託等廿一人一、願下同レ心随二和上一去上。

〔読み下し〕

栄叡《ようえい》・普照《ふしょう》師《し》大明寺《だいみようじ》に至る。大和上の足下《そっか》に頂礼《ちょうらい》して具《つぶさ》に本意《ほんい》を述べて曰《いわ》く、「仏法東流《とうる》して日本国に至る。其の法ありと雖《いえど》も伝法の人なし。日本国に昔、聖徳太子というひとあり。曰く、『二百年後に聖教《しょうぎょう》日本に興らん』と。今是《いまこ》の運《とき》に鍾《あた》る。願わくは和上、東遊して化《け》を興したまわんことを。」

大和上答えて曰く、「昔聞く、南岳恵思禅師《なんがくえしぜんじ》は、遷化《せんげ》の後、生を倭国の王子に託して仏法を興隆《こうりゅう》し衆生を済度すと。又聞く、日本国の長屋王は、仏法を崇敬して千の袈裟を造り、この国の大徳衆僧《だいとくしゅそう》に棄施《きし》す。その袈裟の縁の上に四句《しく》を繍《ぬ》い着けて曰く、『山川は域を異にすれども、風月は天を同じくす、諸《もろもろ》の仏子に寄せて、来縁を結ばん』と。此《これ》を以て思量するに、誠にこれ仏法興隆《こうりゅう》有縁《うえん》の国なり。今我が同法の衆中、誰か此の遠請に応じ、日本国に向かいて法を伝うる者あらんや。」と。時に衆は黙然として一《ひとり》も対《こた》うる者なし。

良久《ややく》して、僧の祥彦《しょうげん》というものあり。進みて曰く、「彼の国は太《はなは》だ遠く、生命は存し難し。滄海《そうかい》は淼漫《しんまん》として、百に一つも至ることなし。人身は得難し、中国には生じ難し。進修《しんしゅ》未だ備わらず、道果《どうか》未だ剋《きざ》さず。是の故に衆僧は咸《ことごと》く黙して、対うること無きのみ。」と。

和上曰く、「これ法事たるなり。何ぞ身命を惜しまんや。諸人去《ゆ》かざれば、我即ち去くのみ。」と。祥彦曰く、「和上若し去かば、彦《げん》もまた随いて去かん。」と。

爰《ここ》に、僧道興《どうこう》、道杭《どうこう》、神頃《しんけい》、崇忍《すうにん》、霊璨《れいさん》、明烈《みようれつ》、道黙《どうもく》、道因《どういん》、法蔵《ほうぞう》、老静《ろうせい》、道翼《どうよく》、幽巌《ゆうげん》、如海《じょかい》、澄観《ちょうかん》、徳《とく》清《せい》、思託《したく》ら廿一人有りて、心を同じくして和上に随い去かんことを願う。

〔語句註〕

「頂礼《ちょうらい》」：相手の足下にひれ伏し、頭の先を地につける古代インド最高の敬礼法。

「遷化《せんげ》」:（特に僧侶の）死去。

「棄施《きし》」:喜捨。

「淼漫《しんまん》」:大水が辺り一面に満ちているさま。

「人身は得難し、中国には生じ難し」:『大般涅槃経』巻第二十三に「一仏世難遇、二正法難聞、三怖心難生、四難生中国、五難得人身、六諸根難具」とあり、これを六難と呼ぶ。「中国には生じ難い」とは辺地に生まれがちだということ。「中国」とは、経典の文意としてはインドを中心とする仏教の教化の進んだ地域を指すが、ここでの文脈は、中国もそこに含めている。

「進修《どうしゅ》」:修養をすすめること。

「道果《どうか》」:修行によって得られた果としてのさとり。

「道興、道杭～徳清、思託」:ここの僧名部分は諸本の異同が大きいが、後掲の『広伝』逸文との異同も考慮して、「雲璨」を「靈璨」に改めるのみで残りは観智院甲本のままとした。大東急文庫本は「道興・道軏カ・神崇・忍雲・登・明烈・道黙・道因・法蔵・老静・道翼・幽巌・如空・澄観・徳清・思託」。戒壇院原刊本は「道興・道航・神崇・忍霊・明烈・道黙・道因・法蔵・法載・曇静・道翼・幽巌・如海・澄観・徳清・思託」である。なお、観智院乙本では当該記事は欠損部にあたる。

大宝二年（七〇二）に遣唐使を再開した律令国家は、その時に派遣した道慈ら留学僧が次の養老の遣唐使で帰国すると（養老二年〈七一八〉）、彼らの主張もあって正式な受戒制度を整えることに着手した(6)。

大乗仏教の受戒には、僧俗を問わず利他行に励むことを誓う菩薩戒《ぼさつかい》と、正式な僧尼として僧団に属し修行生活に入る際に授かる具足戒《ぐそくかい》の二種類があり、後者を授けるには、三師七証《さんししちしょう》と呼ばれる一〇人以上の僧侶（「十師」）を必要とした。この十師は、唐などで正式な受戒を受けた僧侶や、そうした僧侶一〇人以上から正式な受戒を受けた人だけにしか務められない。さらに当時の戒律の主要経典『四分律《しぶんりつ》』を教授できる専門家も必要だった。

その次の天平の遣唐使（天平五年〈七三三〉）では、栄叡と普照が伝戒師招請の任を帯びて渡唐した。彼らはまず道璿《どうせん》の招請に成功したが、彼一人では十分ではなく、留学生活を続ける傍らで招請活動を継続した。一方、道璿は、帰国する遣唐使船に同乗して日本をめざした。船は東南アジアまで吹き流されたがいったん唐土に戻って再出発し、天平八年（七三六）に帰朝した。この船にはインド人僧の菩提僊那《ぼだいせんな》とその弟子で林邑楽《りんゆうがく》の専門家の仏哲《ぶってつ》、唐楽《とうがく》の専門家の皇甫東朝《こうほとうちょう》らも同乗していた。この遣唐使の使命として、伝戒師招請だけでなく仏教儀礼の整備もあったことがうかがえる。

洛陽や長安で留学生活を送っていた栄叡と普照は、やがて次の遣唐使の来唐を待たずに帰朝することを決意した。中国人僧の道抗と澄観、徳清、高麗人僧の如海の四人が同行することになった。さらに日本人留学僧の玄朗と玄法も加えた八人は、道抗の「つて」で船を用意する手はずになっていた揚州へ赴いた。その揚州の名刹大明寺で住職をしていたのが鑑真だった。道抗は鑑真の弟子なので、彼の仲介もあっての面会だったかもしれない。

この場面は、思託の撰した『広伝』の逸文が豊富に残っている。少し長いが『聖徳太子平氏伝雑勘文』（『聖徳太子伝暦』の記事に対応する諸書の記事を収録した資料集）の「下二」巻に引用されている逸文の一部を掲げる。

大唐伝戒師僧或（ママ）名記大和上鑑真伝（天台沙門釈思託）。

①唐天宝元年歳次辛巳。各至二年十月一、有二西京安国寺僧道杭・僧澄観・東京僧徳清一。受二日本国僧栄叡・普照等請一、向二海東一、伝二授戒法一。兼二高麗国僧如海及日本国玄朗・玄法一、備二弁供具一、下至二揚州一。及レ執二宰相李琳甫兄琳宗書一。令二於揚州倉會（曹カ）李複湊検校造レ船還レ国。船車難レ造。伝戒人無。

②栄叡乃向二大明寺一、頂二礼和上足下一、具論二心事一。
「本国昔上宮太子云、『二百年後。日本律義大興』。然皇太子以二玄聖之徳一生二日本国一。苞二貫三統一、纂二先聖之宏猷一、恭二敬三宝一、救二黎元之厄一。実是聖人也。

又舎人王子広学二内典一。兼遊二覧経史一。敬二信仏法一慈二愛人氏一。毎悕三求伝戒師僧来二至此土一。」
③和上便云、
「遠承、昔有二日本長屋王子一、敬信心重、造二一千領袈裟一。附二向本唐一供二養衆僧一。其袈裟縁上繍二四句一。『山川異レ域、風月同レ天、寄二諸仏子一、其結二来縁一。』

又天台智者云、『三百年後、我所レ遺文墨感二伝於世一』。大師無情、洎二二百年一而今大唐国家道俗物大興隆。聖人言語、未二曾相違一。

其智者禅師、是南岳思禅師菩薩戒弟子也。恵思禅師者乃降二生日本一為二聖徳太子一也。

（中略）

智者唐国分身、思禅海東化物。
④其栄叡、従二開元二十年一来二至唐国一。初至二東京大福光寺一、見二僧道璿一。便請具論二心事一。其僧道璿、當即受レ請、先向二日本一、相二待叡一。
暫至二二京諸寺一、看二風俗一、即請二大徳一来。至二二十八年一便即二宮構一、従二二十九年一下二備州一弁レ事、今至二於此一。
⑤和上乃命二門人一、『講二授戒律一人師法主者、命赴二叡心一、同二向日本一、万代伝燈。』諸人咸然、一無二対言一。
⑥良久乃有二僧祥彦一言、「彼国大遠、性命難レ存。滄波淼漫、万無二一至一。人身難レ得、中国難レ生。進修未レ備、道果未レ剋。是故、諸人並黙無二対者一。」
⑦和上乃自許三僧叡照等之二日本国一。當時乃有二祥彦一、便云『和上若去、彦亦随去。』

⑧復、有㆓僧道興・道杭・神頂（ママ）・崇忍・霊際（ママ）・明烈・道黙・道因・法蔵・老静・道翼・出巌（ママ）・如海・澄観・徳清・思託等二十人㆒、同㆑心陪㆓従大和上㆒往㆓日本国㆒。云云。

（『大日本仏教全書』一一二より。一部字体と訓点を改め、文意に従い改行した。）

①は栄叡ら八人が揚州に到着するまでを述べている。Aに該当するのは②以降である。ここでは伝戒師の招請が舎人親王《とねりしんのう》の意向だとする。これと比較するとAでは、本来の目的である伝戒師招請の記述は出てこない[7]。また、Aでは栄叡はいきなり鑑真の渡航を切り出すが、こちらにその文言はない。あるいはAの言葉は鑑真が渡日した結果を先取りしたもので、本当のところは栄叡自身、鑑真が自ら行くと言い出すとは思っていなかったのかもしれない[8]。

③の鑑真の答えは少々回りくどい。まずはAにもある長屋王の袈裟寄進について述べる。当地では知られたエピソードだったのだろう。そしていささか唐突だが、天台宗の実質上の開祖[9]である智顗《ちぎ》（智者大師、五三八～五九七）の教えが、今日の唐土で盛んである旨を述べ、智顗は慧思《えし》（＝思禅師）の弟子だと語る。そして筆者思託の解説で二人のエピソードへと進む。

慧思（恵思）（五一五～五七七）は中国の南北朝時代末期の高僧で、最後には南岳衡山《なんがくこうざん》で教えを説き、陳の皇帝から大禅師号を贈られた。智顗が師事していたのは、彼が南岳衡山に至る前、光州の大蘇山を拠点としていた時のことである。以下、二人の物語は省略したが、諸書に引用された逸文にかなりの異同があり、ここにあげた『聖徳太子平氏伝雑勘文』所収逸文にない一節も確認できる（前掲の『新訂増補國書逸文』を参照）。分量としては、右に掲出した逸文全体と同じくらいの記述量が二人のことに割かれている。

③の末尾「智者（智顗）は唐国の分身、思禅（慧思）は海東の化物」は、二人の物語の総括にあたるもので、智顗が唐国、慧思は海東（朝鮮と倭）と手分けして教化に努めたと述べる。そして話題を転換して、栄叡が道璿を招請し

てから揚州で準備をすすめるまでの経緯の説明へと進む。結局この二人の物語が、栄叡への回答としてどのような意味をもつのか判然としないのである（あくまでも今日残っている逸文からの評価で、本来は記述のあった可能性もある）。

あらためてこの部分を読み返すと、冒頭では唐土の仏教隆盛を智顗の功績とし、智顗と慧思とを重ね合わせるエピソードへと進み、両者を並立させて終わっている。字句には現れていないが、慧思が転生した日本も仏教が興隆すべき土地であり、伝戒に赴く意義があるという意識が内在しているとみるべきだろう。一方、Aの三船の文章は、智顗を省略して慧思だけに絞り大胆に刈り込んでいる。思い切りの良すぎる感もあるが、要を得た整理だろう。「一」では、『広伝』とは別に本書が成立した経緯として蔵中や石井の見解を紹介したが、実際に読みくらべると、両氏の主張の妥当性が確かめられる。

ただし、鑑真の渡日の動機については『広伝』の方が明らかに掘り下げが深い。王勇は鑑真の渡日に聖徳太子の慧思後身説が大きく影響したと説く(10)。王も指摘するように、思託の撰した『延暦僧録』の逸文「上宮皇太子菩薩伝」（聖徳太子の伝記）は、慧思に関する記述が全体の半分を超えており、「慧思伝」と呼んでも差し支えないほどだ。思託にとって、聖徳太子に転生した慧思が日本仏教隆盛の道筋をつけたという言説は、師に従い命がけで渡日を果たした自己の存在価値とも重なる重要事なのだろう。

こうした慧思へのこだわりは、同じ中国人僧の鑑真も共有していたとみてよい。仏教のフロンティアに身を投じた慧思に寄り添い、智顗のもたらした唐国の仏教隆盛を日本へも及ぼすことに身を捧げたい――鑑真は、日本人に懇請されたからではなく、自己の内面にある仏教者としての使命感に突き動かされたのではあるまいか。その想いは、異国の地日本で師の最期を看取り、自身も静かに生を終えようとしている思託の想いとも重なるのだろう。日本人淡海三船の流麗で雄弁な文章からそれを読み取ることはできない。

場面Bを読む

Bは、中国南端の広州の八世紀の様子を物語る貴重な証言である。東南アジア諸国やインド、ペルシアとのさかんな交易を通して広州が大いに繁栄している様子がうかがえる。鑑真は名声の高い僧だったので、渡航に失敗して漂着地から揚州へ戻る際、各地の地方高官や寺院から歓待を受け、長期間滞在して講義や受戒の儀を行った。それらの記事はとても詳細で、唐代の行政手続きや各地の都市や寺院の様子について豊富な情報を伝えてくれる。円珍の『入唐求法巡礼行記』ほど分量は多くないが、唐代の政治や社会に関する良質な史料である。

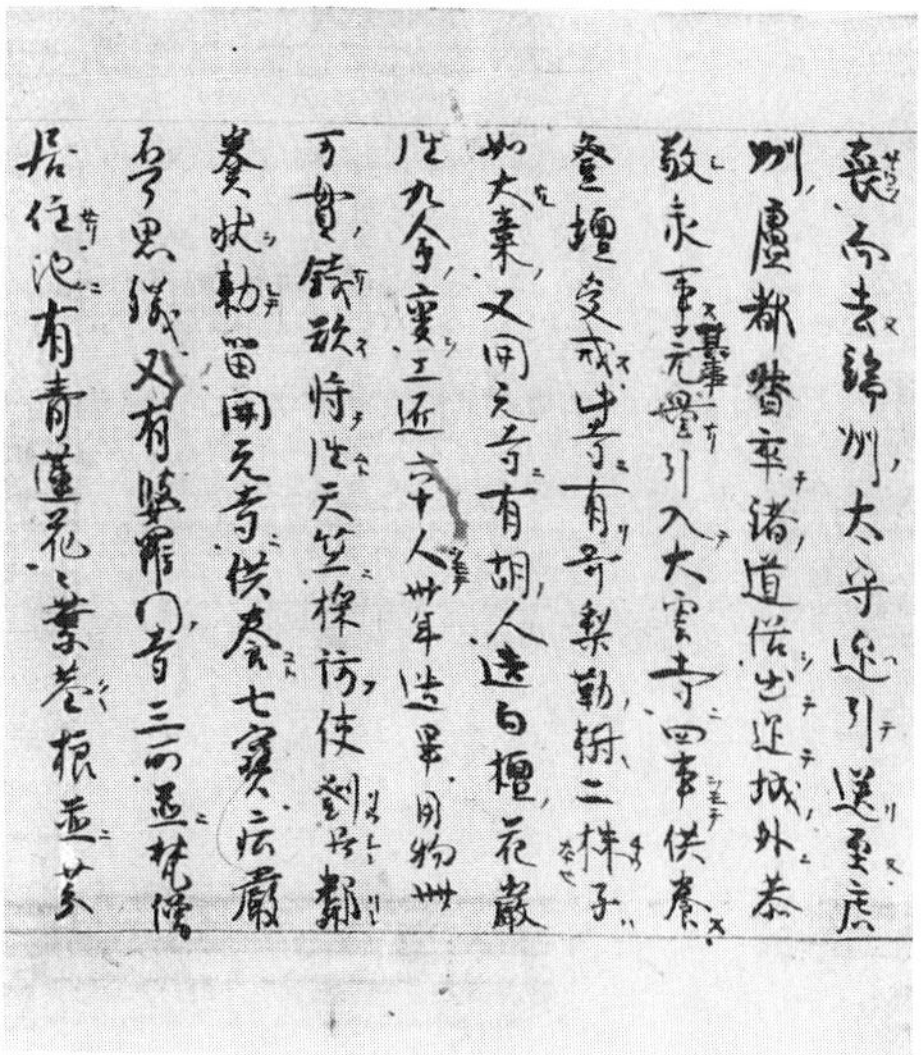

〔釈　文〕

／端州太守、迎引送至二廣
州一。盧都督、率二諸道俗一出迎二城外一、恭敬
承事。其事無量。／引入二大雲寺一、四事供養。
登壇受戒。此寺有二呵梨勒樹二株一。子
如二大棗一。／又開元寺有三胡人造二白檀花厳
経九會変一。工匠六十人卅年造畢。用物卅
萬貫銭。欲レ将二往天竺一。採訪使劉臣鄰
奏状、勅留二開元寺一供養。七寶荘嚴
不可思議。／又、有二婆羅門寺三所一。並梵僧
居住。池有二青蓮花一。花葉根茎並芬

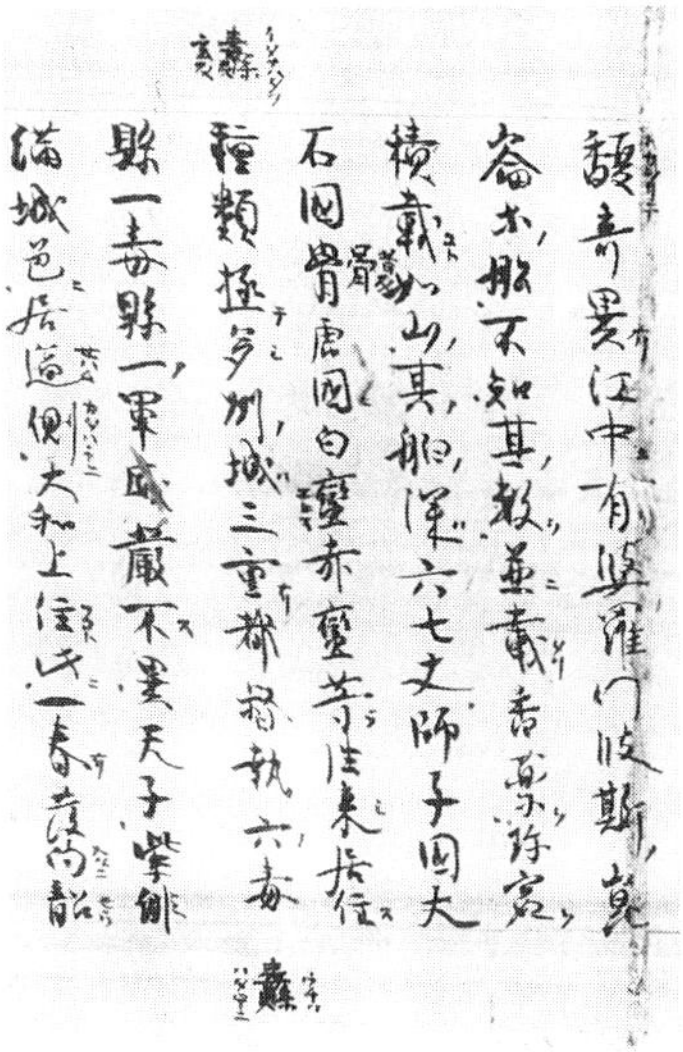

馥奇異。／江中有二婆羅門・波斯・崑崙等船一。不知二其數一。並載二香藥珍寶一、積載如レ山。其舶深六七丈。師子國・大石國・骨唐國・白蠻・赤蠻等、往來居住、種類極多。／州城三重、都督執二六纛一。一纛一軍、威嚴不レ異二天子一。紫緋滿レ城、邑居逼側。

〔読み下し〕

端州《たんしゅう》太守、迎《むか》へ引《ひ》き送《おく》りて広州《こうしゅう》に至《いた》る。盧都督《ろととく》、諸《もろもろ》の道俗《どうぞく》を率《ひき》い出《い》でて城外《じょうがい》に迎《むか》へ、恭敬承事《くぎょうしょうじ》す。其事《そのこと》無量《むりょう》なり。

引《ひ》きて大雲寺《だいうんじ》に入《い》れ、四事《しじ》もて供養《くよう》す。登壇受戒《とうだんじゅかい》す。此寺《このてら》に呵梨勒《かりろく》の樹二株《きにかぶ》あり。子《み》は大棗《たいそう》のごとし。

また開元寺《かいげんじ》に、胡人《こじん》の白檀《びゃくだん》にて華厳経九会変《けごんきょうくえのへん》を造《つく》りたる有《あ》り。工匠六十人《こうしょうろくじゅうにん》、三十年《さんじゅうねん》にして造《つく》り畢《おわ》んぬ。用《もち》うる物《もの》は四十万貫《しじゅうまんがん》の銭《ぜに》なり。天竺《てんじく》へ将《も》ち往《ゆ》かんと欲《ほっ》す。採訪使劉臣鄰《さいほうしりゅうしんりん》奏状《そうじょう》し、勅《ちょく》ありて開元寺《かいげんじ》に留《とど》め供養《くよう》す。七宝荘厳不可思議《しっぽうしょうごんふかしぎ》なり。

また婆羅門寺《ばらもんじ》三所《さんしょ》あり。ならびに梵僧居住《ぼんそうきょじゅう》す。池《いけ》に青《あお》き蓮花《はすのはな》あり。花葉《かよう》・根茎並《こんけいなら》びに芬馥《ふんふく》たること奇異《きい》なり。江中《こうちゅう》に婆羅門《ばらもん》・波斯《はし》・崑崙等《こんろんなど》の船《ふね》あり。その数《かず》を知《し》らず。ならびに香薬珍宝《こうやくちんぽう》を載《の》す。積載《せきさい》すること山《やま》のごとし。その舶《ふね》の深《ふか》さは六七丈《ろくしちじょう》なり。師子国《ししこく》・大石国《たいせきこく》・骨唐国《こっとうこく》・白蛮《はくばん》・赤蛮《せきばん》等、往来居住《おうらいきょじゅう》するもの、種類極《しゅるいきわ》めて多《おお》し。

州城《しゅうじょう》は三重《さんじゅう》にして、都督《ととく》は六纛《りくとう》を執《と》る。一纛《とう》に一軍《ぐん》、威厳《いげん》は天子《てんし》に異《こと》ならず。紫緋《しひ》は城《しろ》に満《み》ち、邑居《ゆうきょ》は逼側《ひっそく》せり。

〔語句註〕

「道俗」：出家者および俗人。

「恭敬承事」：恭敬とはつつしみ敬うこと。仏教では「くぎょう」と訓じる。承事とはつかえること。

「無量」：数え切れないほど多いこと。

「大雲寺」：則天武后が州ごとに建立した官寺。同様のものとして、中宗の竜興寺や玄宗の開元寺がある。日本の国分寺建立はこれらを踏襲したものと考えられている。

「四事供養」：三宝（仏・法・僧）に対して、衣服・飲食・臥具《がぐ》・湯薬（医薬）を提供すること。この場合は鑑真一行に対するもてなし。

「登壇受戒」：戒壇を築いて行われる正式な受戒の儀式。

「呵梨勒」：訶梨勒とも。果実は下痢や腹痛の薬剤として使われた。

「大棗」：ナツメの実を乾燥させた生薬。強壮・鎮静作用がある。直前の「子」は木の実のことなので「み」と訓じた。

「胡人」：西域や北方の人々を指す語。唐代の胡人《こじん》の一例としては、海陸二つのシルクロードで交易に活躍したソグド人があげられる。安禄山もソグド人である。

「白檀」：インド原産の香木で栴檀《せんだん》とも呼ばれる。東南アジアやオセアニアにも分布する。加熱しなくても良い香りを発するので、仏像や仏具の材料に用いられた。

「華厳経九会変」：八十巻本の華厳経は、釈迦が七つの場所で九回行った説法をまとめたもので、この説法のことを「七処九会《しちしょくえ》」という（六〇巻本は「七処八会」）。変とは変相《へんそう》のことで、浄土や地獄などの有様を図像や彫刻のように視覚的に表現したもの。このケースは、白檀の木を彫った像もしくはレリーフなのだろう。

「四十万貫」：諸本では三十（卅）万貫とするものが多いが、観智院甲本および乙本の「卌」に従った。

「将」：諸本にはこの字の無いものがあるが、観智院甲本および乙本に従った。

「採訪使《さいほうし》」：正式には採訪処置使。中央政府から派遣された監察官で、この頃から常駐するようになった。監察処置使（観察使）と改名した後は行政権も握るようになった。節度使は観察使を兼ねることで行政権も掌握した。劉臣麟は「華厳経九会変」の彫刻が開元寺に安置された時の採訪使だった。鑑真の広州来訪時の採訪使は盧奐。

「七宝荘厳《しっぽうしょうごん》」：七宝による飾付け。七宝とは仏典でいう金、銀、瑪瑙《めのう》など七つの宝のこと。七つの構成には諸説ある。

「不可思議」：認識や理解を超えているさま。

「婆羅門寺」：ヒンドゥー教の寺院。

「梵僧」：インド人の僧侶。

「芬馥《ふんふく》」：よい香りが漂うこと。

「江中」：広州は大河珠江《しゅこう》の下流域に発達した都市なので、このような表現になる。

「六七丈」：一丈は約三メートルなので、二〇メートル程度。

「婆羅門、波斯、崑崙」：婆羅門はインド。波斯はペルシア。崑崙はマレーシアおよびインドネシアの地域。

「師子国、大石国、骨唐国、白蛮、赤蛮」：師子国はスリランカ。大石はアラビア（大食）。骨唐国、白蛮、赤蛮の三つは不詳。

「州城」：城壁に囲われた広州の市街部。

「六纛《りくとう》」：纛《とう》は大きな幟《のぼり》。古写本は「イクサハタ」と訓じる。一軍ごとに一つの幟を立てるから合わせて六軍となる。皇帝の親衛軍は一軍あたり一万二五〇〇人で構成され、総勢七万五〇〇〇人からなる六軍のことを六師《りくし》と呼んだ。

「紫緋」：紫や緋（赤）は官服で用いられた色で、唐代は紫が位階三品以上、緋が五品以上だった。すなわち五品以上の高級官人が多数いたということ。

「逼側」：施設や住居がひしめきあっているさま。

鑑真は渡航に五度失敗するが、二回目と五回目が船の遭難による。五度目にあたる今回は、中国南端の海南島まで吹き流された。島内で一年余りを過ごし後、一行は諸州をめぐりつつ江南をめざした。やがて当地を統轄する南海郡大都督兼広州太守の盧奐《ろかん》（盧煥）の招きに応じて広州に到着した。

広州は南海貿易の拠点で、ちょうどこの頃に貿易を管理する市舶司《しはくし》も置かれた。高級官人が多数いたのも経済的権益があってのことだろう。盧奐は玄宗の信任の厚い清白な人物だとされており（『新唐書』盧奐伝、『旧唐書』盧懐慎伝など）、彼の起用は綱紀粛正も期待してのことだったのかもしれない。

広州には、東南アジアからインド洋沿岸に及ぶさまざまな地域の人びとが訪れていた。「婆羅門」や「崑崙」といえば、正倉院や東大寺に残っている伎楽《ぎがく》面が想起される。伎楽は中国南北朝時代の江南地方に由来する仮面劇で、仏教の法会の場で上演された。南朝の都のあった時代の江南は、経済的にも成長期で海のシルクロードを使った交易もさかんだった。「婆羅門」や「崑崙」といったキャラクターも、南に開かれていた南朝時代の世界観に根ざしたものなのだろう。

伎楽の具体的な上演内容は現在わからないが、『教訓抄《きょうくんしょう》』に概要が残っている。時代はやや下るが、鑑真の時代の広州でも、「呉女（江南の美女）」にしつこく言い寄る「崑崙」が「力士」によってこらしめられたり、「婆羅門」が自分の下着を洗っていたりするようなシーンが、町の片隅で繰り広げられていたかもしれない。

開元寺にあった華厳経九会の彫刻は、皇帝が勅を発して持ち出しを禁じたほどだから、よほど豪華なものだったらしい。材料の白檀の香木や、七宝として使われた貴金属や宝石類などの材料も、東南アジア地域から集められたものが多かっただろう。

法隆寺には古い白檀や沈香《じんこう》の香木が伝わっていた。現在は法隆《ほうりゅう》寺《じ》献納《けんのう》宝物《ほうもつ》として東京国立博物館に所蔵されている。このうち白檀の香木から、刻まれたパフラヴィー文字（ペルシア系の言語）とソグド文字の焼印が確認された。そこには天平宝字五年の墨書も残っていた[11]。まさしくこの時代に、胡人の取り引きした香木が日本にももたらされていたのである。あるいは広州で取引された品物だったのかもしれない。

最後に、このたびの遭難ではさすがに鑑真一行も疲労の極に達したのだろう、広州到着の少し前に栄叡が体調を崩して亡くなった。そして広州出発後ほどなくして、鑑真自身が視力を失った。さらに渡航を決意した時に真っ先に同行を申し出た祥彦も亡くなった。思託に導かれて末期の彼と言葉を交わした鑑真は、慟哭してこれを哀しんだ。この場面は敢えて取り上げなかったので、ご自身でテキストを手にとりお読みいただきたい。

註

（1）大山誠一『〈聖徳太子〉の誕生』、講談社歴史文化ライブラリー、一九九九年。

（2）このように、ウジ（氏）の名を省略してカバネ（姓）のみ表記する例として、『旧唐書《くとうじょ》』日本伝の「朝臣真人」（＝粟田朝臣真人）がある（この「真人」はカバネではなく個人名）。阿倍朝臣仲麻呂の唐名「朝衡」の「朝」も「朝臣」からくると考えるべきだろう（「衡」は「仲満（＝仲麻呂）」を転じたものか）。中国の氏族名とカバネとを対応させることは、7～8世紀の氏姓の意識を考えるうえで興味深い。

（3）蔵中進『唐大和上東征伝の研究』、大修館、一九七六年。
（4）石井正敏「史料紹介『唐大和上東征伝』」、『歴史と地理』四九〇、一九九六年。
（5）註（3）に同じ。
（6）東野治之『鑑真』、岩波新書、二〇〇九年。
（7）註（6）に同じ。
（8）安藤更生『鑑真』（人物叢書）、吉川弘文館、一九六七年。
（9）天台宗の開祖は、初祖を慧文、第二祖を南岳慧思、第三祖を天台智顗とする説と、初祖を龍樹として第二祖を慧文、第三祖を慧思、第四祖を智顗とする説がある。しかし天台宗の特徴である五時八教の教相判釈や止観行の重視などは智顗以降なので、智顗が実質上の開祖とみてよい。
（10）王勇『聖徳太子時空超越—歴史を動かした慧思後身説—』、大修館、一九九四年。
（11）東野治之『遣唐使と正倉院』、岩波書店、一九九二年。

参考文献（註に出ていないものをあげた）
安藤更生『鑑真大和尚伝之研究』、平凡社、一九六〇年
蔵中しのぶ『『延暦僧録』注釈』、大東文化大学東洋研究所、二〇〇八年
蔵中しのぶ「三つの鑑真伝」、『東洋研究』一七一、二〇〇九年

（須原祥二）

Ⅱ　古文書

①正倉院文書《しょうそういんもんじょ》

一　史料の性格

正倉院文書とは、その名のとおり東大寺の正倉院に伝来した古文書をいう。総数は一万数千点に及び、その大半は八世紀に遡る。質・量ともに古代の第一級の史料群と言って過言ではない。正式には「正倉院古文書」といい、正集・続修・続修後集・続修別集・塵芥《じんかい》文書・続々修の六類に編成された計六六七巻五冊からなる。釈文は『大日本古文書』二十五巻に編年順に収められている。

正倉院には他に、宝物の献納を記した東大寺献物帳（国家珍宝帳・種々薬帳など）や、印蔵に伝来した東南院文書も存在するが、いわゆる正倉院文書と言えば正集以下のことを指す。ちなみに、正倉院文書が属する正倉院宝物は、国有財産のうちの皇室用財産であり、現在宮内庁正倉院事務所が保存管理にあたっている。

さて、正倉院文書というといったい何を思い浮かべるだろうか。中学高校の教科書には八世紀初頭の戸籍が載っている。これは正倉院文書の著名な「顔」と言ってよい。一方で、詳しい人であれば、正倉院文書のなかに写経所の帳簿が数多く含まれることを知っているかもしれない。正倉院文書の主役は写経所であり、その内容から写経所文書、あるいは写経所帳簿とも称されている。それではなぜ戸籍と帳簿が一緒になっているのだろうか。正倉院文書とは、全体としてどういう性格の史料なのだろうか。

正倉院文書について一言で説明するのは難しいが、大雑把にまとめるなら、〝八世紀の東大寺写経所で用いられた文書・帳簿〟であり、〝反故《ほご》の集合〟である、と言っておきたい。東大寺は、知られるように大和国の金光明寺から総国分寺へと発展したもので、古代仏教の中心であった。その造営を担当したのが金光明寺造物所（後に造東大寺司《ぞうとうだいじし》に改組拡大される）という役所であり、その下で膨大な数の経典を複製した部門が写経所である。そしてそこで用いられていた反故が正倉院文書である、というわけである。

写経所はもともと光明子家・皇后宮職に附属し、福寿寺へ移転の後、同寺が金光明寺となるなど変遷を経ているが、事務責任者（案主《あんず》・領《うながし》など。以下、案主で代表させる）のもとで経師・校生・装潢《そうこ（お）う》らが写経に取り組むという基本構造は同じである。写経所文書・帳簿の多くは案主が作成し、または案主の元に送られたものからなる。案主は造東大寺司の役人から指示を受ける一方、物資を要求し、所内に対しては仕事を管理して給与を支払うなど、文字を駆使して業務を成り立たせていた。その具体的な例は後述するとして、まずは正倉院文書がそうした実務的な性格を持った史料であることを押さえておきたい。

その実務性と密接に関わるのが〝反故〟の理解である。反故とは一般に「書画などを書き損じた不用の紙」（広辞苑）をいうが、ここでは書き損じかどうかは問題ではない。標準的なのは紙の片面（表）を使用した後にその内容が不用となり、反対面（裏）を使うケースである。裏は正式の文書には使えないが、内部での帳簿や覚え書きを記すには充分である。表であったもの（一次文書）が裏に回り、裏が表となって、新たに帳簿が書かれるわけである（二次文書）。

二　動く紙

写経所では事務用に調達した並の白紙（凡紙《ぼんし》）を使用し、表が有効性を失うと裏が利用された。予算や決算書など

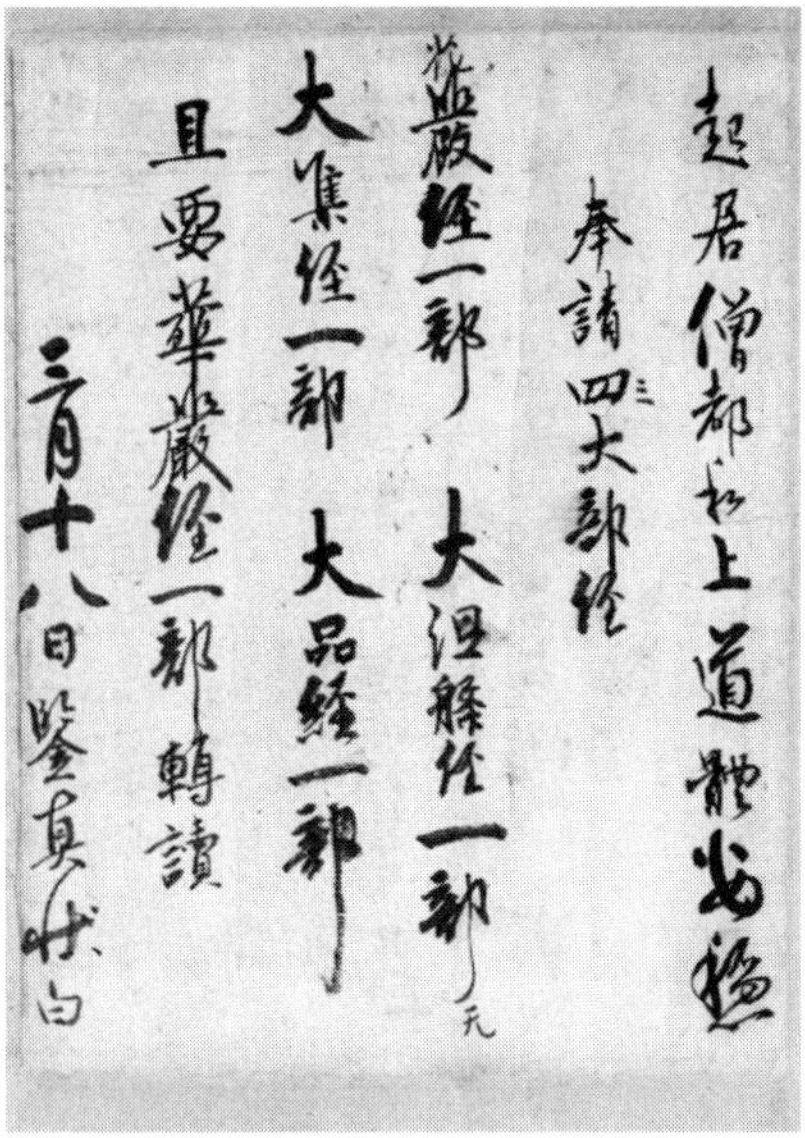
起居僧都和上道體安穏
奉請四三大部経
花嚴経一部　大涅槃経一部无
大集経一部　大品経一部
且要華嚴経一部轉讀
三月十八日鑑真状白

図1　鑑真書状（塵芥文書35、（古）四32）
華厳経以下四部の貸し出しを申し入れた書状。大僧都良弁から造東大寺司政所を経て写経所に回ってきたと考えられる。大涅槃経は貸し出せず、写経所側で「三」「无」が追記された。裏は写経所の帳簿に使われている。（正倉院宝物）

は雛形として取っておくこともあったが、いずれ同所で裏を利用される身であるのは変わらない。ただし、こうした凡紙の使用はある程度の割合にすぎなかった。重要なのは、表と裏の使用者が同一でなく、外部から紙がもたらされるケースが少なくなかったことである。例えば、①写経所が外部から経巻の貸し借りをする場合を考えてみよう。貸し出す際は先方から依頼状が届き、借りる際は経巻に送付状が附属する。これらは写経所で保管され、必要に応じて追記が施された。そして貸借を終えると、裏を写経所で用いられたのである。著名な鑑真の書状（図1）もそうして残った一つである。②先に触れた戸籍や計帳も、動きとしてはこれと似る。籍帳や税帳類は、もともと諸国から中央官庁の民部省に送られた公文である。それが一定の期間保管された後、反故になった。そうして大量に生じた反故の裏を有効活用するべく、写経所などの事務用にまとまって払い下げられたのである。③正倉院文書にはなぜか石山寺造営に関する文書が含まれている。これは写経所の別当であった安都雄足《あとのおたり》や、彼と関係の深い案主の上馬養《かみのうまかい》・下道主《しものみちぬし》らが造石山寺所を担当したからである。彼らを介して、彼地での反故が東大寺写経所にもたらされた（以上、②③の詳細については別項参照）。写経所には外部から多量の反故紙が流入し、二次利用されたのである。

　このように紙は動く。動いて何度も使われる。その意味では木簡ともよく似ていよう。正倉院文書の大半は、写経所の活動に伴って、あるいは写経所とは無関係ながら書記材料として、写経所の内・外からもたらされた反故からなり、それに実務的な文書・帳簿が記されたのである。正倉院文書が〝写経所文書・帳簿〟であり、〝反故の集合〟であるとしたことの意味はこの点にある。片面のみ書かれたものも、いずれ様々に使用される出番待ちの反故であると言えよう。また、その使用に際しては、書くばかりでなく、経典を巻いたり、顔料を包んだりといった素材として使うこともありえた。こうした反故の多様なあり方は、古代の文書行政一般を考えるうえで参考になると思われる。

ところで、東大寺写経所は八世紀後半、宝亀年間に活動を停止した。それにともなって写経所文書・帳簿の更新は途絶える。その後の利用を考慮して保管されたとは考え難く、おそらく造東大寺司の倉庫内にしまわれ、やがて忘れ去られたのだろう。そして倉庫が退転するに及んで、正倉（おそらく中倉）に移納された可能性が考えられる。つまり、写経所文書・帳簿は、写経事業の停止とともに総体として反故化したのである。再び日の目を見たのは、遙かに時代が下った江戸時代末のことであった。正倉院文書を〝反故の集合〟と言ったのは、こうした歴史的経緯も念頭に置いている。

以上、正倉院文書は写経所の文書・帳簿という実務的な性格を持っており、それゆえに多くの反故を用いて成り立っていた。そして総体として反故となり、忘れられたことで、貴重なまとまりのまま伝来したのである。

三　二度の改変

正倉院文書は写経所に関する豊かな情報を伝える一方で、反故を介して年代やレベルの異なるものが集まり、また写経所の外にも無限とも言える広がりを持っている。このことは正倉院文書の史料的な特徴として非常に重要であるが、その広がりゆえに、史料を読むうえではいくつかの困難が伴っている。

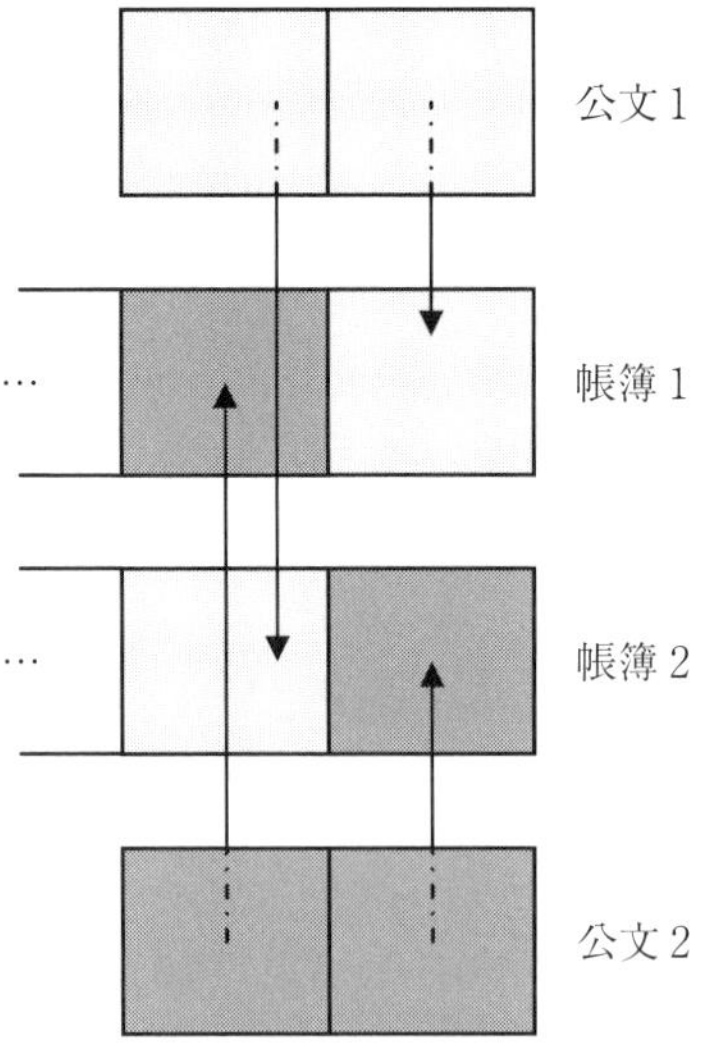

図2　律令公文と写経所帳簿の関係模式図

律令公文をある程度の幅で切って用意し、裏にそれぞれ帳簿が書き始められた。帳簿は順次書き継がれるため、反故も都度追加された。ただし、もとの並びが考慮されるはずもなく、一次文書は泣き別れとなる。

近世近代の「整理」ではもともとの並びを部分的に復原しようとしたが充分でなく、表裏双方に大きな問題を残した。

反故を用いるということはつまり、一次文書が本来の姿を失うことを意味する。裏を二次利用する際は、必要に応じた幅で切断し、帳簿であればそうした反故を適宜継ぎ足しながら書いていく。したがって、一次文書はそのままの姿ではなかなか残らない。現在、籍帳や税帳類が分断されて残っているのはそのためである（図2）。

さらに問題を複雑にしたのが近世近代の「整理」である。正倉院文書は幕末の国学者穂井田《ほいだ》忠友《ただとも》によって再び世間に知られた。正倉開封に従事した忠友は、帳簿の裏に残る有印の一次文書に注目、これを抜き出して表向きに仕立てた。現在の正集がそれであるが、こうした抜き出し整理は二次文書である帳簿にとって破壊以外の何物でもない。明治時代になると、内務省管下の浅草文庫において続修、続修別集、続修後集が仕立てられたが、これらも内容による抜き出しの傾向が強い。状態の悪いものは別に塵芥文書に仕立てられ、残った膨大な数の断簡が宮内省御物整理掛において続々修にまとめられた。

このように正倉院文書は、八世紀の文書がそのまま伝わったのではなく、文書の接続や配列に大きな改変が加えられている。まず写経所での二次利用に際して公文類などの反故が分断され、次に近世近代の整理で帳簿の姿を大きく損なった。したがって、表裏どちらに着目するにせよ、本来の接続を復原する作業が必須なのである。実に厄介ではあるが、これもまた正倉院文書の重要な史料的な特徴である。

四　復原のために

一般に史料を読む場合は、数をこなすことが大切である。数をこなすことで史料の群としての性格を感得していくのが王道であろう。ただ、より突っ込んだ検討を加えるとなると、それだけでは充分ではない。正倉院文書の場合、個々の文書の位置づけ――どういった帳簿に含まれるのか、いつ反故になったのか、表裏の前後関係や左右の接続はどうか――を復原的に調べなければ、文書の年代や意味を把握することはできない。釈文を収めた『大日本古文書』は非常に優れた史料集であるが、現段階から見ると文書名や年代比定に問題があり、釈文だけを追っていると思わぬ誤りを犯すことがある。

こうした復原の問題は、正倉院文書を紹介する際に必ず言及され、これから取り組もうとする者のやる気を削ぐことだろう。しかし、一次資料というものは大なり小なりそうした壁を持つのであり、それを読み解いていくのが醍醐味でもある。木簡を扱う場合に、出土遺構や共伴遺物を知ることが必須であるのと同じである。正倉院文書は遺構が少々壊れているにすぎない。近年では、接続の復原を記述した東京大学史料編纂所編『正倉院文書目録』（東京大学出版会）や、影印に現状の所見を盛り込んだ宮内庁正倉院事務所編『正倉院古文書影印集成』（八木書店）が正集～塵芥について揃い、続々修の目録も徐々に出版されている。現状については、国立歴史民俗博物館製作によるコロタイプ複製（現在、続々修第十二帙《ちつ》まで済み）が原本に匹敵する情報量を具えている。それぞれの情報をうまく活用していくことが求められよう。

研究に必須の写真については、昭和二、三十年代に撮影されたモノクロのマイクロフィルムが唯一全巻を揃えており、基本となる。大学研究室などにデュープや紙焼きが備えられている。塵芥までに限ると、上記『影印集成』がモノクロではあるが鮮明で最も良い。また、奈良国立博物館の正倉院展図録に近年の出陳品はカラー写真を載せる。ほかに正倉院事務所のホームページ（http://shosoin.kunaicho.go.jp/）が正集のカラー写真（既撮影分）をすべて掲載している。

なお、釈文を収めた『大日本古文書』は、東京大学史料編纂所で公開しているデータベース（http://wwwap.hi.u-tokyo.ac.jp/ships/）内において紙面を画像公開しており、検索・閲覧が可能である（「奈良時代古文書フルテキストデータベース」）。また、同所編『正倉院文書目録』の内容も、メタデータとともに公開されており、大変便利になっている（「正倉院文書マルチ支援データベース」）。

五　写本と目録

正倉院文書は原本が現存し、上記の資料集も出版されているため、写本等に立ち返る必要はないと思われるかもしれない。しかし、幕末以後の「整理」過程で作成された写本や目録には、「整理」の状況や本来の姿を知る手がかりが残されている。一例を挙げると、穂井田忠友が出版した印譜『埋麝発香《まいじやはつこう》』（一八四〇年）は正集から印影を集めたもので（正集にはトレース時の朱汚れが残る箇所がある）、正集の編纂と忠友の学問的興味の関係性がよく分かる。写本のうち『大日本古文書』編纂に多用された大学本（東京帝国大学図書館）は、遡ると忠友の写本に行き着き、現状と異なる箇所が見出される。大橋本（大橋長憙《おおはしながよし》）は浅草文庫での「整理」中に写されたらしく、小杉本（小杉榲邨《こすぎすぎむら》）も同文庫での続修整理前の状態を示し、後に流出する文書が写されているなど、明治初期の様子を伝える。目録では『未修古文書目録』（宮内省図書寮『正倉院御物目録』のうち）が続々修前の断簡の状態を記録し、接続復原を考える上で欠かせない。『正倉院古文書目録』（奈良帝室博物館）は現編成になってからの目録であるが、紙数や表裏関係に言及し、全体像を知るうえで今なお重要な導きである。特に続々修について以下のごとくまとめており、御物整理掛での帙編成の基準がうかがえる。

第一類　写経類集（第一帙〜第十一帙）　第五類　筆墨紙（第二十九帙〜第三十七帙）
第二類　経巻歴名（第十二帙〜第十六帙）　第六類　食口（第三十八帙〜第四十帙）
第三類　諸司文書（第十七帙〜第十八帙）　第七類　布施用度雑器雑物（第四十一帙〜第四十四帙）
第四類　経師等手実行事上日（第十九帙〜第二十八帙）　第八類　雑文書（第四十五帙〜第四十七帙）

写本・目録関係の詳細については、皆川完一「正倉院文書の整理とその写本」『正倉院文書と古代中世史料の研究』（吉川弘文館、二〇一二年所収、初出一九七二年）、西洋子『正倉院文書整理過程の研究』（吉川弘文館、二〇〇二年）を参照していただきたい。

六　史料を読む

さて、いよいよ史料を読むわけであるが、上記のように正倉院文書の表裏どちらを読むにしても、写経所と無関係ではありえない。正倉院文書という無限の森に分け入る前に、写経所という舞台についてざっと見ておきたい。

事務責任者である案主の仕事は、まず労働力（経師・校生ら）を確保し、写経用の物資（紙・軸・筆・墨など）を調達することにある。写経の手本となるテキスト（本経）を借りてくる必要もある。次に、そうして調達した物資・本経を担当の経師たちに割り当てていく。その際、案主は収納帳や充紙帳《じゅうしちょう》、充筆墨帳《じゅうひつぼくちょう》といった帳簿を作成して、物資・本経の出入りを管理することになる。それと同時に、仕事をしやすい環境づくりが必要となる。経師らの作業着

（正倉院宝物のなかに実物が残っている）や日々の食事、給与たる布施《ふせ》を調達し、それぞれに支給するのである。もちろん、その都度帳簿が作成される。ほかにも、欠勤届やお金の貸し借りなど生々しい文書も残っている。

仕事の中核となる写経については、まず装潢が写経料紙を巻子に仕立て（造紙《ぞうし》）、次に経師が経文を書き、校生が二度の校正を施し、再び装潢に戻して写経料紙を整え（装書《そうしょ》）、表紙を取り付ける、という流れである。この間の随所に案主らが入り、取りまとめと確認を行っていく。そしてそれぞれの仕事量に応じて布施が支払われ、物資の用残を定めて決算となる。

このように写経という特殊な分野ではあるものの、大枠として見れば、役所一般に通じる要素が少なくないことに気づくだろう。人をまとめ、仕事をさせるという権力の具体相がうかがえる。以下ではその一つの典型として経師の手実帳《しゅじつちょう》（個々の業務報告＝手実《しゅじつ》を貼り継いだ帳簿）を取り上げ、関係する事項に言及しながら読んでみたい。

写一切経《しゃいっさいきょう》経生《きょうせい》校生《こうせい》等《ら》手実帳《しゅじつちょう》（続々修第一帙第一巻、㊄八1～18ほか）は、さまざまな追記や訂正のある、まさに実務的な帳簿である。地味な内容ではあるが、それゆえに正倉院文書「らしい」帳簿である。

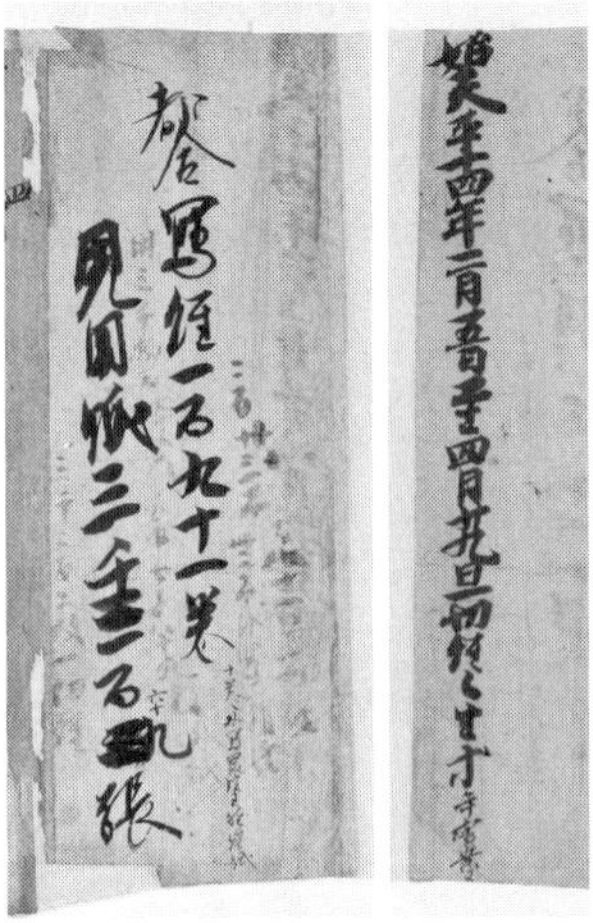

〔釈　文〕（「　」は異筆、＊は朱筆を表す）

（端裏書）
「始天平十四年二月五日至四月廿九日一切経々生等手実案文」

＊「二百十二（卅三）巻百七十一（八）巻一切経／卌二巻外写雑経」

都合写経一百九十一巻十巻外写最勝王経縹紙

＊「用三千九百九十一枚之中七百八十九枚外紙」

見用紙三千二百三（三六十九）張

＊「三千二百二枚一切経」

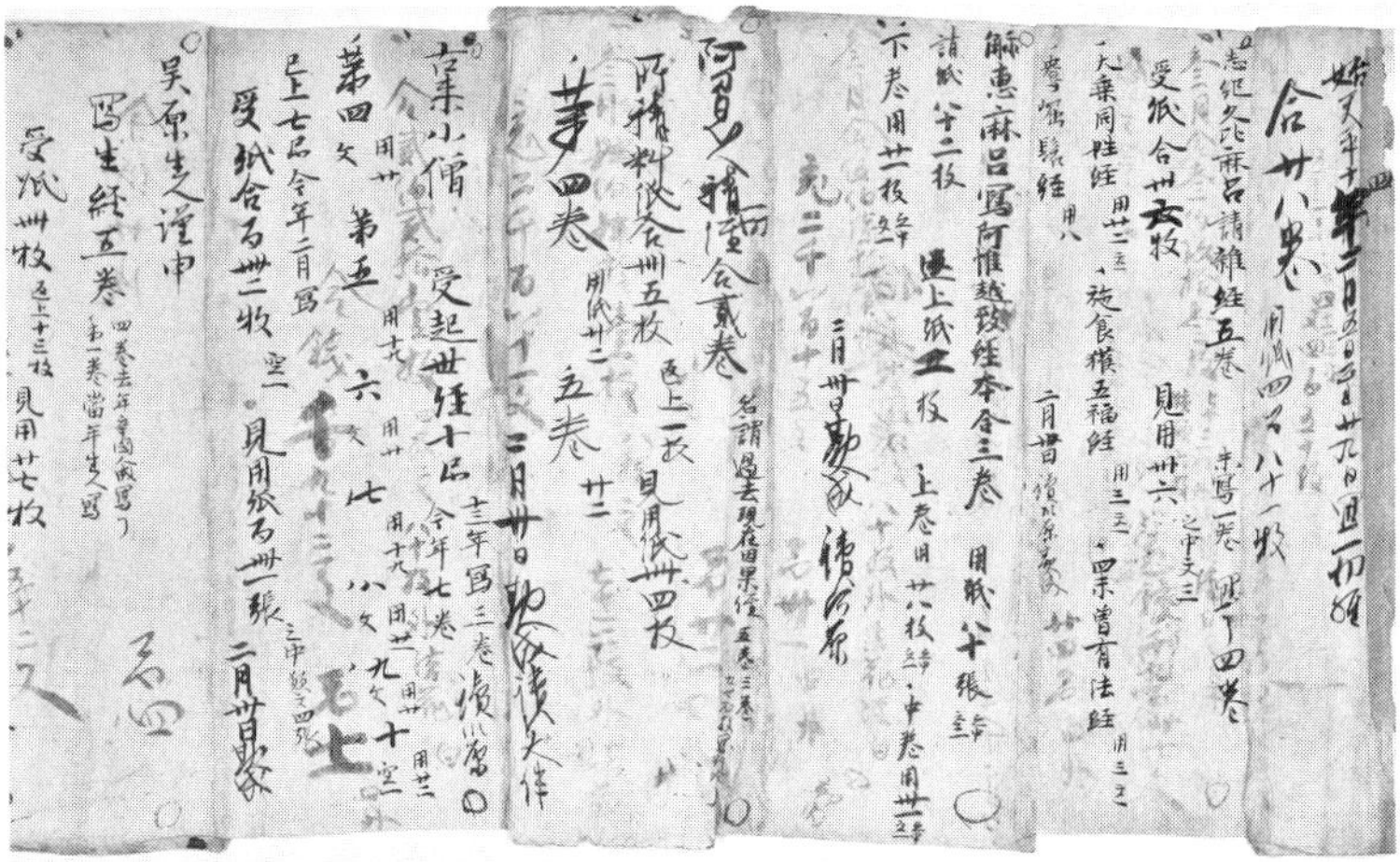

（正倉院宝物）

（継目）

（継目）

始天平十□（四年）二月五日至廿九日写一切経

*「五十二巻之中四十二巻外 又四百五十枚」

合廿八巻用紙四百八十一枚

（継目）

志紀久比麻呂請雑経五巻　「写了四巻」

*「参月合参佰玖拾参枚七十三枚外法花経白 結願六枚」

受紙合卅五（六）枚　見用卅六之中文三　*「充銭千九百卅七文」

、大乗同姓経用廿二文一　、施食獲五福経用三文一　、四未曾有法経用三文一

、鴦崛髻経用八　二月卅日「読川原勘人成」　*「廿四巻　四外」

（継目）

鯀恵麻呂写阿惟越致経本合三巻　用紙八十張之中文三

請紙八十二枚　還（返）上紙五（二）枚　、上巻用廿八枚之中文一　、中巻用卅一之中文一

、下巻用廿一枚之中文一　*「十五枚願文八十枚外法花経白四部内」

*「参月合伍佰柒拾貳枚」　二月卅日「勘人成　読河原」

*「充二千八百十五文　巻卅一　四外」

（以下、省略）

〔読み下し〕（数値は訂正後のものによる）

（端裏書）「天平十四年二月五日より始めて四月廿九日に至る、一切経々生等の手実案文《あんもん》」

＊「二百廿三巻〈百八十一巻は一切経、卌二巻は外写《げしゃ》の雑経〉」

都合《つごう》写経一百九十一巻〈十巻は外写の最勝王経、縹《はなだ》紙〉

＊「三千九百九十一枚を用う、このうち七百八十九枚は外の紙」

見《げん》に用うる紙、三千三百六十九張

＊「三千二百二枚、一切経」

（継目）

（継目）

天平十四年二月五日より始めて廿九日に至る、写一切経

＊「五十二巻のうち〈四十二巻は外／又四百五十枚〉」

合わせて廿八巻〈用うる紙、四百八十一枚〉

（継目）

志紀久比麻呂《しきのくひまろ》、雑経五巻を請《う》く　「四巻写し了《おわ》りぬ」

＊「参月合わせて参佰玖拾参枚〈七十三枚は外の法花経《ほけきょう》、白／結願《けちがん》六枚〉」

受くる紙、合わせて卅六枚　見に用ふるは卅六〈このうち文三〉　＊「銭千九百卌七文を充つ」

大乗同姓経〈用廿二、文一〉　施食獲五福経〈用三、文一〉　四未曾有法経〈用三、文一〉

鴦崛髻経〈用八〉　二月卅日「読川原、勘人成」　＊「廿四巻〈四は外〉」

（継目）

鱳恵麻呂《ろくのえまろ》、阿惟越致経本合三巻を写す　用うる紙八十張〈このうち文三〉
請くる紙八十二枚　返上、紙二枚　上巻廿八枚を用う〈このうち文一〉　中巻卅一を用う〈このうち文一〉
下巻廿一枚を用う〈このうち文一〉　*「十五枚は願文、八十枚は外の法花経、白四部のうち」
*「参月合わせて伍佰柒拾貳枚」　二月卅日「勘人成、読河原」
*「二千八百十五文を充つ　巻卅一〈四は外〉」

順に構成と内容を見よう。端裏書《はしうらがき》には、天平十四年（七四二）二月から四月までの経生《きょうせい》（経師）らの仕事をまとめた帳簿である旨が記される。第一・二紙に「都合写経一百九十一巻」（朱筆では二百二十三巻）とあるのは、その三ヶ月分を集計したもの。また、それが「一切経」と「外写」に分けられるという。当時「一切経」と言えば天平十二年五月一日付の願文のある光明皇后願経（いわゆる五月一日経）を指した。写経所では天平八年以来、これを業務の中心に据えて経常的に書写していたから、「常写《じょうしゃ》（常）」と言うことがあり、一方でその時々の命を受けて書写したものは「間写《かんしゃ》（間）」、また「外写《げしゃ》」と言った。つまり、ここでの総計は、常写である五月一日経と同時期の間写を合わせた内容であることが知られる。第三紙には二月分の集計が書かれる。第四紙以降は、志紀久比麻呂ら経師たちの二月手実が続く。手実とは個々から提出される報告のことで、ここでは一ヶ月の間に行った写経内容が書かれている。引用では省略したが、第四紙以降も同種の手実が続き、三月分の集計紙を挟んで、今度は三月分の手実が続く。四月分も同様で、さらに校生の手実、装潢の注文が続いて終わる。こうした内容や書きぶり、紙継ぎの具合から考えて、一月分ごとに経師手実を貼り継ぎ、その冒頭に月の集計紙を足したこと、そうした月単位の継文《つぎぶみ》をさらに継いで冒頭の総計紙が足され、また校生・装潢分が継ぎ足されたことがうかがえる。手実の貼り継ぎや集計の書き込みは、事務担当者が行ったものと見て間違いない。

経師の手実について見ると、志紀は四巻を写し、三六枚を使用したという。躾は三巻書写、八〇枚の使用である。この種の報告では写経料紙の枚数が重要であることが知られる。それは写経料紙という重要な物資の数量管理のためであり、また仕事への対価＝布施の計算に直結するからである。書写した経巻はいずれも一切経＝五月一日経と見て誤りない。注記の「文」は五月一日経の願文を指す。ことさら願文に言及するのは、願文だけの料紙は文字数が少なく、別に布施計算を行う必要があるからである。ちなみに、五月一日経の書写は天平十二年四月に突如中止され、既写分に願文を取り付けた後、翌年から再開されたという経緯がある。天平十二年四月まで願文はなく、「文」の内訳が問題となったのは、現存中では天平十三・十四年のものに限られている。

経師の手実で特に注目されるのは、主に日付の下に見られる「読川原勘人成」といった追記である。勘じたのは事務責任者の辛国人成《からくにのひとなり》、読み上げたのは校生の川原人成《からはらのひとなり》らしい。他の手実では「読」が「大伴」（大伴吉人《おおとものよしひと》）や「田辺」（田辺正成《たなべのまさなり》）など、他の校生である場合もある。また、「勘」に対応するように、手実の経巻内訳には墨の合点《がってん》がある。この「勘」と「読」とは具体的にどのような作業なのだろうか。

経師は書写し終えると、巻末の奥裏《おくうら》に経名や紙数、経師名をメモ書きしたことが知られている（いわゆる巻末紙背墨書）。書写後の巻子は奥まで巻かれたままの状態で、おそらく経師分ごとに案主を介して校生に回された。とすれば、「読」とは校生がその場で巻子を一点ずつ手にとり、巻末紙背のメモを「読み」上げたことを指すのではないだろうか。そして校生はおそらく巻き戻して中身を確認したうえで、巻子を受領したのだと思われる。案主はその「読み上げ」に応じて書写した経師の手実に墨合点を入れ、確かにその巻が書写済みであることを（校生を使って）「勘じた」のだろう。こうすれば、案主自身が手実と現物をすべて見比べる煩を避けられ、校生としても巻き直した状態で校正作業に入ることができよう。読み上げと勘合という事務処理は、古代においてさまざまな場面で用いられたはずであり、ここにその一つの具体的な姿をうかがうことができる。

最後に、朱筆の追記について。朱筆には二種ある。一つは「参月合わせて…」と三ヶ月分の枚数を合計したもの。願文、外写の枚数も計上されている。もう一つは布施である銭の支給で、三ヶ月の枚数に基づいて計算されている。この手の朱筆は、基本的に三ヶ月のいずれかの手実（主に前半の手実）に書き込まれた。志紀久比麻呂を例に言うと、二月手実の朱筆にいう三九三枚は、二月分三六枚に三月手実の一〇七枚（文一）、四月手実の一七七枚（文二）を合わせた計三二〇枚（文六）から外写七三枚を除いた数値とちょうど合致する。鯀恵万呂や他の経師においても同様のことが言える。

たびたび見える外写の法華経は、「天平十四年二月内写《一切経外》雑経卅五巻」との端裏書のある手実帳（続々修第五帙第二巻、（古）八18～22）の内容から、雑経三十五巻（法華経四部、薬師経一巻、観世音経一巻、阿弥陀経一巻）の間写経の一部であることが分かる。この手実帳には志紀久比麻呂や鯀恵万呂の手実もあり、本史料の各手実にいう外写分の紙数が計上されている。ただ、こちらの手実帳には布施計算の書き込みなどは見られない。それらの情報は本史料にまとめられたからである。

一方で、同時期には玄昉《げんぼう》発願の千手経《せんじゅきょう》一千巻という大部の間写経が行われていたことも知られている。経師や校生・装潢の面々は一切経と重複するが、その仕事は別の手実帳で把握されていた（続々修第七帙第三巻、（古）八22～45など）。千手経の手実帳は、本史料と全く同様に、月ごとの手実に集計紙を足し、それを三ヶ月分ほどまとめて総計する形式で、合計紙数と布施額を朱筆で追記するのも同じである。この時期に共通する、あるいは事務責任者に特徴的な帳簿の技術と考えてよいだろう。

このように、常写と少部数の間写は本史料に統合して計算され、別の大部な間写はそれ用の手実帳において同様に計算された。ある程度のまとまりごとに、月ごと、さらに三ヶ月ごとにまとめられ、それぞれ写経所としての布施総額が計算されたのである。その布施は、二通の福寿寺写一切経所解《げ》によって別々に申請されている（（古）八60～63、同八107〜110。いずれも案文で、二〜四月で集計後、朱筆で五月分を含めた形に訂正している）。

以上、経文を写すという写経事業の根幹の部分において、どのように仕事が計上され、取りまとめられていたのかを見てきた。一つの手実帳を取り上げたが、いくつもの帳簿が有機的に結びついていること、帳簿に一定の形式があること、事務処理における読み上げの具体的な様子も知られた。こうした一連の仕事と帳簿は、決して写経所だけに当てはまるものではあるまい。中心の仕事部分を、都城の造営や武器の生産などに置き換えてもよい。少なくとも生産部門においては、類似の方法で運営されていたと考えられる。また、帳簿の使い方、文字の使い方という意味では、広く役所に共通するところがあるはずだろう。古代の物的・人的な編成を、これほど具体的に語ってくれる史料はほかにない。

七　形態観察

以上は主に内容の読解であったが、文字だけでなく、紙の形態からも写経所での仕事に迫ることができる。改めて本史料を眺めると、冒頭の集計紙に数センチの細幅の染紙が附属している一方、各手実はいずれも一〇〜一五センチ程度の白い紙であることに気付く。なぜそうした形をしているのだろうか。手実のためだけに白紙を用意したとは考えられず、こうした中途半端な幅の形態が何に由来するのかが問題となる。

結論から述べれば、これは経巻製作に伴って大量に生じた〝切れ端〟に由来すると考えられる。経巻の製作は、まず写経料紙である上等な染紙を標準二〇紙継ぐことから始まるが、作業上の便から、巻首・巻末にさらに余白となる短い普通紙（凡紙）を継ぐのが常であった。これを「端継《はしつぎ》」という。その余白である端継が、工程が進むにしたがって不用となるのである。巻末の端継（「奥の端継」）は書写の終了時に剥がし取られたらしく、巻首の端継（「前の端継」）は書写・校正を経た装書の段階で、写経料紙の冒頭数センチごと切断されたと考えられる。経師の手実はこの短い「奥の端継」を用いたものであり、案主による集計紙には料紙ごと切断した「前の端継」を用いることもあった、というわけである。まさに写経所ならではの二次利用であると言えるだろう。詳細に観察すると、手実の紙には、かつて写経料紙に継がれていたことを示す天地の罫線（界線《かいせん》）のアタリや引き流れ、界線の筆慣らしの痕などを見出すことができる。

端継の事例はもちろん写経所に限られるだろうが、それぞれの役所・部門において、仕事に応じた特有のリサイクルがあったはずである。木簡同様、文書においても文字内容ばかりではなく、形態的な観察が大きな手がかりを与えてくれるのである。

八　おわりに――文献案内――

以上、正倉院文書について概観したが、その豊富な内容を網羅するのは難しい。そこで最後に、本稿でも大いに参照した代表的な論考に触れ、研究の広がりの一端を紹介して稿を閉じることにしたい。

第二次大戦後、律令公文に研究上の注目が集まる中、正倉院文書の表裏関係の重要性、二次利用の時期などの論点は、岸俊男「籍帳備考」（『宮都と木簡』吉川弘文館、一九七七年所収、初出一九五九年）をもって本格的に論じられた。裏面にあたる写経所文書・帳簿については、皆川完一「光明皇后願経五月一日経の書写について」（前掲書所収、初出一九六二年）が正面から論じ、五月一日経の写経事業の全貌を解明したことが特筆される。皆川論文の「関係文書の整理」項は各種帳簿の性格と接続の復元を示すもので、その手法と結論は研究史上の画期をなした。吉田孝「律令時代の交易」（『律令国家と古代の社会』岩波書店、一九八三年所収、初出一九六五年）では正倉院文書の構成を初めて分かりやすく提示する一方、官人たちの私的経済活動に依拠した当時の役所の実態に迫った。薗田香融「南都仏教における救済の論理（序説）―間写経の研究」（『日本宗教史研究四　救済とその論理』法蔵館、一九七四年）は常写と間写の別を明らかにしたうえで、間写経の事例を網羅的に集成し、経典需要の傾向をうかがう基礎を築いた。間写経一覧はその後の個別写経研究の前提であり続けている。これら諸研究には重要な知見が随所にちりばめられており、折に触れて読み返したい、まさに研究上の古典である。

その後、研究は新たな段階を迎える。渡辺晃宏「金光明寺写経所と反故文書」（『弘前大学国史研究』第八一号、一九八六年）、同「金光明寺写経所の研究―写経機構の変遷を中心に―」（『史学雑誌』第九六編第八号、一九八七年）は表裏関係の問題を深化させつつ写経機構とその変遷を詳細に論じた。大平聡「正倉院文書研究試論」（『日本史研究』第三一八号、一九八七年）は仕事と帳簿群の全体像を示す一方、研究の偏りと現状に鋭い問題提起を行った。栄原永遠男『奈良時代の写経と内裏』（塙書房、二〇〇〇年）、同『奈良時代写経史研究』（塙書房、二〇〇三年）にまとめられた一連の研究では、初期写経所や内裏系写経所の問題などが幅広く論じられた。山下有美『正倉院文書と写経所の研究』（吉川弘文館、一九九九年）は写経所文書・帳簿の総合的研究で、写経機構を再検討する一方、五月一日経の経緯と意義について一つの到達点を示した。近年では、栄原永遠男『正倉院文書入門』（角川学芸出版、二〇一一年）が専門的な研究入門を行い、山口英男「正倉院文書と古代史料学」（『岩波講座日本歴史』第二十二巻、二〇一六年）が時期ごとの史料的特徴をまとめている。当時の仏典の流布と所持状況については、中林隆之『経典目録よりみた古代国家の宗教編成策に関する多面的研究』（科学研究費補助金研究成果報告書〈基盤研究C〉、二〇一三年）などの新たな取り組みがある。正倉院文書と現に残る古写経との関係については、佐々田悠「正倉院文書と聖語蔵経巻」（『東大寺の新研究２　歴史のなかの東大寺』法蔵館、二〇一七年）が内容・形状から対応を論じた。なお、写経の工程については、国立歴史民俗博物館『古代日本　文字のある風景』（朝日新聞社、二〇〇二年）が図版もあって分かりやすい。

　杉本一樹『日本古代文書の研究』（吉川弘文館、二〇〇一年）、同『正倉院の古文書』（日本の美術・四四〇、至文堂、二〇〇三年）は、長年原本の管理・研究に携わった氏の知見が注ぎ込まれており、ぜひとも参照されたい。文書・帳簿を場において機能する「公文」として捉えるなど、古文書学にも新たな一石を投じている。原本研究の歴史と現状については、佐々田悠「正倉院事務所における古文書調査のあゆみ」（『国立歴史民俗博物館研究報告』第一九二集、二〇一四年）の整理がある。

　正倉院文書を使った研究は、どうしても写経所という狭い世界の日常が対象であり、歴史の本流からは離れて見える。しかし、世界はそうした日常の積み重なりによって出来ている。大平聡「正倉院文書の五つの「絵」―佐伯里足ノート―」（『奈良古代史論集』第二集、真陽社、一九九一年）は、五通の帳簿の紙背に絵風の書き込み（裏封か）を見出し、それが佐伯里足《さえきのさとたり》という事務責任者の急な交代に伴うこと、交代は差し迫った大嘗祭挙行のため、藤原仲麻呂が優秀な里足を強引に引き抜いた結果であることを明らかにした。鷺森浩幸「天平宝字六年石山寺造営における人事システム」（『日本史研究』第三五四号、一九九二年）は石山寺造営を題材に、案主・領や司工ら下級従事者の編成を丹念に追い、編成主体は各「所《ところ》」にあり、各「所」の別当《べっとう》である判官《はんがん》・主典《さかん》の意向や個人的繋がりに基づくこと、官司運営が党派的なものの形成と密接不可分であることを解明した。いずれも末端の日常が、より高次の政治世界や労働力の編成原理などの大きな議論へと結びつくことを示した好例である。ほかにも帳簿技術の変遷や、事務処理と音声の関係、紙と木の使い分けなど、研究の題材は数え切れない。写経所文書・帳簿のなかに沈潜することで見えてくる世界は、写経所にとどまらない、古代史の新たな素材となるだろう。

（佐々田　悠）

②正倉院文書《しょうそういんもんじょ》（その2）――正税帳《しょうぜいちょう》――

一　史料の特徴

律令制下の地方行政組織である国の財政について、一年間の収支決算を中央政府に報告した文書を正税帳という。京の財政に関しては、左京職《さきょうしき》・右京職《うきょうしき》が正税帳を作成し提出した。奈良時代に一時置かれた国・京以外の地方行政組織として芳野監《よしののげん》と和泉監《いずみのげん》とがあるが（芳野監の正確な設置・廃止時期は不明であるが、和泉監は霊亀二年〈七一六〉～天平十四年〈七四二〉に存在）、これらのうち和泉監については、天平九年度（七三七）の正税帳が現存する。したがって、芳野監においても正税帳が作成されていたのではないかと推測される。

正税とは、国内の各郡に設置された正倉《しょうそう》に収納され、中央に進上する年料舂米《ねんりょうしょうまい》、同じく中央に進上した諸国貢献物《こうけんもつ》や土毛《どもう》の交易料（天平六年〈七三四〉以前）、国司が国内を巡行する際の食料、高齢者や身寄りのない者などに食料や衣料を支給する賑給《しんごう》に当たって用いる穀などの財源として機能した稲で、大税《たいぜい》とも呼ばれた。収入源は、田租《でんそ》と出《すい》挙《こ》利稲《りとう》である。田租は、舂米として中央に進上するよう令で定められていたが、年料舂米は実際には穎稲《えいとう》（刈り取った稲の穂首）の形態で収納されていた正税出挙稲から舂成《しょうせい》されたため、専ら長期保存が可能な籾殻付きの穀にされ、飢饉など非常時の備えとして貯蔵された。正税出挙は、種籾の分与など旧来の農業慣行が起源であると考えられている稲の貸付制度で、毎年春と夏の二回、正税穎稲を人民に利率五割で貸し付け、秋の収穫後に本稲《ほんとう》（元本）と利稲

（利息）を回収した。種籾や、また臼でつき籾殻を除去して精白米や玄米を取り出す春成には、穀よりも穎稲の形態であるほうが適していたため、正税出挙には穎稲が用いられ、交易料など賑給以外の諸費目の支出にも穎稲が充てられた。正税出挙における本稲の貸付量は、正税帳とは別に作成する正税出挙帳によって中央政府に報告される。正税出挙帳は、毎年八月末（陸奥《むつ》・出羽《でわ》および大宰府《だざいふ》管下諸国は九月末）を期限として、大帳使《だいちょうし》が太政官に提出した。

正税帳の作成・提出手続きに関して、令には明確な規定が存在しないが、現存する正税帳や『延喜式《えんぎしき》』の規定より、およそ以下のように推定されている。基本的な書式は、国内全体の正税を集計した記載（首部）、郡別の記載（郡部）、結びの文と作成年月日・国司の官位姓名の記載（末尾）から成り立っている。提出に際しては三通作成し、一通は国に留め、二通を中央に提出した。表の文字上には国印が押捺され、紙継目《かみつぎめ》の裏には国名・文書名・年月日・提出する使者の官職位階姓名等が記された（これを継目裏書《つぎめうらがき》という）。中央へは、毎年二月末（大宰府管下諸国は五月末）を期限として、正税帳の勘会《かんかい》（監査）に必要な税帳枝文《えだぶみ》と呼ばれる各種の関連文書とともに、正税帳使《しょうぜいちょうし》が太政官の弁官《べんかん》に提出する。正税帳使の任には、国司の四等官《しとうかん》または史生《ししょう》が当たった。太政官で受け取った二通のうち、一通は租税の収納・支出の把握を職掌とする民部省《みんぶしょう》へ送られる。もう一通については、民部省管下で正税の把握を職掌とする主税寮《しゅぜいりょう》に送られたとする見解もあるが、天平年間の正税帳が残された正倉院文書の伝来過程のあり方より、中務省《なかつかさしょう》に送られたとする見解のほうが有力である。

なお、正税帳に関連する文書として、郡稲帳《ぐんとうちょう》がある。郡稲とは、各郡に置かれ、国および郡の諸経費の財源として機能した稲である。これを出挙して得られた利稲によって、中央に進上する諸国貢献物や土毛の交易料、国司が調庸の収取などのために国内を巡行する際の食料、元日拝朝《がんじつはいちょう》など恒例の儀式で必要とされる諸経費等に充てられた。郡稲は、天平六年（七三四）に公用稲《くようとう》や官奴婢《かんぬひ》食料稲《しょくりょうとう》などの雑官稲《ざっかんとう》とともに正税に統合されたため（これを官稲混合という）、これらの諸経費は以後正税から支出されるようになるが、官稲混合の前には郡稲の収支決算も毎年中央政府に報告されていた。その文書が郡稲帳である。郡稲帳は、正税帳とともに提出したと推測されるが、現存する郡稲帳の中で唯一作成時期が判明する天平四年度（七三二）越前国《えちぜん》郡稲帳では、継目裏書に翌天平五年（七三三）閏三月六日の年月日が記載されている。正税帳の提出期限を二月末とする規定は『延喜式』に見られるものであるため、郡稲が正税に統合される天平六年以前においては正税帳の提出時期がやや遅かったと解釈することも可能であるが、同じ越前国の天平二年度（七三〇）正税帳が翌天平三年（七三一）二月二十六日に作成されている点に鑑みると、原則として正税帳・郡稲帳は翌年二月末までに作成・提出すべきものであり、天平五年の越前国では何らかの事情により郡稲帳の作成が遅れて閏三月にいたったとみるのが穏当かと考えられる。

二　写本・影印本・活字本

原本は、正倉院文書の正集《せいしゅう》・続々修《ぞくぞくしゅう》・塵芥文書《じんかいもんじょ》に、天平二年度～同十一年度（七三〇～七三九）の正税帳が二三通、郡稲帳が三通、正税出挙帳が一通残存する。これらの文書は、諸国から太政官を経て関係官司に送られ、そこで廃棄された後、天平十五年（七四三）頃に活動を開始した金光明寺写経所《こんこうみょうじしゃきょうじょ》（東大寺写経所の前身）に反故としてもたらされたものである。一部の画像は宮内庁正倉院事務所のインターネットホームページで閲覧することができるが、すべての画像が公開されてはいないため、文書の様態を詳しく観察する場合には、国立歴史民俗博物館が作成・所蔵しているコロタイプによる複製を利用することになる。文字の書写の状況を調査する場合には、東京大学史料編纂所が所蔵する明治期の写本（『正倉院成巻（正集）文書』『続々修正倉院古文書』『正倉院塵芥文書』）も有益な資料である。これらの写本は、東京大学史料編纂所のホームページで画像が提供されている。

以上の他に、正倉院文書ではないが、一二世紀の正税帳として宮内庁書陵部所蔵九条家本《くじょうけほん》『中右記《ちゅうゆうき》』長承元年

（一一三二）秋冬巻の紙背文書《しはいもんじょ》中に保安元年度（一一二〇）摂津《せっつ》国正税帳案が残されている。これは、保安元年当時に実際に作成されたものではなく、後に何らかの参考資料として書写されたもので、寛喜二年（一二三〇）以降に九条家本『中右記』が書写された際に料紙《りょうし》として転用されたと考えられている。

　影印本は、正倉院文書の正集・塵芥文書に残存するものについては、宮内庁正倉院事務所編『正倉院古文書影印集成』（八木書店）の一（正集巻一〜二一、一九八八年）・二（正集巻二二〜四五、一九九〇年）・三（正集裏巻一〜二一、一九八九年）・四（正集裏巻二二〜四五、一九九〇年）・十五（塵芥文書巻一〜二〇、二〇〇四年）・十六（塵芥文書巻二一〜三九、二〇〇六年）・十七（塵芥文書裏巻一〜三九他、二〇〇七年）として刊行されている。続々修に残存するものについては、影印本が未刊であるため、写真によって調査・研究をする場合には宮内庁頒布のマイクロフィルム（およびその紙焼き）を利用する。

　活字本は、林陸朗・鈴木靖民編『復元天平諸国正税帳』（現代思潮社、一九八五年）が、欠損部分の復元案を含め、翻刻の精度が最も高い。現在では絶版になっており、古書としてもほとんど流通していないため、入手することがほぼ不可能である点が惜しまれる。したがって、閲覧に当たっては大学の図書館などが所蔵するものを利用することになる。東京帝国大学編・発行『大日本古文書』一・二（一九〇一年）や竹内理三編『寧楽遺文』上巻（東京堂出版、一九六二年訂正初版発行）にも天平年間の正税帳の翻刻が掲載されているが、研究および論文執筆時の引用に際しては林陸朗・鈴木靖民編『復元天平諸国正税帳』を使用することが必須である。

　一二世紀の保安元年度（一一二〇）摂津国正税帳案に関しては、宮内庁書陵部編・発行『図書寮叢刊　九条家本紙背文書集　中右記』（二〇一五年）が現時点では最も精度の高い翻刻である。この他、竹内理三編『平安遺文』古文書編第十巻（東京堂出版、一九六五年訂正初版発行）にも補四五号文書として翻刻が収録されている。

三　史料本文を読む

（A）首部・郡部（一部）—天平二年度（七三〇）紀伊《きい》国正税帳—

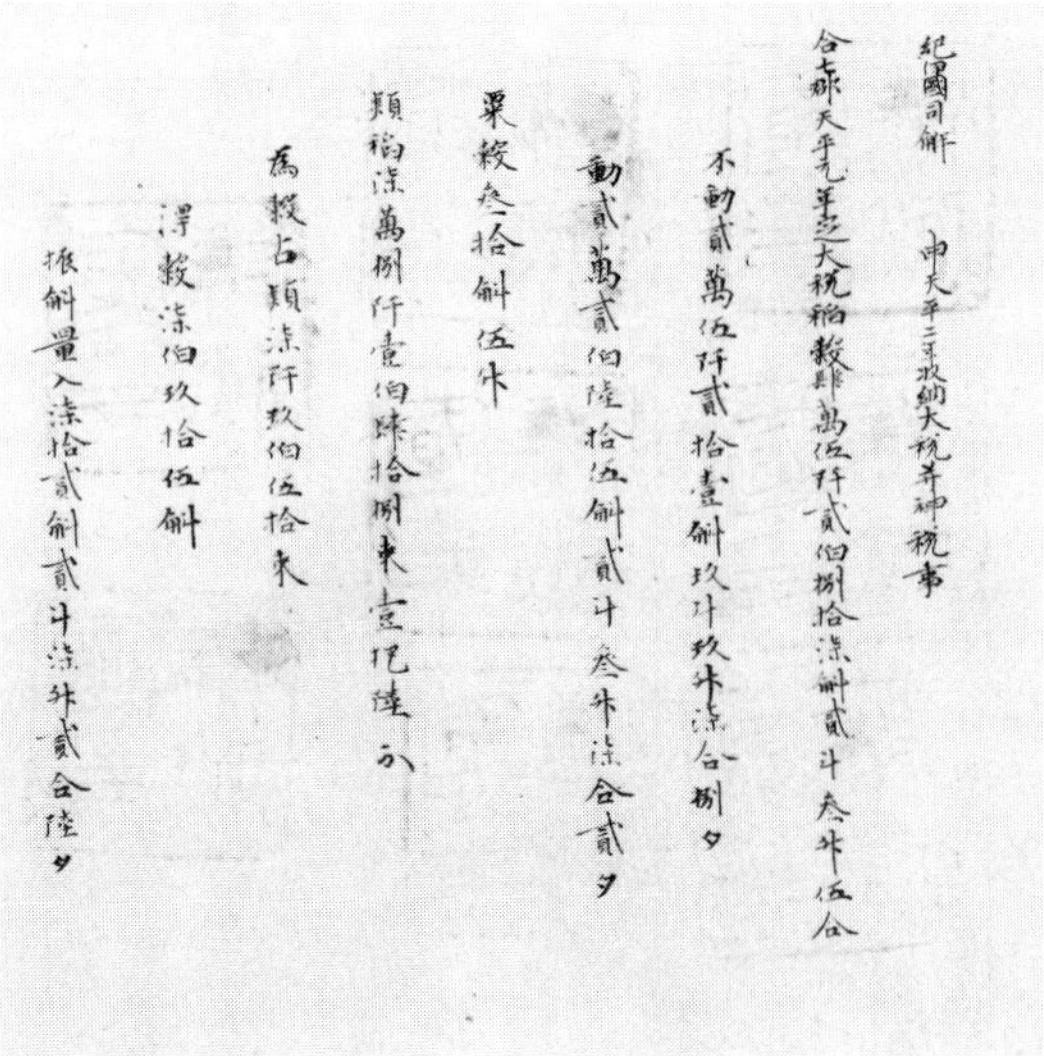

〔釈　文〕（頭の数字は行数）

1　紀伊国司解　申天平二年収納大税并神税事
2　合七郡天平元年定大税稲穀肆万伍阡弐伯捌拾柒斛弐斗参升伍合
3　不動弐万伍阡弐拾壱斛玖斗玖升柒合捌夕
4　動弐万弐伯陸拾伍斛弐斗参升柒合弐夕
5　粟穀参拾斛伍升
6　穎稲柒万捌阡壱伯肆拾捌束壱把陸分
7　為穀古穎柒阡玖伯伍拾束
8　得穀柒伯玖拾伍斛
9　振斛量入柒拾弐斛弐斗柒升弐合陸夕

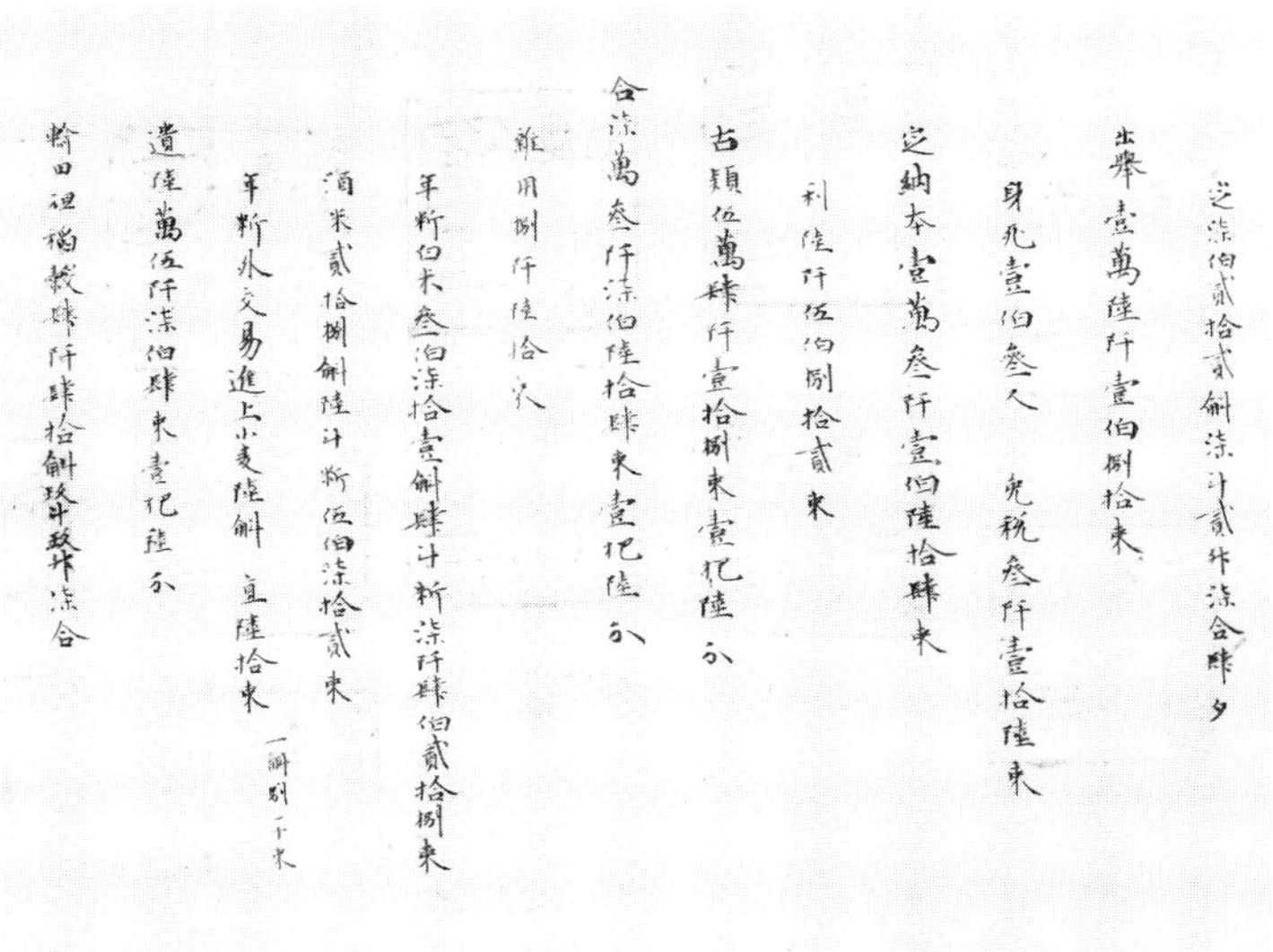

10 定柒伯弐拾弐斛柒斗弐升柒合肆夕
11 出挙壱万陸阡壱伯捌拾束
12 身死壱伯参人　免税参阡壱拾陸束
13 定納本壱万参阡壱伯陸拾肆束
14 利陸阡伍伯捌拾弐束
15 古穎伍万肆阡壱拾捌束壱把陸分
16 合柒万参阡柒伯陸拾肆束壱把陸分
17 雑用捌阡陸拾束
18 年料白米参伯柒拾壱斛肆斗料柒阡肆伯弐拾捌束
19 酒米弐拾捌斛陸斗料伍伯柒拾弐束
20 年料外交易進上小麦陸斛　直陸拾束　一斛別一十束
21 遺陸万伍阡柒伯肆束壱把陸分
22 輸田租稲穀肆阡肆拾斛玖斗玖升柒合

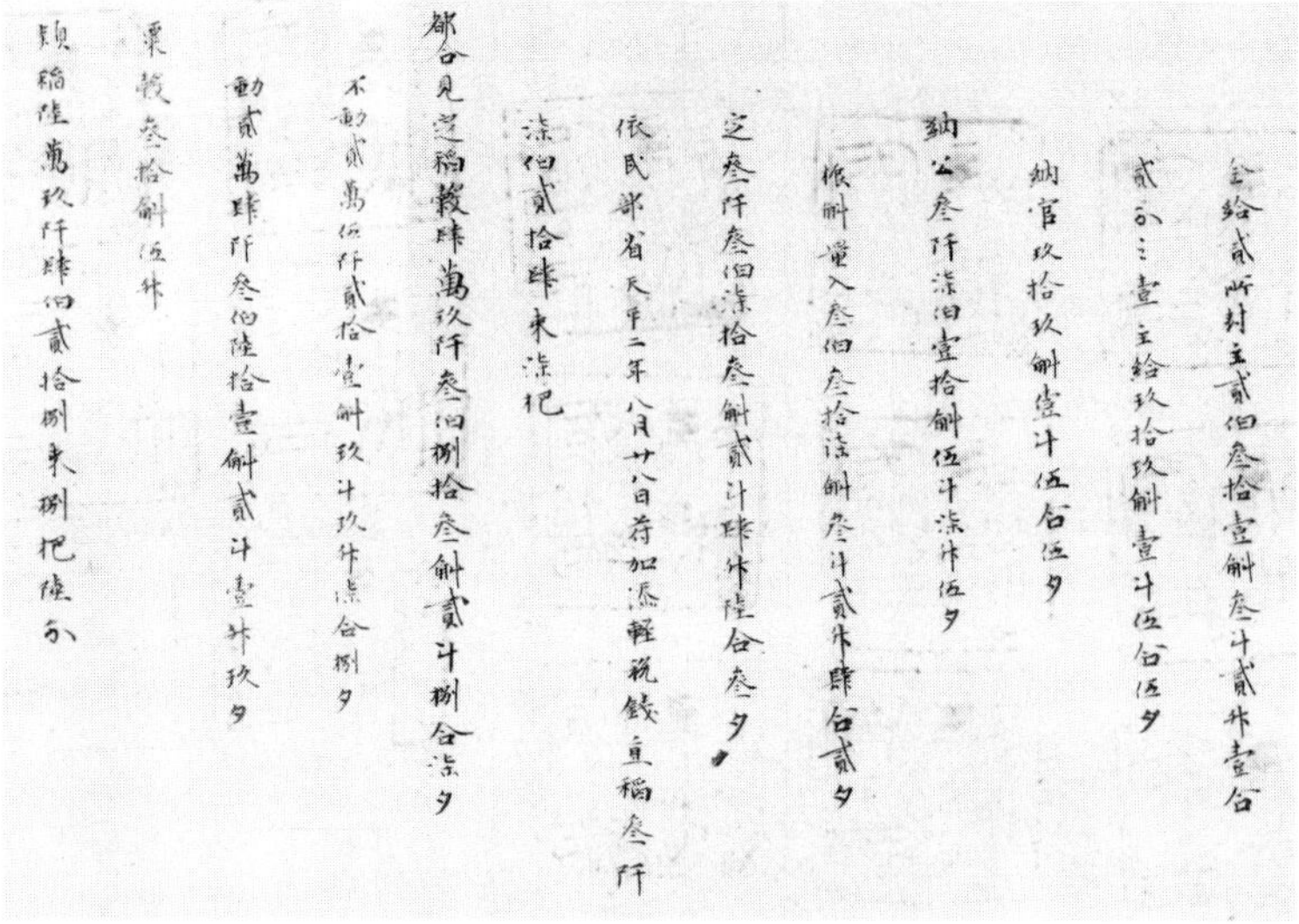

23 全給弐所封主弐伯参拾壱斛参斗弐升壱合
24 弐分之壱主給玖拾玖斛壱斗伍合伍夕
25 納官玖拾玖斛壱斗伍合伍夕
26 納公参阡柒伯壱拾斛伍斗柒升伍夕
27 振斛量入参伯参拾柒斛参斗弐升肆合弐夕
28 定参阡参伯柒拾参斛弐斗肆升陸合参夕
29 依民部省天平二年八月廿八日符加添軽税銭　直稲参阡
30 柒伯弐拾肆束柒把
31 都合見定稲穀肆万玖阡参伯捌拾参斛弐斗捌合柒夕
32 不動弐万伍阡弐拾壱斛玖斗玖升柒合捌夕
33 動弐万肆阡参伯陸拾壱斛弐斗壱升玖夕
34 粟穀参拾斛伍升
35 穎稲陸万玖阡肆伯弐拾捌束捌把陸分

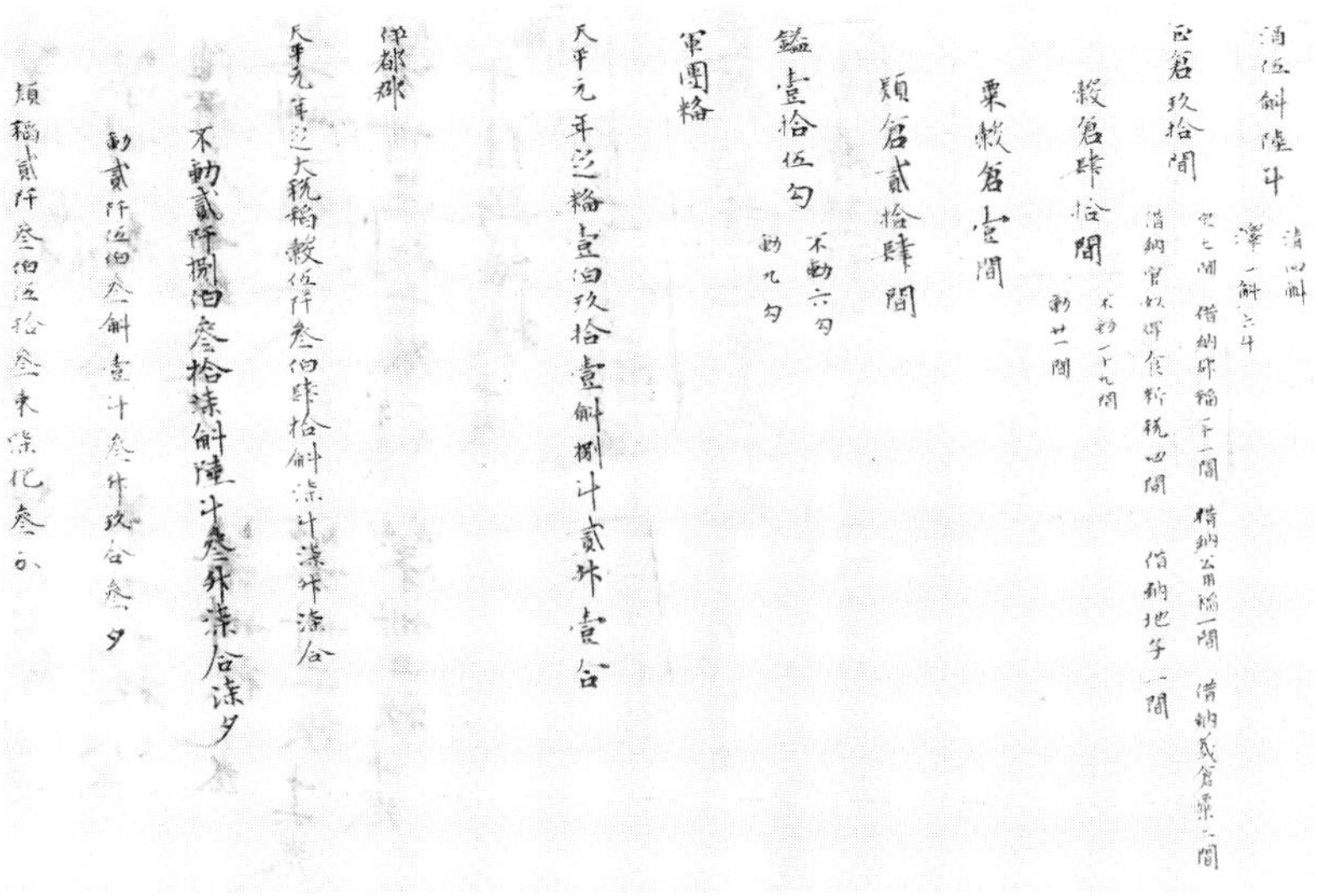

（正倉院宝物、以下同）

36 酒伍斛陸斗　清四斛 滓一斛六斗
37 正倉玖拾間　空七間　借納郡稲一十一間　借納公用稲一間　借納義倉粟二間　借納官奴婢食料税四間　借納地子一間
38 穀倉肆拾間　不動一十九間 動廿一間
39 粟穀倉壱間
40 穎倉弐拾肆間
41 鎰壱拾伍勾　不動六勾 動九勾
42 軍団糒
43 天平元年定糒壱伯玖拾壱斛捌斗弐升壱合
44 伊都郡
45 天平元年定大税稲穀伍阡参伯肆拾斛柒斗柒升柒合
46 不動弐阡捌伯参拾柒斛陸斗参升柒合柒夕
47 動弐阡伍伯参斛壱斗参升玖合参夕
48 穎稲弐阡参伯伍拾参束柒把参分

（後略）

〔読み下しと語句註〕（「　」内は現代語訳）

1　紀伊国司解《げ》し　申す、天平二年に収納せる大税并びに神税の事

「紀伊国司が解の様式で、天平二年に収納した大税と神税の事を申し上げます」

・解　：　下級官司が、それを管轄する上級官司に宛てて出す公文書の様式。

・神税　：　神戸《かんべ》（神社に租調庸等を納めた特定の民戸）から徴収した田租。神社の造営・修理や祭祀の経費に充てられた。

＊国司を管轄するのは太政官であるため、解の様式で作成される正税帳の提出先は太政官であることがわかる。具体的には、太政官の事務機関である弁官が受け取る。

2　合わせて七郡《しちぐん》　天平元年に定むる大税稲穀《とうこく》　肆万伍阡弐伯捌拾柒斛《こく》弐斗参升伍合

「七郡の合計　天平元年の大税稲穀の残高　四万五千二百八十七斛二斗三升五合」

・七郡　：　紀伊国内における伊都《いと》・那賀《なが》・名草《なぐさ》・海部《あま》・在田《ありだ》・日高《ひだか》・牟婁《むろ》の七郡。

・定　：　決算で数値を確定させること。

＊国内における前年度の正税の残高を記す。ここでは、紀伊国内七郡で貯蔵されている、天平元年度の決算で確定した大税稲穀の残高の合計。公文書では、数字は大字（壱・弐・参などの文字）を用いた。

3　不動《ふどう》　弐万伍阡弐拾壱斛玖斗玖升柒合捌夕《せき》

4　動《どう》　弐万弐伯陸拾伍斛弐斗参升柒合弐夕

「不動穀　二万五千二十一斛九斗九升七合八夕
動用穀　二万二百六十五斛二斗三升七合二夕」

・不動　：　不動穀。非常時の備えとして貯蔵された田租の稲穀。和銅元年（七〇八）に諸国に設けられた。

・動　…　動用穀《どうようこく》。貯蔵された田租の稲穀のうち、賑給などの財源として用いられたもの。年々蓄積が進められ、倉が充満して検封されると、その倉は不動倉《ふどうそう》、内容物は不動穀として認定される。

＊2行目に示した大税稲穀の残高の内訳。3行目と4行目の合計が2行目に一致。

5 粟穀《ぞっこく》　参拾斛伍升

「粟穀　三十斛五升」

・粟穀　…　正税の一部として貯蔵された粟の穀。稲の代わりに輸納《ゆのう》されたものか。

＊前年（天平元年）度の国内全体における、正税として貯蔵された粟穀の残高。

6 穎稲　柒万捌阡壱伯肆拾捌束《そく》壱把《わ》陸分《ぶ》

「穎稲　七万八千一百四十八束一把六分」

＊前年度の国内全体における、正税穎稲の残高。

7 穀と為す古穎《こえい》　柒阡玖伯伍拾束

8 得《う》る穀　柒伯玖拾伍斛

9 斛量《こくりょう》を振り入《い》る　柒拾弐斛弐斗柒升弐合陸夕

10 定む　柒伯弐拾弐斛柒斗弐升柒合肆夕

「穀とした古い穎稲　七千九百五十束
得た穀　七百九十五斛
圧縮により減少する斛量　七十二斛二斗七升二合六夕
残高　七百二十二斛七斗二升七合四夕」

・古穎　…　前年度までに収納していた穎稲。

・振入《ふりいれ》　：　蓄積する穀の重さによって体積が圧縮されること。通常、全体の一一分の一が圧縮による減少量として計算される。

＊6行目の穎稲のうち、七九五〇束を脱穀して七九五斛の穀にした。倉に収納すると、圧縮されて体積の一一分の一が減少するため、最終的な貯蔵量は七二二斛七斗二升七合四夕となる。8行目から9行目を差し引いた数値が10行目。

11 出挙　壱万陸阡壱伯捌拾束

12 身死《みし》す　壱伯参人《にん》　免ずる税　参阡壱拾陸束

13 定め納むる本《もと》　壱万参阡壱伯陸拾肆束

14 利《り》　陸阡伍伯捌拾弐束

「出挙　一万六千一百八十束
死亡者　一百三人　返済を免除した大税　三千一十六束
納入された本稲の確定量　一万三千一百六十四束
利稲　六千五百八十二束」

＊6行目の穎稲のうち、一万六一八〇束を出挙本稲として人民に貸し付けたが、一〇三人が死亡したため、それらの死亡者に貸し付けた本稲三〇一六束の回収は放棄。11行目から12行目を差し引いた数値が13行目で、一万三一六四束の出挙本稲を回収した。その利稲六五八二束が14行目。利率は五割。

15 古穎　伍万肆阡壱拾捌束壱把陸分

「古い穎稲　五万四千一十八束一把六分」

＊6行目から、7行目と11行目を差し引いた数値。

16　合わせて　柒万参阡柒伯陸拾肆束壱把陸分

「合計　七万三千七百六十四束一把六分」

＊13行目・14行目・15行目の合計。前年度まで収納していた古い穎稲の残量に、今年度出挙により収納した新しい穎稲を加えた数量。

17　雑用　捌阡陸拾束

18　年料白米参伯柒拾壱斛肆斗の料　柒阡肆伯弐拾捌束

19　酒米《さかまい》弐拾捌斛陸斗の料　伍伯柒拾弐束

20　年料の外《ほか》に交易し進上せる小麦陸斛　直《じき》　陸拾束　一斛別《べつ》一十束

「雑用　八千六十束
年料白米三百七十一斛四斗に充てた料　七千四百二十八束
酒米二十八斛六斗に充てた料　五百七十二束
年料以外に交易し進上した小麦六斛　代価　六十束　一斛当たり一十束」

・雑用　：　さまざまなものに支払った費用。

・年料白米　：　年料舂米のうち、精白して進上するもの。年料舂米は、京からの距離が近い国や海上輸送に適した沿海の国に、毎年舂成して中央へ送るよう割り当てられた米。白米（精白米）と黒米（玄米）があり、白米は大炊寮《おおいりょう》に、黒米は民部省《みんぶしょう》・内蔵寮《くらりょう》に納められ、中央官人の食料に充てられた。

・酒米　：　酒の原料として中央に送られた米。大炊寮に納められた。

＊今年度の正税穎稲の支出とその内訳。17行目は支出の総量。18行目から20行目までが内訳の記載。公文書では、数字は大字で記すこととされたが、20行目末尾に見られる「一斛別一十束」のような明細は小字

（一・二・三などの文字）で記した。

21 遺《のこ》り　陸万伍阡柒伯肆束壱把陸分

「残高　六万五千七百四束一把六分」

＊16行目から17行目を差し引いた数値。

22 輸《ゆ》する田租の稲穀　肆阡肆拾斛玖斗玖升柒合

23 全て給う弐所《にしょ》の封主《ふうしゅ》　弐伯参拾壱斛参斗弐升壱合

24 弐分《にぶん》の壱の主に給う　玖拾玖斛壱斗伍合伍夕

25 官に納む　玖拾玖斛壱斗伍合伍夕

26 公に納む　参阡柒伯壱拾斛伍斗柒升伍夕

27 斛量《こくりょう》を振り入る　参伯参拾柒斛参斗弐升肆合弐夕

28 定む　参阡参伯柒拾参斛弐斗肆升陸合参夕

「納められた田租の稲穀　四千四十斛九斗九升七合

全給の封主二か所に支給した量　二百三十一斛三斗二升一合

半給の封主に支給した量　九十九斛一斗五合五夕

国家に納めた量　九十九斛一斗五合五夕

国家に納めた量　三千七百一十斛五斗七升五夕

圧縮により減少する斛量　三百三十七斛三斗二升四合二夕

合計　三千三百七十三斛二斗四升六合三夕」

・輸　…　直接的には「運ぶ」「出す」という意味。賦課に関する場合には「（租税などを）出す」ことを指す。

・全給封主　：　封主は、封戸《ふこ》が与えられた者。皇族や高位高官者・大寺社などには一定数の課戸《かこ》（調庸などの課役《かやく》を負担する者〈課口《かこう》〉がいる戸）が封戸として与えられ、封戸の負担する租・調・庸が封主に支給された。全給封主は、その租が全量支給された封主。

・弐分之壱主　：　封戸が負担する租の半量が支給された封主。

・納官　：　国家に納入すること。ここでは、半給封主の封戸が負担する租のうち、封主に支給されず、一般の租と同じく正税に収納された分を指す。

・納公　：　国家に納入すること。

＊今年度における田租穀の収入。22行目は、その総量。23行目は全給封主への支給量。紀伊国内に二所（二者）分の封戸があったことがわかる。24行目は半給封主への支給量。25行目は、半給封主の封戸が負担した租のうち、封主に支給されず正税に収納された量。26行目は正税に収納された量で、22行目から23行目と24行目を差し引いた数値。27行目は振入による減少量で、26行目の十一分の一。28行目は最終的な田租穀の収納量で、26行目から27行目を差し引いた数値。

29 民部省《みんぶしょう》天平二年八月廿八日の符《ふ》に依り加え添うる軽税銭《けいぜいせん》　直稲《じきとう》　参阡
30 柒伯弐拾肆束柒把

「天平二年八月二十八日付けの民部省符により算入した軽税銭の代価の稲　三千七百二十四束七把」

・符　：　上級官司が、管轄する下級官司に宛てて出す公文書の様式。

・軽税銭　：　天平二年度大倭《やまと》国正税帳にも見られる。日本における軽税の実態は不明であるが、用途は官人の月俸であった（『続日本紀《しょくにほんぎ》』養老五年〈七二一〉六月乙酉《いつゆう》条）。唐の例を参考にすると、何らかの事情により課口の負担を軽減するために、正規の課役に代えて賦課した税であったと推測される。

軽税銭は、その軽税として納入された銭貨。

＊軽税銭を穎稲に替え、それを正税に算入した数値。軽税は養老五年六月に停止されたが、軽税銭が各国にそのまま残存していたため、天平二年八月二十八日付けの民部省符により軽税銭を穎稲か稲穀に替えて正税に繰り入れることが指示されたのであろう。天平二年度大倭国正税帳では、軽税銭は稲穀に替えられている。

31　都合　見《げん》に定むる稲穀　肆万玖阡参伯捌拾参斛弐斗捌合柒夕

32　不動　弐万伍阡弐拾壱斛玖斗玖升柒合捌夕

33　動　弐万肆阡参伯陸拾壱斛弐斗壱升玖夕

「総計　現在の残高　稲穀　四万九千三百八十三斛二斗八合七夕
不動穀　二万五千二十一斛九斗九升七合八夕
動用穀　二万四千三百六十一斛二斗一升九夕」

・都合　…　すべて合わせて。総計。
・見　…　現在。「現」と同意。

＊31行目以降は、各項目についての天平二年度の最終的な残高。次年度に繰り越される。31行目は、稲穀の総量。2行目に10行目と28行目を加えた数値。32行目は、3行目と同じ数値。前年度までの不動穀をそのまま繰り越し。33行目は、4行目に10行目と28行目を加えた数値。今年度新たに収納した稲穀は、動用穀として貯蔵。

34　粟穀　参拾斛伍升

「粟穀　三十斛五升」

＊粟穀の最終的な残高。５行目と同じ数値。前年度までの粟穀をそのまま繰り越し。

35　穎稲　陸万玖阡肆伯弐拾捌束捌把陸分

「穎稲　六万九千四百二十八束八把六分」

＊穎稲の最終的な残高。21行目に29～30行目を加えた数値。

36　酒　伍斛陸斗　清《せい》　四斛
　　滓《かす》　一斛六斗

「酒　五斛六斗　清酒　四斛　酒粕　一斛六斗」

・清　：　清酒。粕をこして澄んだ酒。

・滓　：　酒粕。酒のもろみをこした後に残るもの。

＊酒の最終的な残量。国・郡で使用するために醸造された酒。収入の記載がないため、今年度は新たに醸造せず、前年度までの酒をそのまま繰り越したことがわかる。

37　正倉　玖拾間《けん》　空《から》七間　郡稲を借納《しゃくのう》す一十一間　公用稲を借納す一間　義倉粟《ぎそうぞく》を借納す二間
　　官奴婢食料税を借納す四間　地子《じし》を借納す一間

38　穀倉《こくそう》　肆拾間　不動一十九間
　　動廿一間

39　粟穀倉《ぞっこくそう》　壱間

40　穎倉《えいそう》　弐拾肆間

41　鎰《かぎ》　壱拾伍勾《こう》　不動　六勾
　　動　九勾

「正倉　九十間　空七間　郡稲を仮に納めた倉一十一間　公用稲を仮に納めた倉一間　義倉粟を仮に納めた倉二間
官奴婢食料税を仮に納めた倉四間　地子を仮に納めた倉一間
稲穀の倉　四十間　不動倉一十九間　動用倉二十一間
粟穀の倉　一間
穎稲の倉　二十四間
鎰　一十五勾　不動倉六勾　動用倉九勾」

・借納　：　本来の収納物ではないものを収納すること。

・公用稲　：　公用に充てた稲。具体的には、朝集使《ちょうしゅうし》の在京費や、臨時に派遣する使者の食料、調庸運《うん》脚《きゃく》以外に京へ向かう担夫《たんぷ》（荷物を運搬する人夫）の食料などに用いられた。天平六年（七三四）の官稲混合に際し、正税に統合。

・義倉　：　飢饉に備え、資産に応じて民戸から徴収した粟を収納した倉。ここでは、正倉に義倉粟を収納している。

・官奴婢食料税　：　官奴婢の食料として貯蔵された稲。税は、蓄積した穎稲を指す。官奴婢は、宮内省管下の官奴司《かんぬし》が管掌した奴婢で、宮内省・中務省を中心とする官司や、天皇・皇族の宮殿などに配属され、雑役に従事した。天平六年の官稲混合に際し、正税に統合。

・地子　：　班田収授の剰余田である公田《こうでん》から徴収する稲。公田は賃租《ちんそ》（一年限りの賃貸借）によって経営され、地味に応じた標準穫稲量の五分の一が地子として収取された。地子稲《じしとう》は各国で保管され、毎年、春米または軽貨《けいか》（布や塩など、米以外の貨物《かぶつ》）の形態で一定量が太政官に送られた。太政官に送らず残った地子稲は、各国で保管された。ここでは、正倉に借納して保管。

・鎰　：　正倉のかぎ。不動倉のかぎは郡に一勾作られ、不動穀の乱用を防ぐために通常は京に送られ中務省で保管された。

＊紀伊国内における正倉の数の集計。九十間の内訳は、37行目の「空七間」から40行目までであるが、これらを合計すると九十一間となる。おそらく、いずれかの倉を誤って数えたのであろう。41行目は、国内にある正倉のかぎの数。当時の紀伊国では、不動倉のかぎが六勾あったことがわかる。七郡のうち、一郡のかぎが京に送られ、他の六郡のかぎは国内で保管されていたことを示すか。

42 軍団の糒《ほしいい》

43 天平元年定むる糒　壱伯玖拾壱斛捌斗弐升壱合

「軍団の糒

天平元年の残高　糒　一百九十一斛八斗二升一合」

・軍団　：　各国に設けられた軍事組織。国内に複数存在し、軍団名は郡名と同じものが多い。軍団には、武器や兵糧の倉庫があった。

・糒　：　米を蒸して乾燥させた保存食品。水や湯で戻すと飯になるため携帯食糧や兵糧として用いられた。

＊軍団で貯蔵された糒の残高。ここでは、前年度の残高を記す。天平二年度には新たに糒が作られなかったことがわかる。

44 伊都郡《いとぐん》

45 天平元年に定むる大税稲穀　伍阡参伯肆拾斛柒斗柒升柒合

46 不動　弐阡捌伯参拾柒斛陸斗参升柒合柒夕

47　動　弐阡伍伯参斛壱斗参升玖合参夕
48　穎稲　弐阡参伯伍拾参束柒把参分

「伊都郡
天平元年の大税稲穀の残高　五千三百四十斛七斗七升七合
不動穀　二千八百三十七斛六斗三升七合七夕
動用穀　二千五百三斛一斗三升九合三夕
穎稲　二千三百五十三束七把三分」

＊44行目以降は郡部記載。これは、伊都郡の正倉に収納された正税の収支決算報告。45行目は、天平元年度の決算で確定した大税稲穀の残高。46行目と47行目は、その内訳。48行目は、穎稲の残高。この後、首部記載と同様に、支出の費目・数量や当年度の残高などが記載される。

（B）末尾―天平二年度（七三〇）大倭国正税帳―

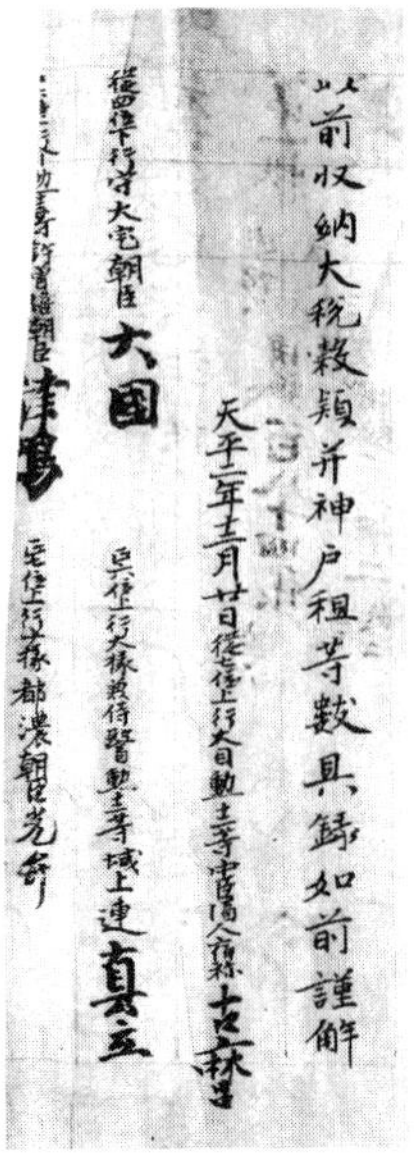

〔釈　文〕（『　』内は異筆）

（前略）

1　以前収納大税穀穎并神戸租等数具録如前謹解
2　　天平二年十二月廿日従七位上行大目勲十二等中臣酒人宿禰『古麿』
3　従四位下行守大宅朝臣『大国』　正六位上行大掾兼侍医勲十二等城上連『真立』

4　正六位上行介勲十二等許曾倍朝臣『津島』　正七位上行少掾都濃朝臣『光弁』

〔読み下しと語句註〕

1　以前、収納せる大税の穀・穎并びに神戸の租等《そとう》の数、具《つぶさ》に録《ろく》すること前《さき》の如《ごと》し。謹《つつし》んで解《げ》す。

2　天平二年十二月廿日従七位上《じゅしちいのじょう》 行大目《ぎょうだいさかん》勲十二等《くんじゅうにとう》中臣酒人宿禰《なかとみのさかひとのすくね》『古麿』

3　従四位下《じゅしいのげ》 行守《ぎょうかみ》大宅朝臣《おおやけのあそん》『大国』　正六位上《しょうろくいのじょう》 行大掾《ぎょうだいじょう》兼侍医《けんじい》勲十二等《くんじゅうにとう》城上連《きのえのむらじ》『真立』

4　正六位上《しょうろくいのじょう》 行介《ぎょうすけ》勲十二等《くんじゅうにとう》許曾倍朝臣《こそべのあそん》『津島』　正七位上《しょうしちいのじょう》 行少掾《ぎょうしょうじょう》都濃朝臣《つののあそん》『光弁』

「収納している大税の稲穀・穎稲や神戸の租等の数量について、以上のとおり詳しく記します。解の様式で謹んで申し上げます。

（2～4行目の現代語訳は省略）」

・以前　…　この文の前に書かれている事柄を指す語。文書において、事実書《じじつがき》（本文）の書き出しに用いる。ここでは、正税帳の首部記載と郡部記載を指す。

・行　…　官職と位階が相当せず、官職が位階より低い場合に、位階と官職名の間に挿入する語。

・守・介・大掾・少掾・大目　…　国司の四等官。守は第一等官、介は第二等官、掾は第三等官、目は第四等官。大倭国の場合、掾と目の定員が複数であったため、それぞれ上位の者は「大掾」「大目」、下位の者は「少掾」「少目」と称した。当時の大倭国では、少目が空席であったか。

・勲　…　勲位。勲一等から勲十二等まであった。本来は軍功をあげた者に与えられたが、後には文官にも与えられるようになった。

・侍医　…　中務省管下の内薬司《ないやくし》に属した医官。

＊末尾の書式は、解の様式で作成される他の文書と同様である。年月日の下には、文書の作成を担当した官人名が記される。その他の官人名は、上位の者が上段に、下位の者が下段に、それぞれ右から順に記す。氏《うじ》・姓《かばね》・名《な》のうち、名は自署した。

（小倉真紀子）

参考文献

林陸朗・鈴木靖民編『復元天平諸国正税帳』現代思潮社、一九八五年
八木充「律令国家と穀稲収取」『律令国家成立過程の研究』、塙書房、一九六八年、初出一九六二年
渡辺晃宏「正税帳稲穀記載に関する諸問題」『史学論叢』一〇、一九八二年
渡辺晃宏「平安時代の不動穀」『史学雑誌』九八—一二、一九八九年

コラム1

正倉院文書の大宝二年御野国《みののくに》戸籍を読む

大宝二年（七〇二）の御野国戸籍は、日本における現存最古の戸籍の一つである。現在残されているのは御野国（美濃国）の六つの地域に関するものである。天平十五～二十年（七四三～八）に、主として金光明《こんこうみょう》寺《じ》写経《しゃきょう》所《じょ》（後の東大寺写経所）で戸籍の裏面が再利用され、やがて正倉院に納められて伝世した。その後、江戸時代以来の整理により戸籍面が再び表として成巻され（正集・続修）、現在にいたるのである。正倉院文書における他の律令《りつりょう》公文《くもん》と同様、この戸籍が残ったことは全く偶発的なことであるが、大宝令が施行された当初の人民支配や地方の行政、さらには社会の実態を示す史料として、きわめて重要な価値を有している。

まず御野国戸籍の作成にいたる、七世紀半ば以降の人民把握の進展について簡単に回顧しておきたい。孝徳朝には、大化二年（六四六）の「改新の詔《みことのり》」において「戸籍・計帳」の作成が命じられたという。「東国国司」などの任務に「戸籍」の作成があげられていることや、全国を対象に「民元数」（民の大まかな数）の記録が命じられていることをみると、一定程度の人民集計がなされたことは事実と考えてよいだろう。この頃の人民の把握・編成については、後の「里」につながる「五十戸」の成立時期などを含めて、議論が深められている。

こうした前史を経て天智天皇九年（六七〇）に作成されたのが、初の全国的戸籍である庚午年籍《こうごねんじゃく》である。これは、白村江《はくそんこう》の敗戦後の緊迫した情勢を背景に生み出されたもので、氏族の根本台帳として永久保存とされた。その跡を継ぐのが持統天皇四年（六九〇）の庚寅年籍《こういんねんじゃく》であり、これは飛鳥浄御原令《あすかきよみはらりょう》にもとづく戸籍であった。

庚午年籍から庚寅年籍までは二〇年も間隔があくが、以降は六年一造が原則となる。庚寅年籍の六年後にあたる持統十年の戸籍については詳しいことが分からないが、さらに六年後の大宝二年には御野国戸籍や、筑前《ちくぜん》・豊《ぶ》前《ぜん》・豊後《ぶんご》国の戸籍（いわゆる西海道《さいかいどう》戸籍）が作られた。この間、大宝元年には大宝律令《たいほうりつりょう》が施行されており、大宝二年の戸籍は大宝令制下における初めての戸籍だったことになる。

さて、実際に御野国戸籍を見てみよう。令制下の戸籍は里ごとに一巻をなし（戸令《こりょう》19造戸籍条）、各巻は首部（戸数および人数の集計）・本文・尾部（年紀および国郡司の署名）で構成されていた。これらを完備するものは残念ながら存在しないが、首部は山方《やまがた》郡三井田《みいだ》里（『和《わ》名類聚抄《みょうるいじゅしょう》』では山県郡三田郷）のものがあり、首部以外については加毛《かも》郡半布《はにゅう》里（同じく加茂郡埴生郷）のものがほぼ原型をとどめている。

半布里戸籍の本文は、次のようになっている。

中政戸務従七位下県主族都野戸口十八〈有位正丁一
兵士一　小子二／正丁二　少丁一　緑児二〉幷九
〈正女四　小女三／少女一　耆女二〉幷九
下々戸主都野〈年五十九／正丁〉嫡子麻呂〈年十
八／少丁〉次古麻呂〈年十六／小子〉…次枚夫
〈年廿一／兵士〉
戸主妻阿刀部井手売〈年五十二／正女〉児刀自売
〈年廿九／正女〉次大墨売〈年十八／少女〉…

第一行の集計部分では、その戸が上中下三等の「政戸」のいずれに当たるかについて記され、戸主名および戸口数とその内訳が男女別にまとめられている。第二行には、戸が上々～下々の九等のいずれにあたるか記された後、戸主以下の男性の人名が続柄・年齢・年齢区分とともに列挙されている。その順序は、まず男性について、本人から嫡子、それ以外の子が記され、それらを尽くした後に、別の続柄の者が現れ、同様に子が記載されていく。その後、「戸主妻」以下の女性の名前も同様の秩序であげられている。また、戸によっては遠縁にあたる寄口や奴婢も記載されていた。一行には三名が記載されているが、これは他の戸籍が一行一名ずつ記すのとは異なっており、飛鳥浄御原令の影響があることが指摘されている。

戸令の規定によると、六年に一度の造籍に際しては、前年の十一月上旬より作業を開始し、五月末までに作成を終了することになっていた。紙の継目《つぎめ》には、国郡里と年紀が記載された。戸籍は計三通作成され、そのうち一通は国に留められ、二通は太政官に送られた（戸令19）。御野国戸籍の年紀は十一月であり、令文における戸籍作成の開始時期と重なっている。継目裏書《うらがき》についても、「御野国加毛郡半布里大宝弐年戸籍」と、規定通りになっている。

戸籍は「五比」（三〇年）の間保存されて廃棄される（戸令22戸籍条）。大宝二年に作成された御野国戸籍は天平四年（七三二）に保管期限が切れたはずであり、その後金光明寺写経所に払い下げられ、天平十五年以降に順次利用されていった。廃棄場所は中央であると考えられてきたが、国印がないことや、国司の署名が自署でないことなどを重視して、美濃国府に留められたものとみなす考えもある。

各戸は戸籍作成時になされた作業（編戸《へんこ》）によって編成されており、複数の家族を含むなど、必ずしも実態の家族と即応するわけではない。一方で、後代の戸籍・計帳に比べると記載の信頼性は高く、特に男性は主要な課役の対象であることから、かなり正確に把握されていたようである。したがって、半布里戸籍の記載を批判的に読み解くことで、史料に乏しい古代の家族のあり方に接近することもできる。なお、上中下三等の「政戸」や、「上々」～「下々」の九等戸は他の戸籍にはみえない。三等の「政戸」は徴兵と関係することが指摘されているが、九等戸との対応関係ははっきりとはしていない。ただし、これらが編戸のもたらした地域内の秩序の一端を示していることは間違いないだろう。

半布里戸籍の舞台は現岐阜県加茂郡《かもぐん》富加町《とみかちょう》羽生《はにゅう》付近である。現地には条里地割《じょうりちわり》が近年まで遺存しており、七～八世紀の有力な集落遺跡も見つかっている（東山浦・半布里遺跡）。また、半布里に含まれたと考えられる夕田地区の夕田茶臼山《ゆうだちゃうすやま》古墳は、近年の調査で三世紀前葉の前方後円墳とされ、同地域の早い段階からの開発も想定できるようになった。半布里戸籍を考古資料や現地の地形などと対照させて考察することで、八世紀にいたる地域開発のあり方や集落の実態について、さらに多くの知見を得ることも可能だろう。

御野国戸籍は、研究の豊かな蓄積に加えて、今なお多くのことを私たちに語りかけているのである。

参考文献

彌永貞三「御野国加毛郡半布里戸籍の故地」『日本古代社会経済史研究』岩波書店、一九八〇年、初出一九六二年
小倉真紀子「御野国戸籍伝来の背景」西洋子・石上英一編『正倉院文書論集』青史出版、二〇〇五年
新川登亀男・早川万年編『美濃国戸籍の総合的研究』東京堂出版、二〇〇三年

（北村安裕）

③正倉院文書《しょうそういんもんじょ》（その3）――石山紙背文書《いしやましはいもんじょ》の世界――

一　石山紙背文書とは

すでに本章①「正倉院文書」で詳しく触れられているように、正倉院文書の主体となるものは、造東大寺司《ぞうとうだいじし》写経所政所《まんどころ》で用いられ整理・保管されていた事務用の帳簿類である。そのなかに、他の一般的な写経所文書とは異なって、その紙背が造石山院（寺）所で再利用された特殊な文書群がある。それが「石山紙背文書」と称されるものである。(1)

天平宝字五年（七六一）十月、平城宮の改作のため、都は一時、近江国の保良宮《ほらのみや》に移され、それにともなって同年末から翌年にかけて、石山寺の増改築が行われる。(2)保良宮と石山寺の関係は、平城宮と東大寺の関係に近いとされ、大僧都《だいそうず》（東大寺別当）良弁《ろうべん》や造東大寺司がその増改築に関わった。(3)石山寺の造営を担当した造石山院所別当には、造東大寺司写経所の別当でもあった造東大寺司主典《さかん》安都宿禰雄足《あとのすくねおたり》が起用され、案主《あんず》（事務担当官）や領《うながし》（現場主任）にも写経所の職員が多数動員されている。(4)写経所自体が天平宝字年間は石山に移り、石山寺造営と密接につながっていた。(5)

そうした石山における安都雄足の右腕として活躍したのが、下道主《しものみちぬし》と上馬養《かみのうまかい》である。(6)下道主は、雄足が造東大寺司の反対を押し切ってまで強引に造石山院所の案主に起用したことが知られており、(7)両者は親密な関係にあった。また雄足が上馬養を東大寺から石山に呼び寄せた際の文書が残っている（古十五142）。石山紙背文書は、これら雄足・道主・馬養ら三名と深い関係にあった。彼らによって石山紙背文書（一次文書）が石山の地にもたらされ、その紙背が造石山院所で必要な帳簿類の作成に再利用されたのである。しかもそのなかには雄足宛の純然たる私信も含まれていた。次に触れるように、造石山院所の財政が苦しかったこと、したがって紙も極端に不足していたことなどが、あるいはこうしたものまで再利用された背景にあるのであろう。この時代の私信が大量に残されたのは奇跡に近い。[8]

これら造石山院所で再利用された文書類は、天平宝字六年十二月の造営工事の完了とともに、関連する会計処理が終了すれば、そこで廃棄されても不思議ではない。しかし造石山院所の苦しい財政状況が、またしてもこれらの帳簿類を奈良に運ばせることになった。たとえば造石山院所で必要な米は、なかなか徴収できずに焦げついていた近江国愛智郡の封戸《ふこ》の租米を造石山院所が自ら徴収して充てることになっていたが、その徴収は遅々として進まず、造営完了の翌年（天平宝字七年）六月までかかった。つまり造営終了の時点では造石山院所の収支は赤字であって、決算報告書が作成できなかったのである。その愛智郡封戸租米で、それまで借用していた米や銭を返済し、やっと収支を合わせることになる。したがって雄足は、残務処理が終わるまでいったん関係書類をすべて奈良へ持ち帰り、収支が整った天平宝字七年六月以後に、決算報告書が奈良の写経所で完成することとなった。こうした経過をたどったために、石山紙背文書は奈良の東大寺写経所に置かれることとなり、本来の写経所文書と混合したものと考えられている。[9][10]

結果としてこの石山紙背文書が、他の写経所関係文書とともに正倉院に運び込まれることとなった。表裏両面を使い切った完全な反故紙がなぜ正倉院に運び込まれたのかについては、かつては写経所の中心事業であった光明皇后発願一切経（五月一日経として著名）書写との関連が指摘されていたが、現在では東大寺写経所の活動が停止した後に、写経所の事務書類は、いくつかの唐櫃に分納されたまま、現宝庫を中心とする一郭に建っていたと思われる造東[11]

大寺司の倉庫に収められ、いつしかその存在すら忘れ去られたが、その倉もやがて廃絶するに及んで、反故紙類も最終的に正倉院に収められたと考えられている(12)。

以上のことからすれば、あえて石山紙背文書を一般の写経所文書と区別する必要はなく、同じ系統の写経所の文書群の、天平宝字六～七年という時期の特殊なあり方ととらえたほうがよいという意見もある(13)。

二　石山紙背文書の分類

前節末で触れたように、石山紙背文書を一般の写経文書と区別するにせよ、あるいは同じ写経所文書群のなかの天平宝字六～七年という時期の特殊な在り方と捉えるにせよ、石山紙背文書が、そのなかに歴史的にかなり興味深い、他の正倉院文書とはいささか異なる、特殊な文書を多数含んでいることは事実である。

それは以下のように分類されている(14)。

（一）造石山院所で反故にされた文書

（造石山院所関係文書のうち、表文書として残存せず、裏面を利用された文書）

（二）近江国《おうみのくに》志何郡《しかぐん》古市郷《ふるいちごう》計帳手実《けいちょうしゅじつ》（神亀元年～天平十四年）

（三）奈良から造石山院所に持参された文書

（１）天平末～天平勝宝四年文書

（２）越前関係文書（天平勝宝六年～天平宝字四年）

（３）彩色関係文書（天平勝宝九歳～天平宝字三年）

（４）写経関係文書（天平宝字二年～同六年）

（5）東塔所関係文書（天平宝字三年～同五年）
（6）法華寺阿弥陀浄土院金堂関係文書（天平宝字四年～同五年）
（7）造東大寺司告朔解案（天平宝字六年）
（8）その他（天平宝字二年～同五年）
（四）不明

まずはこの一覧表を順にみていくと、[15]

（一）の「造石山院所で反故にされた文書」は、その大部分は一般の正倉院文書、すなわち写経所関係文書とほぼ同性質の文書で、廃棄された公文書の紙背を造石山院所で再利用したものである。

（二）の「近江国志何郡古市郷計帳手実」は、石山寺が存在する地域の有力者であった大友但波史族《おおとものたんばのふひとのやから》吉備麻呂《きびまろ》の戸の計帳手実。[16]後に詳述する。

（三）の「奈良から造石山院所に持参された文書」が、石山紙背文書の主体となるものである。紙幅の関係でそのすべてを紹介できないが、[17]基本的には反故紙として石山に持参されたもの。（1）には伊勢内宮餝金物用度注文や他《おさ》田《だ》日奉部《ひまつりべの》神護《じんご》解案《げあん》（後に詳述する）といった興味深い文書が含まれているが、安都雄足との関係を直接には示していない。雄足の経歴からみると、舎人として造東大寺司の写経所や大仏殿造営の事務作業に従事していた時期（第一期、史料的には天平二十年～）に当たる。（2）は雄足本人と密接に関わるもので、時期的には東大寺領専当国司ともいうべき立場で、[18]舎人から一転して越前国史生としてその地に姿を現し（第二期、天平勝宝六年閏十月～）、やがて造東大寺司主典に栄転、平城京に戻ったころに相当する（第三期、天平宝字二年六月～）。雄足という下級官人の私田を中心とした経営構造を伝える貴重なものである。後に詳述する。（3）は、大仏殿の彩色関係の史料で、時期的には雄足が越前に赴任していたころのものであって、雄足とは直接の関係を有しないが、下道主がその事業に関与していることによって、石山へもたらされたと推測されている。（4）は、天平宝字二年の後半に行われた知識大般若経や金剛般若経などの写経関係文書で、写経所別当は、ちょうどこの年、越前から帰京した雄足であった。その帳簿管理を担当したのが上馬養である。（5）は、天平宝字四～五年当時、東大寺東塔の造営を担当して東塔所の用銭注文。（6）は、天平宝字三～四年にかけて行われた法華寺阿弥陀浄土院金堂の造営関係文書。(19)（7）は天平宝字六年の、造東大寺司のいわゆる月別告朔《つきべつこうさく》解案《げあん》。奈良の造東大寺司で書かれたものが廃棄されてすぐに石山にもたらされている。その経緯はよく分かっていない。（8）は主として個人から写経所へ充てた文書で、天平宝字二年から五年までの日付をもつ。上馬養が管理していた文書であると推測されている。

（四）不明に分類されるものは、ほとんどが日付を欠く断簡類で詳細不明。

以下、こうした多彩な石山紙背文書から、いくつか選んで、史料の読解を試みてみよう。

三　石山紙背文書の読解

a　大友但波史族吉備麻呂戸計帳手実（続修九他）

石山紙背文書のなかでも他に類例を見ない特異なものとして著名な、近江国志何郡古市郷大友但波史族吉備麻呂が属する戸に関する計帳手実（申告書）からみてみよう。前章の分類で（二）にあたるものである。(20)この一連の文書は、神亀元年、二年、天平元年～六年、十四年の合計九か年にわたる一一断簡からなっている。図版①は神亀二年手実、同③は天平二年手実。図版③は同①の紙背、図版④は同②の紙背である。いずれも紙背が造石山院所で使用されたことがわかる。この特異な計帳手実は紛れもなく石山紙背文書なのである。(21)

そしてその計帳手実の記載によれば。吉備麻呂はわずか九年の間に、前妻との離別、新妻とその連れ子の受け入れ

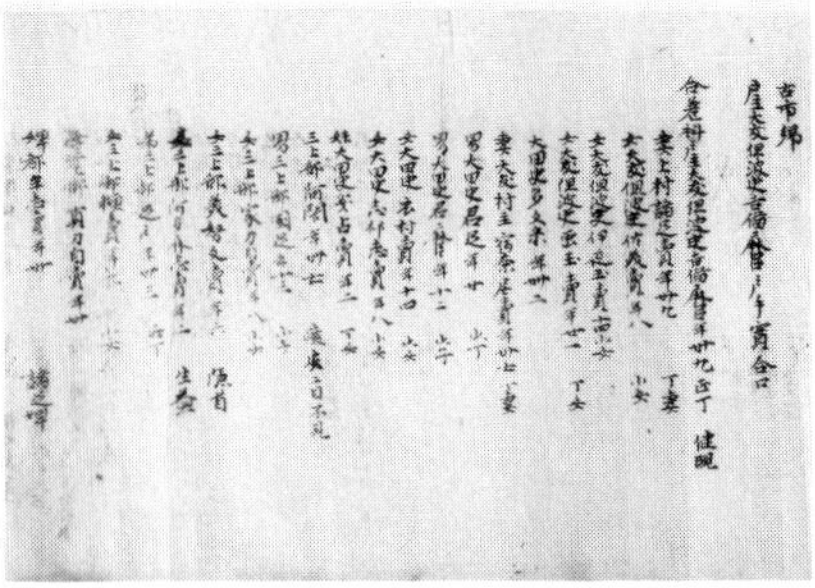

図①　続修9－6表

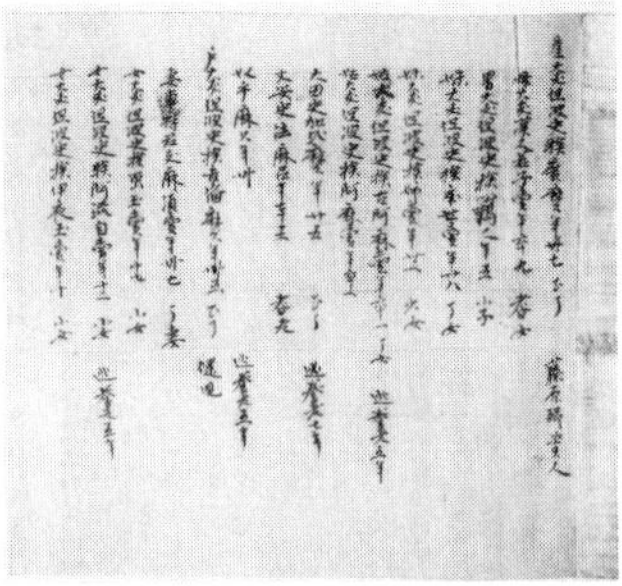

図③　続修9－1表

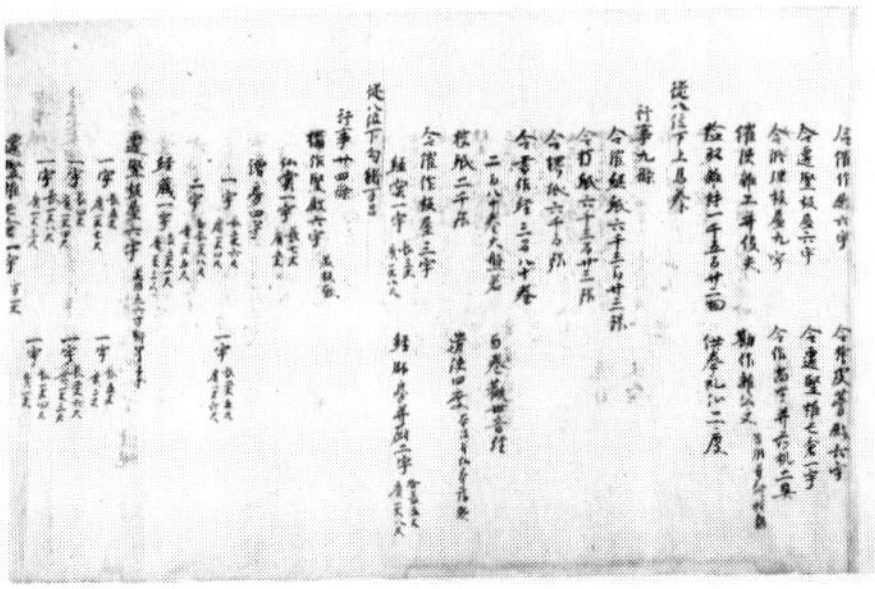

図②　続修9－6裏

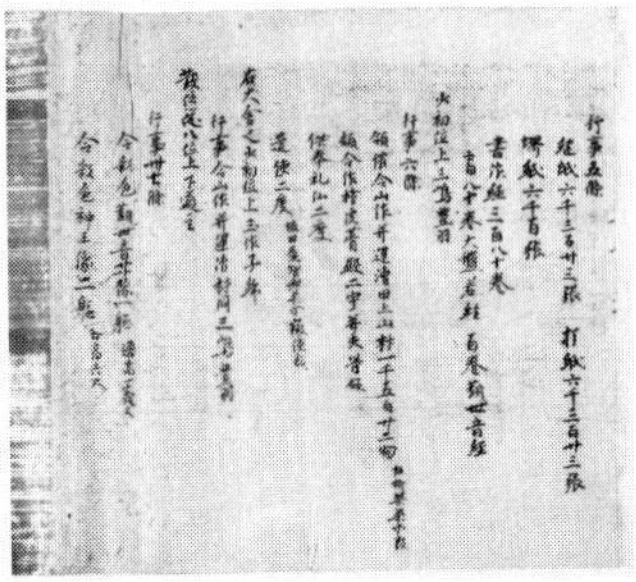

図④　続修9－1裏

（正倉院宝物、以下同）

をはじめとした家族構成の劇的な変化の波に洗われていて、それを整理したものが図⑤である。本文書が「古代家族の年代記」と称されるゆえんである。[22]その変化の意味するところや古代家族の実態をめぐる膨大な議論については、ここでは紹介を避けるので、興味のある方は古代家族論をめぐる専著を参照されたい。

ところでなぜ吉備麻呂の属する特定の家族の計帳手実だけが、これだけ大量に、かつ連続して、正倉院文書として残されたのであろうか。岸俊男による考証[23]をおってみよう。

安都雄足は、自らが関わった公務としての造寺造営事業等に便乗して、任地周辺でさまざまな経済活動を展開している。そのなかの一つに、石山寺東南の田上山付近にあったと思われる田上田を銭二貫文で売得していたことがある。

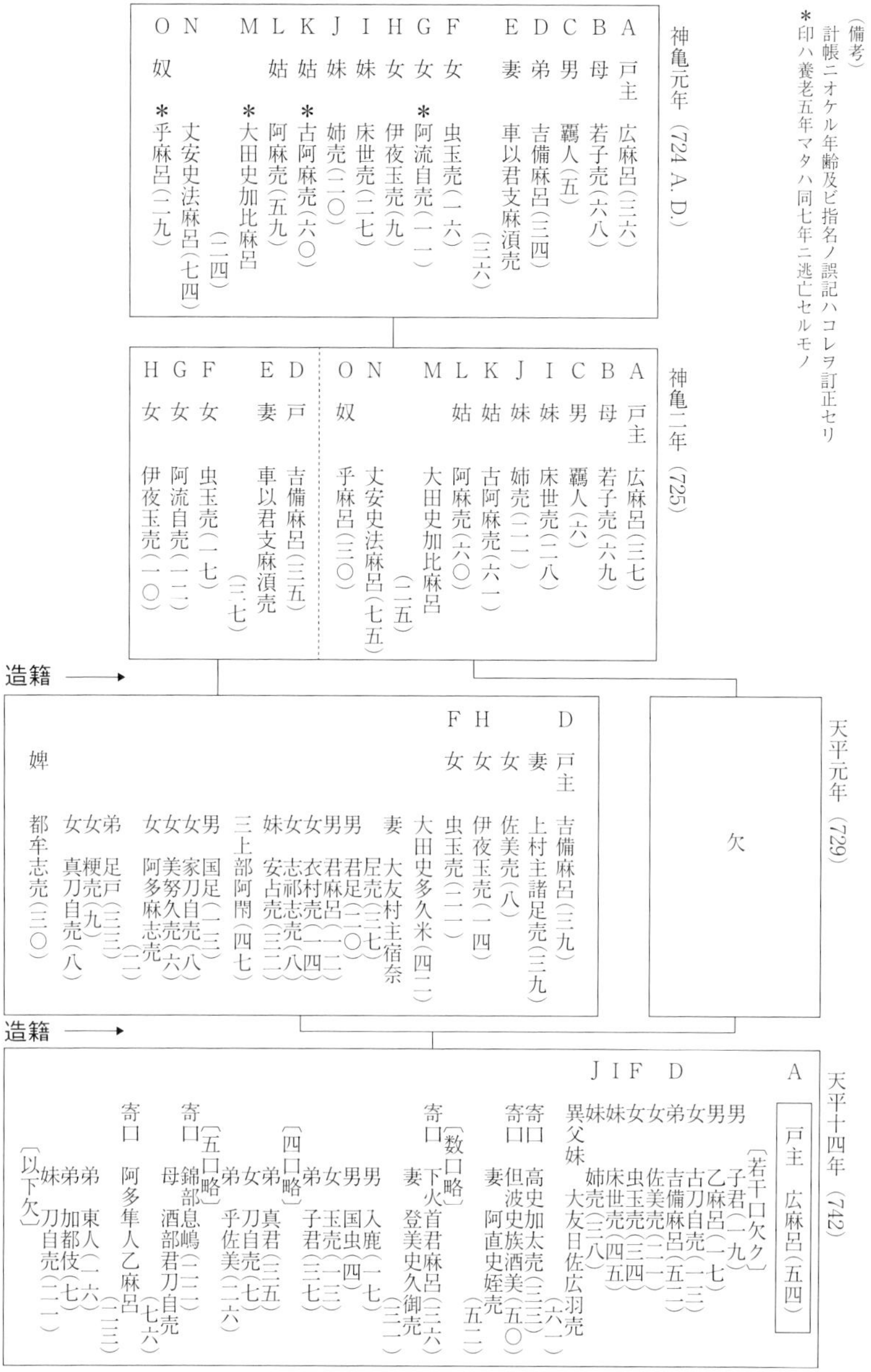

図⑤　古代家族の年代記（近江国志何都古市郷大友但波史族広麿計帳）

（石母田註(22)前掲書から引用、一部改編）

じつはその過程で吉備麻呂が一役買っていることが、石山紙背文書中の記載で知られている。また石山紙背文書中には同姓で石山寺造営において重要な役割を果たした者を多く見いだすことができる。

また計帳手実中に吉備麻呂の兄としてみえる広麻呂は、神亀元年、二年の手実に藤原武智麻呂の職分資人と記載されている。武智麻呂は和銅五年から霊亀二年まで近江守であったから、近江国府に近い古市郷に住む広麻呂が職分資人として採用されたのは、そのころのこととされる。武智麻呂の跡を継いで終生近江守であった仲麻呂との関係も当然有したであろうから、但（丹）波史一族が多く東大寺や石山寺造営に関わったのも当然であるという。

また吉備麻呂は計帳手実中に神亀元年に儲人、神亀二年以降天平六年までは健児と記されている。この兄弟は古市郷における有力者であったに違いない。先に触れた、雄足の田上の私田購入に一役買ったという話も、こうしたことを背景にすればよく理解できるという。

ではなぜ吉備麻呂の計帳手実が雄足の手元にあったのか。岸は、造石山所が在地の有力者と何らかの関係を結ぶに当たって、その身元を確かめるために計帳手実の提出を求めたのではないかと推測している。それが用済みとなって、天平宝字六年七月末にいたって反故紙となり、その紙背を「造石山院所公文案帳」「造石山院所食物用帳」に利用されたため、正倉院文書の一部として伝来されることになったという。従うべき結論であろう。

b　海上国《うなかみのくに》造《のみやつこ》他田日奉部直神護解案（正集四十四）

本文書（古三149）は、平城京左京七条の住人である、その経歴からみてすでに初老の域に達していたはずのある下級官人が、任官のために用意した自薦書である。その名は海上国造他田日奉部直神護、ときに中宮舎人、従八位下（大宝令制の官位三〇階中、下から五番目）であった。紙背は天平宝字六年八月の造石山院所写経所食物用帳（古五23）の一部に再利用されている。前節の分類でいうと（三）（1）のうちである。この人物は造東大寺司にも造石山

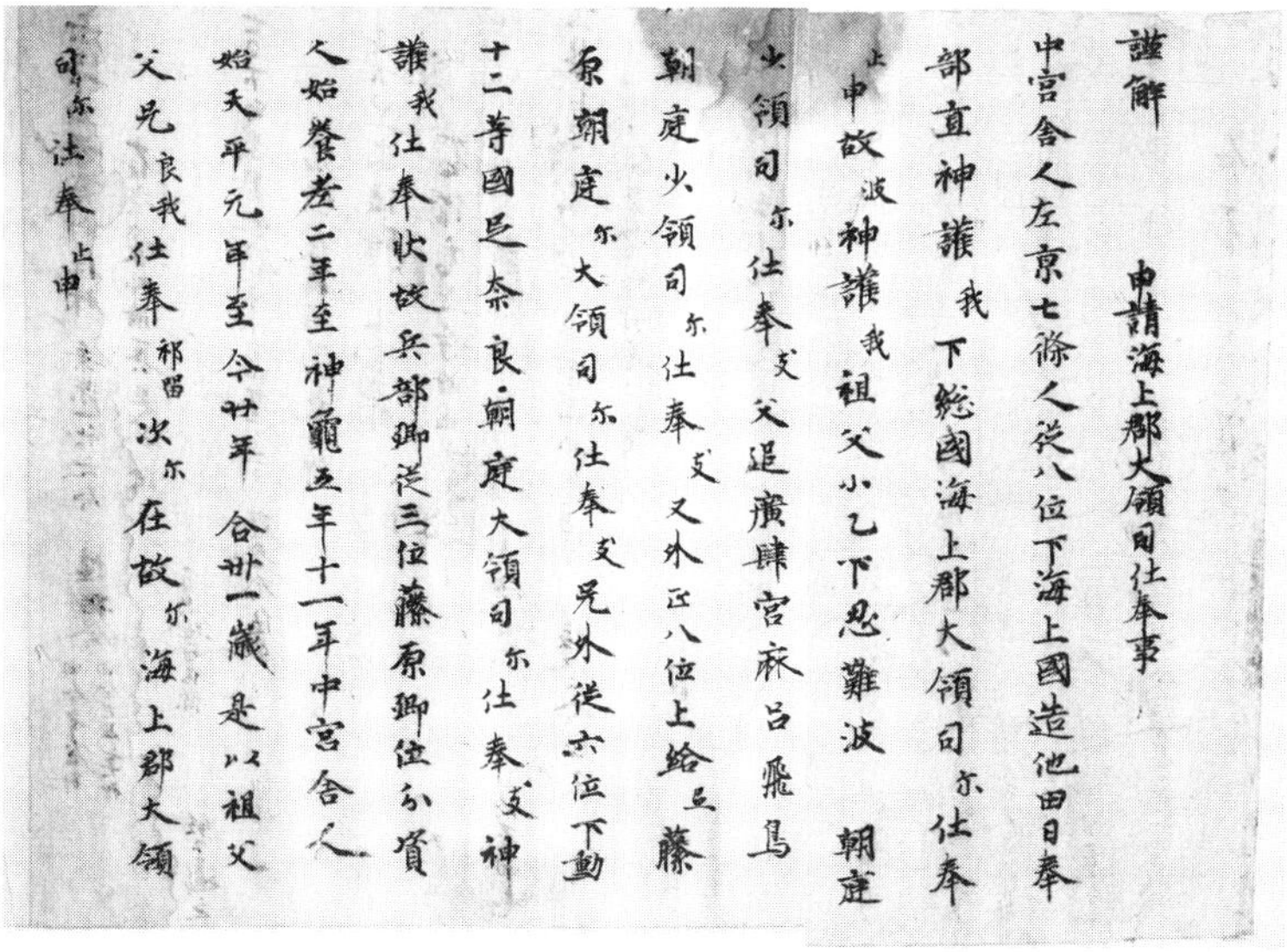
謹解　申請海上郡大領司仕奉事
中宮舎人左京七條人従八位下海上国造他田日奉
部直神護我下総國海上郡大領司尓仕奉
止申故波神護我祖父小乙下忍難波　朝庭
少領司尓仕奉支父追廣肆宮麻呂飛鳥
朝庭少領司尓仕奉支又外正八位上給豆藤
原朝庭尓大領司尓仕奉支兄外従六位下勳
十二等國足奈良朝庭大領司尓仕奉支神
護我仕奉状故兵部卿従三位藤原卿位分資
人始養老二年至神龜五年十一年中宮舎人
始天平元年至今廾年合卅一歳是以祖父
父兄良我仕奉祁留次尓在故尓海上郡大領
司尓仕奉止申

図⑥-1　海上国造他田日奉部直神護解案

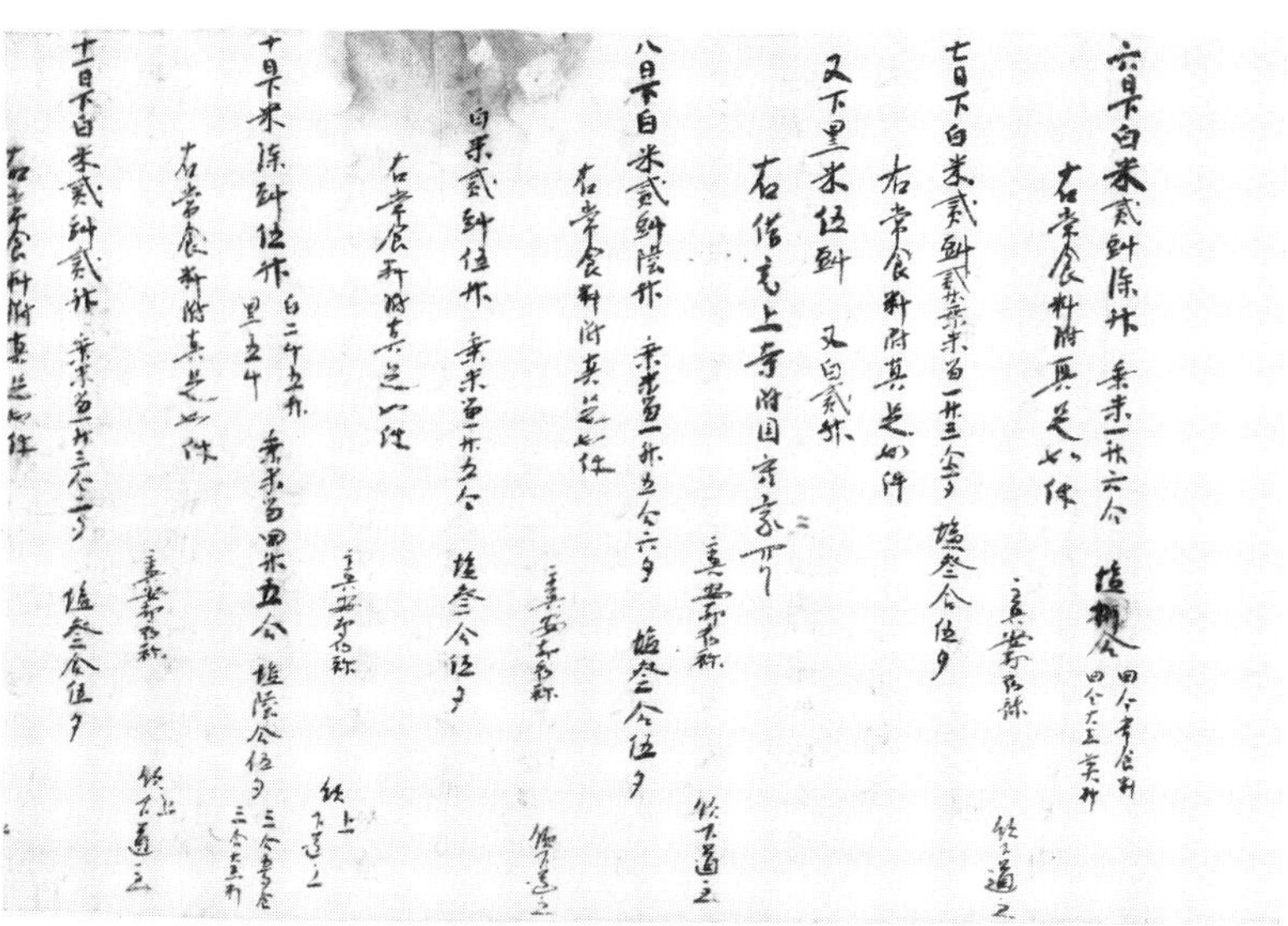

図⑥-2　造石山院所写経所食物用帳

院所にも関わった形跡はない。なぜこのようなものが石山紙背文書として紛れ込んでいるのだろうか。

内容を検討するために、まず本文書を読み下してみよう。

謹んで解し　申し請う、海上郡大領の司に仕へ奉らむ事

中宮舎人左京七条の人、従八位下海上国造他田日奉部直神護が、下総国海上郡の大領の司に仕へ奉らむと申す故は、神護が祖父小乙下忍、難波の朝庭に少領の司に仕へ奉りき。父追広肆宮麻呂は、飛鳥の朝庭に少領の司に仕へ奉りき。また外正八位上を給はりて、藤原の朝庭に大領の司に仕へ奉りき。兄外従六位下勲十二等国足は、奈良の朝庭に大領の司に仕へ奉りき。神護が　仕へ奉らむ状は、故兵部卿従三位藤原卿の位分資人として養老二年より始めて神亀五年まで十一年、中宮舎人として天平元年より始めて今に至る廿年、合はせて卅一歳なり。是を以て、祖父・父・兄らが仕へ奉りける次に在す故に海上郡大領の司に仕へ奉らんと申す。

冒頭は公式令に定められた上申文書の書式である「解」式によっており、申請内容が事書き形式で簡潔に記されている。下総国海上郡（現在の千葉県香取郡付近）の大領（郡司の長官）の職に就くことを願い出る、いわゆる「申文」の一種である。その理由として彼は父祖の履歴を書き連ねている。郡司は、地方官ではあるが律令官人である。選叙令13郡司条ではその任用基準として「性識清廉にして時の務めに堪へ」る者をとると記していて、建前としては才用第一主義であったが、条文の末尾に「才用同じくは、先づ国造を取れ」とあって、実際には伝統的にその地域を支配してきた家柄が重視されていた。神護も自らの姓に「海上国造」を冠している。孝徳朝の祖父忍、天武・持統朝の父宮麻呂、元明・元正・聖武朝の兄国足と、歴代大領の地位を引き継いできたことを述べ、自らについては藤原麻呂の位分資人（国家が五位以上の貴族に支給した従者）として養老二年から神亀五年までの一一年、次いで天平元年

から中宮舎人（中宮は天武天皇生母の藤原宮子で、舎人とは護衛・雑用に従事した下級官人。ここで天皇に対する忠誠心を身につけ、やがて律令官人として出仕する）として二〇年勤務したという。つまりこの文書は天平二十年ころ書かれたことになる。ちなみに平城京跡から出土したいわゆる「二条大路木簡」中の天平八年の木簡に、中宮舎人の一人として「他田神護」なる人物が登場する。この木簡は兵部卿藤原麻呂宅政所宛てで、中宮舎人たちが藤原麻呂宅に出向していることが知られるが、こうした状況からすれば、この木簡にみえる神護は申状にみえる神護と同一人物であろう。

それにしても三〇年以上宮仕えをしてまだ従八位下。地方の名族出身であろうと都へ来れば下級官人に過ぎないのである。神護がこの申状によって首尾良く海上郡大領の地位を射止めたかどうかは分からない。じつはこの申状が書かれた翌年ころの天平二十一年に、郡領の任用方式が改定されていて、譜代重大の家での嫡系相承とし、傍系親族は用いられないことになった。神護自身が申文中で書いているように、兄の国足がすでに大領を務めているから、神護は嫡系ではない。大領の地位に就くのは簡単な話ではなかった。

このことと、この申状が石山紙背文書に含まれていることとは関係があるかもしれない。もちろんこの申状が書かれた時点ではまだ嫡系相承が確定していなかった可能性が高いが、そうであっても地域社会で実権を握る大領の地位をめぐる争いは常に厳しいものがあった。コネないし人脈を利用しての就職活動が功を奏するのはいつの世も同じである。この申状が石山紙背文書中にあるということは、神護の就職活動に当たって、雄足が一肌脱いだと考えられるのである。

まずこの文書の筆者であるが、筆跡から造東大寺司の下級官人志斐《しび》連《のむらじ》麻呂《まろ》の手になるものという内藤乾吉《ないとうけんきち》説もあるが、内藤自身が指摘しているように志斐連麻呂の筆跡は安都雄足と酷似しているとされ、(24)文書の伝来過程をあわせて考えれば、雄足が書いたものとするのが自然である。(25)つまり神護が雄足に代筆を依頼したのであろう。天平二十年ころ

には雄足は能筆家が多い写経所の舎人であり、中宮舎人の神護とは舎人つながりであった可能性も指摘されている。(26)

ところでこの文書は、口頭で話すように「てにをは」や送り仮名を添えた（文中にみられる小字がそれ）、宣命体で和文で書かれている。公式の場では漢文が使われていたが、日常的には当然のことながら和文も用いられていた。つまりこの文書は読み上げるためのものなのである。(27) そのことから、本文書は式部省銓擬における儀式の場で行われる「令㆑申㆓譜第㆒」（弘仁式部式「試㆓諸国郡司主帳以上㆒」条）に関係する文書、すなわち式部省における郡領補任の簡試のための公的な性格の文書であるともされる。(28)

本文書は写真をみればすぐ分かるように、しっかりした正楷で書かれている。典籍とは異なって古文書類は活字ではなく少なくとも写真版を見るのが望ましい。もちろんできれば原本で、であるが古代のものはそれはなかなか難しい。書体をみる限り正文といっても良いくらいであるが、石山紙背文書となっていることを考えると、やはり下書きか案文とみるべきであろう。さらに公式令38闕字条で敬意を表するために一字分空けることになっている「朝庭」について「難波」は次に闕字となっているが、「藤原」「奈良」は闕字を用いずすぐ「朝庭」につながっている。また「奈良朝庭」の部分、「朝」の上に墨点が施されており、後で訂正する目印としているようである。これからのことからすると立派な書体で書かれているが（一般に案文はラフな書体で書かれるのが通例である）やはり案文とするべきか。(29) なお立派な書体で書かれているのは、雄足に代筆・作文を依頼しただけではなく手本としての役割を期待されていて、神護がこれをみて自分で清書したのではないか。日付がないのは（口頭で伝える文書では通例だとする見解を先に示したが）、神護が清書した段階で、試練日あるいは提出日を記したのではないかという見解もある。(30)

律令制の成立とともに地方支配の要となったのは、中央から派遣される国司とその下僚、および郡司層などと称される在地豪族であるが、そうした重要な役割を担う郡司任用の手続き（式部省銓擬）の具体的内容の一端を知り得る史料として、本文書は希少にして貴重な価値を有するものといえよう。

c　阿刀老女《あとのおゆめ》等《ら》啓《けい》（続修四十六、紙背白紙）

次にこれぞ私信！　とも言うべき文書を掲示しよう。知る人ぞ知る「阿刀老女等啓」（古四229）である。紙背が白紙なので、石山紙背文書と断言できるわけではないが、この種の私信的なものは他には例がなく、本文書も石山紙背文書として扱うべきであろう。石山紙背文書と目されるもののなかには裏面が再利用されずに残ったものは珍しくはない。まず写真と読み下し文を掲げる。

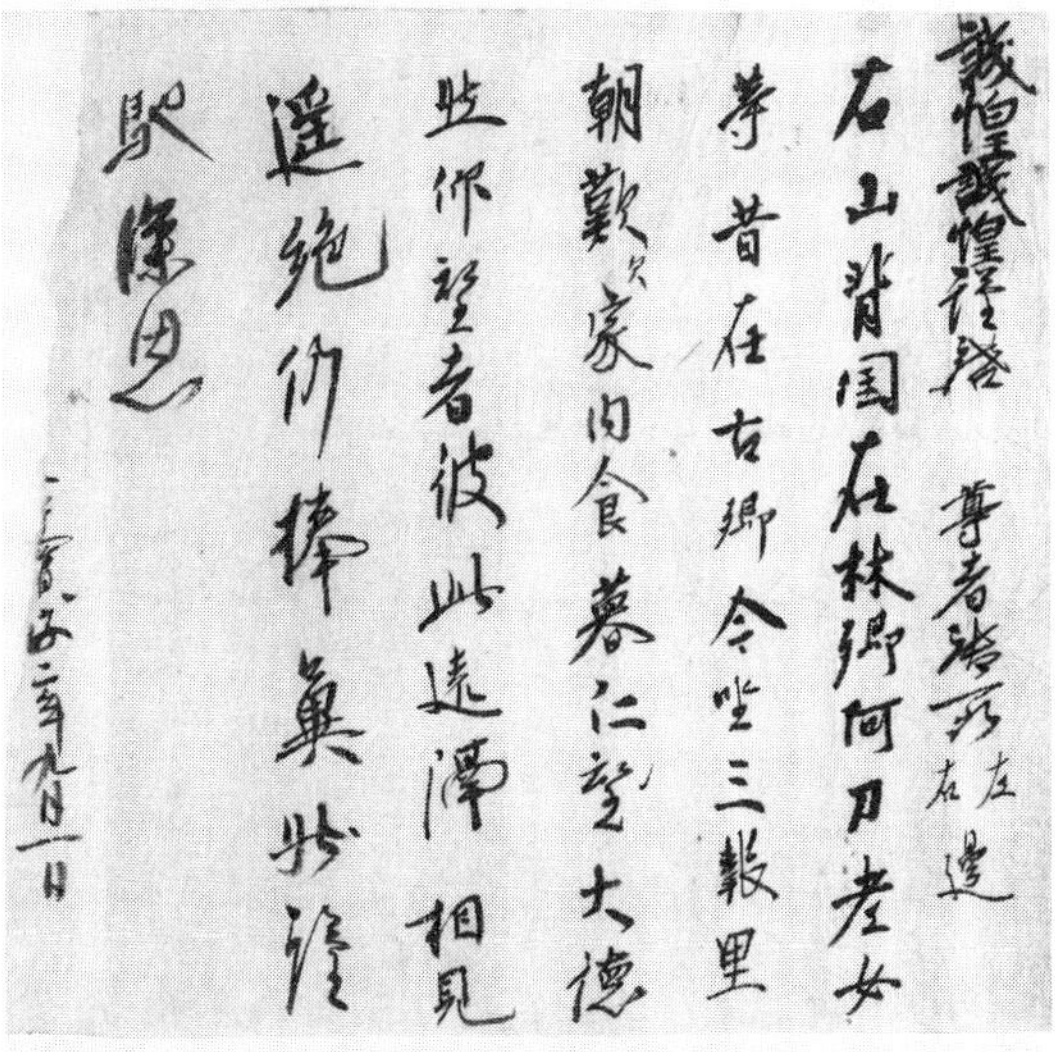
誠惶誠惶謹啓　尊者御所左右邊
右山背国在林郷阿刀老女
等昔在古郷今坐三報里
朝歎家内食暮仁望大徳
然仰望者彼此遠隔相見
遥絶仍捧冀状謹
馳深思
天平寶字二年九月一日

図⑦　阿刀老女等啓

誠惶誠惶謹んで啓す　尊者の御所左右の邊に

右、山背国林郷にある阿刀老女

等、昔は古郷にありて今は三報里に坐す。

朝に歎く、家内の食を。暮には望む[31]、仁の大徳を。

然れば仰せ望むらくは、彼此遠く隔ち、相見えること

遥かに絶ゆとも、仍て冀状を捧げ、謹んで

深き思いを馳す。

天平寶字二年九月一日

冒頭は現代でも手紙の書き出しに使用される「謹啓」の極めて丁寧な書き方。尊敬するあなたのおられるところのすぐそば（＝左右）のあたりに、というニュアンスである。ストレートにあなたのところへ、と言わずにぼかしているのが敬意の表現である。直截的に言うのはもちろん失礼にあたるから。手紙におけるこうした礼儀作法＝書札礼は文字の国中国で発達し、日本にも伝えられていた。[32]どうも日本では本家中国より過剰な敬意表現が好んで用いられたようである。[33]

この手紙は以下のような内容であろう。

山背国林郷[34]に住む阿刀老女ら[35]が故郷を離れ今は林郷に居ること、[36]毎朝、一家の食事に事欠くこと、夕暮れになるとあなたの人並み外れた高い徳を望むこと、かようにいつもあなたを仰ぎ望んでいるので、今でこそお互いに遠く離れていてしばらくお会いしていませんが、このお手紙を届けます。謹んで私の深き思いが届きますように。

雄足と老女の関係次第によっては一種のラブレターではないかとも思われるような私信である。有り体に言えば昔の同郷のよすがを頼っての食糧のおねだりというところか。

古代では音が最優先で用字は二の次であったから、「阿刀」と「安都」は音通である。実際、正倉院文書中では「阿刀小足」「阿刀雄足」と書かれることもあるので、雄足と老女は同じ一族である可能性もある。この書状から鬼頭清明は雄足を山城国出身としているが、[37]故郷を捨てた結果、林郷に居ると解する方が良いのではないか。吉田孝は雄足の出身地を河内国としており、[38]たしかに安都（刀）氏は河内周辺に色濃く分布している。[39]

この書状が書かれたのは天平宝字二年九月一日であるが、これはすでに述べたように、雄足が越前国史生から造東大寺司主典というポスト得て、再び平城京に戻ったばかりのころのこと。こうした彼の財力に期待して一族が援助を請うているのではないか、という指摘もある。[40]

雄足が帰京したときの位階は正八位上。下級官吏に過ぎないが、しかし天平勝宝二年（七五〇）、東大寺写経所の舎人であったときは少初位上。そこからカウントするとなんと六階も昇進しており、これは通常ではあり得ない破格のスピード出世である。同族と目される造東大寺司の下級官人、阿刀酒主《あとのさかぬし》も似たような破格の出世を遂げているので、その背景には東大寺造営をめぐる政治的なものがあったと考えられている。(41)

こうした彼の出世を聞きつけた関係者が、何らかの利益を求めて彼に接近してきたのであろう。私信故に通常なら明らかにならない古代社会の深部、というと大げさかもしれないが、雄足とその周辺の私生活に光を当てるじつに貴重な史料群であることは間違いない。正倉院文書の残存自体が世界史上の奇跡であるが、とりわけ石山紙背文書も、通常の史料からは分からない歴史の裏側を示す奇跡中の奇跡の文書群といっても過言ではないであろう。

とくに雄足の私財運用に関わる私信類は、早くから注目されてきた。(42)当初は遠慮気味に利用されていたが、現在では律令制下で現実に行われていた私田運用の実態を如実に示すものとして積極的に利用されている。(43)ここでは紙幅の都合でそのすべてを紹介することはできないが、以下二点だけ選んで解説を加えてみよう。(44)

d　越前国使解（続修二十五）

本文書（古四275）の紙背は、天平宝字六年六月の造石山院所雑材《ぞういしやまいんしょぞうざい》 并《ならびに》 檜皮《ひわだ》 及《ならびに》 和炭用帳《わたんようちょう》の一部であり（古十五370）、まぎれもない石山紙背文書である。

写真をみて明らかなように、私信とはいえ、比較的端正な書体で書かれており、この私信の筆者である秦広人《はたのひろひと》の素性を物語っている。彼は造東大寺司から越前に派遣された田使という肩書きでこの文書にみえるが、元々は雄足と同じく写経所出身であった。(45)

まず写真と読み下し文を掲げる。

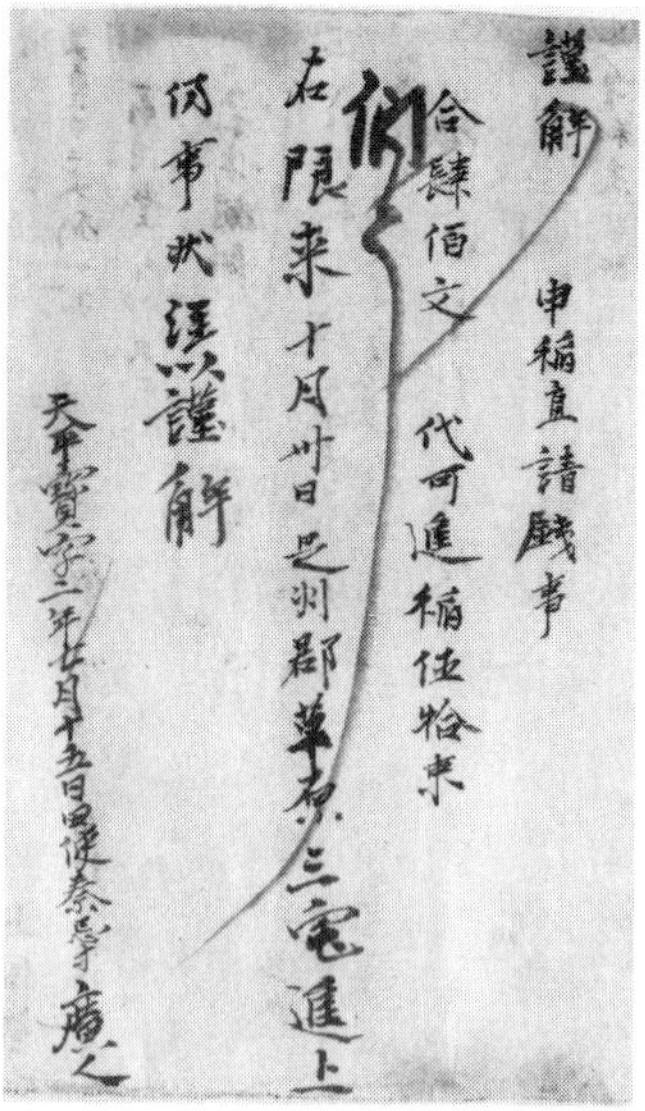
謹解　申稲直請銭事
合肆佰文　代可進稲伍拾束
右限来十月卅日　足羽郡草原三宅進上
仍事状謹解
天平寳字二年七月十五日田使秦忌寸廣人

図⑧　越前国使解

謹んで解し申す　稲の直に請う銭の事
　合わせて肆佰文　代わりに進むべき稲伍拾束
右、来る十月三十日を限り、足羽郡草原三宅に進上す
仍って事の状を注し、もって謹んで解す
　天平寳字二年七月十五日田使秦忌寸廣人

文意は単純明快で、広人が肩代わりした稲の代金の雄足宛の請求書である。じつは雄足は、東大寺の初期荘園経営方式とは逆に、積極的に借田経営に乗り出していた。当時の小作契約は公田賃租的なものであれば、収穫高の１／５を地子（小作料）として納めるものである。残り４／５が手元に残る計算で、借り手に有利であるから、それに応じる農民も多く、一方で、東大寺は巨大な荘園を有していたから、一カ所あたりでみれば薄利であっても、全体としてはこれで巨額の収入があった。しかも経営に際しては国司―郡司という律令制地方行政機構を利用しているので、極端な話、必要経費はゼロである。しかし雄足はそんな巨大な土地を有しているわけではないから、借田をする側に回り、一カ所あたりでみれば有利な、収穫高の４／５の収入を得る経営手法をとったわけである。

本文書は、雄足が足羽郡草原三宅の田の一部の賃租を請け負っていて、秋の地子五〇束の支払を迎えるに当たって、その稲の現物を、現地で秦広人に用立ててもらい、雄足がその稲の代金として四〇〇文を払ったことを示す。中央に本文とは異筆で「納了」と書かれているが、これは雄足の手になるものであろう。雄足がこの請求書を受け取り、支払った段階で「納了」と大書され、その段階でこの文書は廃棄にまわることが予定されたわけである。

この「草原三宅」というのは足羽郡草原郷との関係、また造東大寺司の田使が仲介していることから、東大寺領道守荘の可能性が高く、雄足は越前を去った後も、なおかつての任地の東大寺領と賃租関係を有していたことになる。この東大寺領荘園では、賃租の地子は稲で納めることになっていた。雄足の越前の経営拠点（安都宅）にはこのとき稲の在庫がなく、そこで広人に稲の調達を頼んだのであろう。地子が五〇束ということは、賃租を請け負った田のランクが標準的な中田であれば面積は六段あまりか。下田であれば八段一二〇歩となる。

本文書は一見、ただこうした事実を淡々と伝えているようにみえるが、しかしここにはさらに興味深い駆け引きがある。注意深く読めば気づくであろうが、地子の納入期限は十月末である。これは稲の収穫直後であって、その価格は暴落している。一方でこの請求書を広人が書いた八月は、端境期で価格が高騰している[46]。つまり広人は米価が一番高い時期に雄足と契約を結び、暴落した時点で安価に稲を買い求めて造東大寺司に納入していたことになる。稲の季節間価格差を利用して自らの利益を上げていたのであろう。

もちろん雄足は後で自分が損をしたことに気づいたに違いない。しかし雄足もさすがである。おそらくここで立腹して広人を責めたりせず、彼の商才を認めて、自らの経営グループの有望な仲間とすべく引き抜きを図ったらしい。この時点で広人は「田使」という造東大寺司の下級官人の肩書きであるが、数年後には、雄足の最側近として。その商才を十分に発揮していることが、石山紙背文書中に残された彼の足跡から明らかになる。次にそうした文書の中から一点だけ選んで解説してみよう。

e　生江臣息嶋解《いくえのおみおきしまげ》（正集六）

本文書（古四359）の紙背は、天平宝字六年六月の造石山院所公文案帳の一部であり（古十五207）、これまたまぎれもない石山紙背文書である。文字面に私印「生江息嶋印」五十五顆が捺され、印鑑マニアであった穂井田忠友によっていち早く見いだされたため、栄えある「正集」に納められた。例によって、まず写真と読み下し文を掲げる。

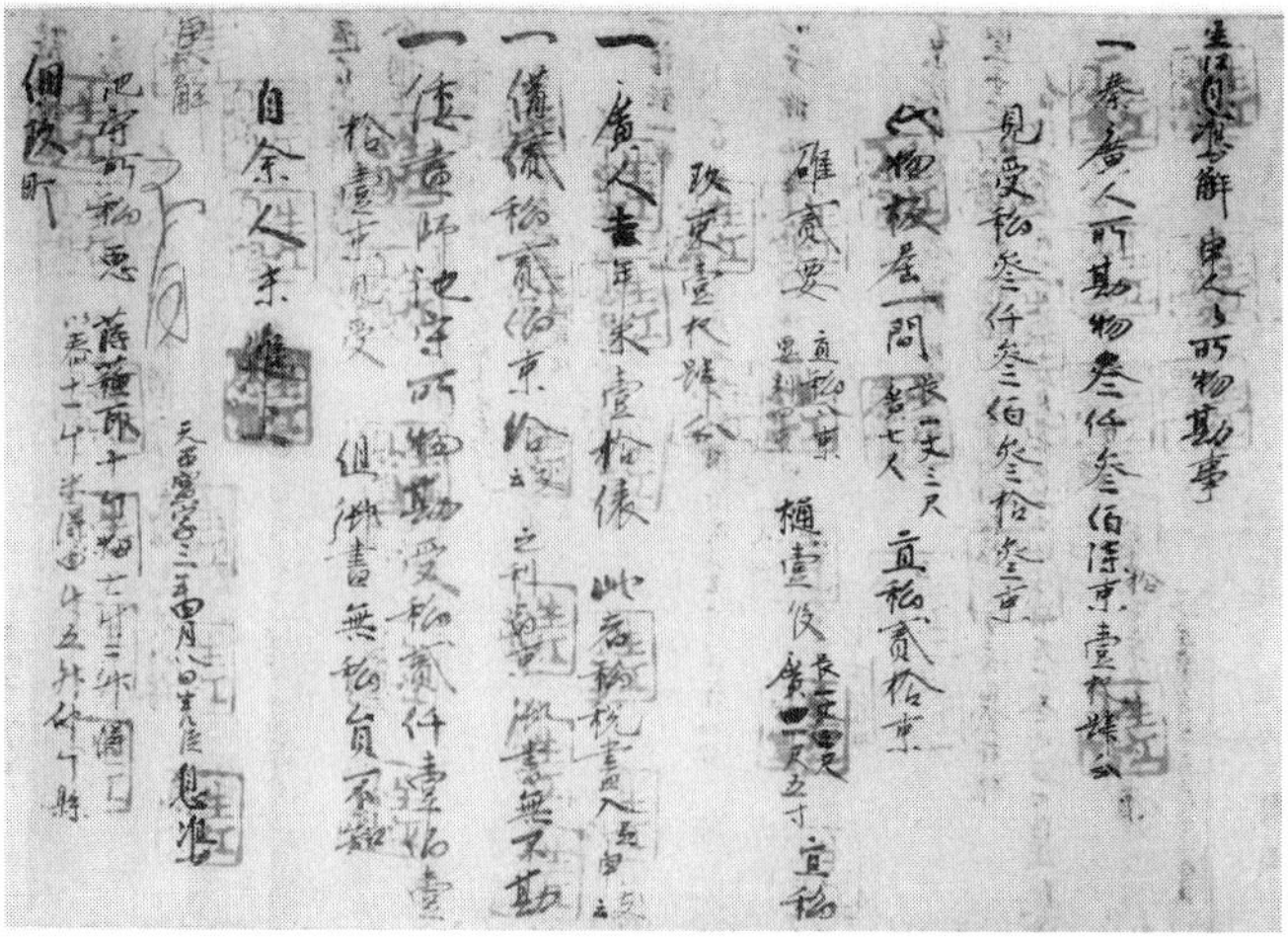

図⑨　生江臣息嶋解

生江息嶋解し　申す、人々の所の物を勘ふる事
一、秦廣人所の勘物、参仟参伯渁拾束壹把肆分
見受稲参仟参伯参拾参束
代物板屋一間（注略）　直稲貳拾束
碓貳要　（注略）　樋壹隻（注略）　直稲
玖束壹把肆分
一、廣人、去年の米壹拾俵、此は稲税として盡く入て申きという
一、借貸稲貳伯束給ひきという利百束、御書無きにより勘へず
一、倭畫師池守所の物を勘受するに稲貳仟壹伯
壹拾壹束、見受、但し御書無きにより稲の員は知らず
自余人は未だ進上せず
天平寶字三年四月八日生江臣息嶋
更解
池守所稲は悪し　種を蒔くに十斤を取りて籾七斗二升を得
もって十一斤を舂くに米四斗五升を得　初斤縣
佃玖町

これは東大寺領荘園が置かれていた足羽郡における、雄足経営の現地責任者の一人生江息嶋が安都雄足に送った春の時点での経営状況報告書である。生江氏は足羽郡における郡領氏族。足羽郡大領生江臣東人《いくえのおみあずまんど》はかつて造東大寺司の勤務経験があり東大寺領荘園の経営に深く関わった人物である。雄足はそうした人脈をフルに活用して現地の経営を任せていた。

本報告書では息嶋配下の秦広人と倭《やまとの》画《え》師《し》池守《いけもり》とが好対照を示している。広人の経営は順調で、上司の息嶋でさえ踏み込めない謎の利益を上げている。一方で池守の稲は悪評価で稔りが悪いらしい。

この広人の謎の利益について、踏み込んで検討してみよう。本文書の第二条には、広人が去年、米一〇俵を「稲税」として耳をそろえて雄足に納めたと述べているようである。宣命書きになっているのは、広人自身の言い分として伝聞形で息嶋が書き取っているからである。さらに第三条では、広人が雄足から稲二〇〇束を借りていて、それを元手に一〇〇束の利益を得ていることが息嶋に知られたのであるが、しかしこの余分な一〇〇束については雄足の「御書」(47)による指示がないから不問に付したとある。

この二カ条をセットにして分かることは何か。まず米一〇俵は稲一〇〇束に当たることが重要である。「稲税」の「税」は出挙と密接に関わる言葉なので、ここでも出挙の存在が連想される。一方で第三条では、雄足から借りた稲二〇〇束から一〇〇束の利益が得られているというのだから、以下のような関係が存在しているのではないか。

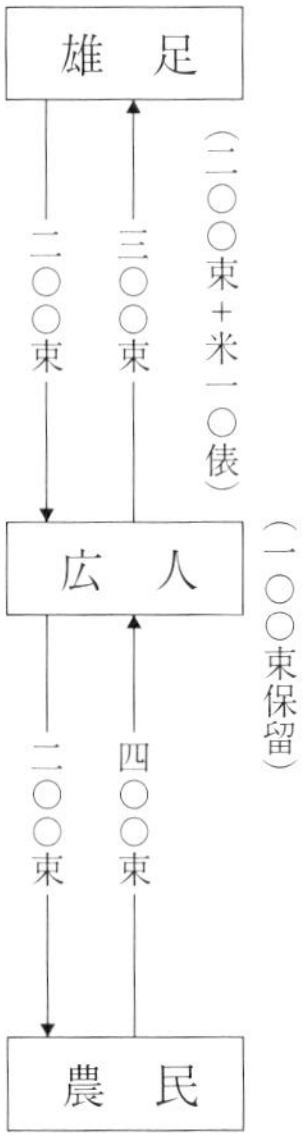

雄足から借用した稲二〇〇束を広人は利率一〇割で農民に出挙し、四〇〇束を回収した。雄足とは利率五割の契約を結んでいたために一〇〇束を加え（ただし畿内では米の需要が高かったので雄足の指示で稲一〇〇束を舂いて米に代えて）三〇〇束を返納した。つまり雄足と広人で利益を折半したことになる。もちろん当時は利率一〇割の私出挙はしばしば法令で禁止されるところであり（公出挙は通常利率五割、場合によっては三割）、違法行為であったが、稲の生産性の高さは利率一〇割でも出挙契約を成立させたし、農民の間には種籾ないし食糧としての需要は大きいものがあったに違いない。さきに広人が稲の季節間価格差を利用して利益を上げていたことをみたが、出挙活動においても彼は巧みに立ち回っている。広人の出身地は不明であるが、こうした足羽郡における活発な活動からみて越前出身である可能性が高い。

雄足はこうした広人自身の経済活動を容認し、それを利用して自らも利益を上げていた。両者の信頼関係がいかに厚かったかは、雄足に対する忠誠心がほとばしる私信の存在からも知られている（「越前国下任道守徳太理啓」、㊄四364）。

一方で明らかに畿内出身と考えられる倭画師池守の出挙経営はうまくない。回収が難航していることが別の石山紙背文書で知られている（「画師池守解」、㊄四414）。在地首長制下の古代の農村で、よそ者の経営がそう簡単に成り立つはずはないのである。

四　むすびにかえて

以上、豊富な内容をもつ石山紙背文書のなかから、代表的なものを選んで解釈の仕方を論じてみた。じつは古文書のなかでも公文書とは異なり私信ほど難解なものはない。公文書はそもそも第三者が読むことを前提にしているから、誰が読んでも分かるように書かれるのが普通である。しかし私信はそうではない。当事者同士自明なことはあえて書くことはしないし、人名も名前のみ、あるいはニックネームすら用いられる。これは現代でも同様。私信を正しく理解するためにはなによりも当事者の気持ちになって、その私信の世界に没入する必要がある。

私の恩師の一人の「御遺戒《ごゆいかい》」三カ条もそれを説くと共に、その難しさを伝えるものであった。しかしそれだけに、私信が読み解けたときの喜びは大きい。ぜひ皆さんも私信読解に挑戦してほしいものである。

註

（1）吉田孝A「律令時代の交易」『律令国家と古代の社会』岩波書店、一九八三年（初出一九六五年）、同B「正倉院文書―反故文書がもたらす情報」青木和夫編『週刊朝日百科　日本の歴史・別冊』732歴史の読み方４文献史料を読む・古代、朝日新聞社、一九九〇年。

（2）福山敏男「奈良時代に於ける石山寺の造営」『日本建築史の研究』桑名文星堂、一九四三年（初出一九三三年～三五年）。

（3）福山敏男「石山寺・保良宮と良弁」『福山敏男著作集』２寺院建築の研究　中、中央公論美術出版、一九八二年（初出一九七三年）、小口雅史「律令制下寺院経済の管理統制機構―東大寺領北陸庄園分析の一視角として―」デジタル古文書集『日本古代土地経営関係史料集成』東大寺領・北陸編、同成社、一九九九年（初出一九八〇年）、鷺森浩幸「奈良時代における寺院造営と僧―東大寺・石山寺造営を中心に―」『ヒストリア』一九二、一九八八年。

（4）吉田註（1）B前掲論文。

（5）杉本一樹「造寺造仏と関係文書」『週刊朝日百科』1222皇室の名宝05　正倉院　文書と経巻、朝日新聞社、一九九九年。

（6）この両者については、吉田註（1）A前掲論文、鬼頭清明「上馬養の半生」『日本古代都市論序説』法政大学出版局、一九七七年、小口雅史「安都雄足の私田経営―八世紀における農業経営の一形態―」『史学雑誌』九六―六、一九八七年他参照。

（7）野村忠夫「谷森本『天平古文書』」『古代学』二―三、一九五三年。

（8）日本古代の「私信」については、二〇一五年三月に、ドイツのテュービンゲン大学にて開催された国際シンポジウム

"Rituale, Symbole und Willensbildung Funktionen und Herrschaftspraxis im Spiegel mittelalterlichen Schriftwesens Kulturhistorische Vergleiche zwischen Europa und Japan" にて *Die Genealogie privater Briefe im japanischen Altertum* と題して報告した。邦訳「日本古代における私信の系譜とその展開」が用意されているが、ドイツ側の諸般の事情で未刊。

（9）福山註（2）前掲論文三一三頁。なお黒田氏は、石山紙背文書の整理は上馬養によってなされ、他の写経文書同様、彼の一貫した管理によって残すべくして残されたものであることを主張している（黒田洋子「正倉院文書の一研究—天平宝字年間の表裏関係から見た伝来の契機—」『お茶の水史学』三六、一九九二年）。

（10）吉田註（1）B前掲論文。

（11）堀池春峰「光明皇后御願一切経と正倉院聖語蔵」『南都仏教史の研究』上　東大寺篇、法蔵館、一九八〇年（初出は一九五四年）、吉田孝「律令時代の交易」彌永貞三編『日本経済史大系』1古代、東京大学出版会、一九六五年（ただし吉田註（1）A前掲論文ではこの結論を訂正して後述の説に従っている）。

（12）熊谷公男「正倉院宝物の伝来と東大寺」『太陽シリーズ27正倉院と東大寺』太陽正倉院シリーズⅢ、平凡社、一九八一年。

（13）杉本一樹「正倉院文書」『日本古代文書の研究』吉川弘文館、二〇〇一年（初出は一九九四年）。なお氏は、表裏使い果たした紙は、今度は書くこと以外の、紙質としての機能を期待されるとし、包む、巻く、敷く、詰めものにする、こよりにする、吸取紙、下貼、裏打といった、木では代行できない用途のために利用待ちの状態となり、保管されたのだ、とも指摘している。

（14）吉田註（1）前掲論文掲載の表Ⅵ—1「正倉院文書の構成」をベースに、岡藤良敬氏が修正を加えている（岡藤「序」『日本古代造営史料の復原研究　造石山寺所関係文書』法政大学出版局、一九八五年）。

（15）岡藤良敬「第一次文書からの考察」同註（14）前掲書に、すべての文書について、表裏関係その他詳細な一覧表が掲載されているので、詳しくはそちらを参照されたい。

（16）岸俊男「但波吉備麻呂の計帳手実をめぐって」同『日本古代籍帳の研究』塙書房、一九七三年（初出は一九六五年）。

（17）その詳細は、福山註（2）前掲論文、吉田註（1）A前掲論文、岡藤註（14）前掲書、黒田註（8）前掲論文等を参照されたい。ここではそれらにしたがって略述しておく。

(18)小口雅史「初期庄園の経営構造と律令体制」土田直鎮先生還暦記念会編『奈良平安時代史論集』上、吉川弘文館、一九八四年他参照。現代風にいえば「東大寺領越前支店長」ともいうべき立場への栄転である。
(19)黒田註(8)前掲論文は、法華寺の造営を担当した下道主が、その総決算報告書を、石山寺造営のための手本とすべく、石山に持参したのではないかと推測している。
(20)岸註(16)前掲論文が断簡の接続復原を行っている。また紙背がいつ使用されたのかなど、一連の断簡についてさまざまな視点から詳細な論証を展開している。
(21)吉田註(1)AB前掲論文。
(22)石母田正「古代家族の形成過程—正倉院文書所収戸籍の研究—」『石母田正著作集』2古代社会論Ⅱ、岩波書店、一九八八年(初出は一九四二年)。
(23)岸註(16)前掲論文。
(24)内藤乾吉「正倉院古文書の書道史的考察」正倉院事務所編『正倉院の書蹟』日本経済新聞社、一九六四年。
(25)吉田註(1)A前掲論文、今泉隆雄「平城宮跡出土の郡領補任請願解の木簡」『古代木簡の研究』吉川弘文館、一九九八年(初出は一九八二年)。
(26)今泉註(25)前掲論文。
(27)この文書には日付が書かれていないが、そのことと音声で発する文書であることとを積極的に結びつける見解もある。笠松宏至「「日付けのない訴陳状」考」『日本中世法史論』東京大学出版会、一九七九年(初出は一九七七年)。また石田実洋「(文書解説)他田日奉部直神護解(歴読古文書講座その十八)」『歴史読本』五八—八、二〇一三年。もちろん後述するように本文書が案文であるとすれば別の理解も可能であるが。
(28)西山良平「「律令制収奪」機構の性格とその基盤」『日本史研究』一八七、一九七八年。今泉註(25)前掲論文。森公章「郡司補任請願文書とトネリ等の郡領就任」『古代郡司制度の研究』吉川弘文館、二〇〇〇年。森氏はこの見解をさらに進めて、この申文の内容構成が、当時の式部省銓擬のあり方にふさわしいことから、式部省銓擬の口状の試問に備えたメモである可能性も指摘している。

さらに西山論文では、雄足が式部省銓擬に介入した可能性も指摘されているが、それが正しいとすれば、雄足が私経済の展開のみならず政治的活動もしていた可能性があることになり、藤原仲麻呂との関係についての議論にも関わってくるかもしれない。

また米田雄介氏は、本文書が中央で申請されていることに注目し、「国擬以外のルートで大領が補任される」ケースとして別な論点を提示しているので参照されたい（「擬任郡司制の成立と展開」『郡司の研究』法政大学出版局、一九七六年、初出は一九六九年）。

(29) 今泉註（25）前掲論文。

(30) 畑中彩子「「他田日奉部直神護解」にみる〈労効〉～勤務経歴と勤務年数に関する覚書～」『早稲田大学高等学院研究年誌』五一、二〇〇七年。また雄足が造石山院所に持ち込んだ段階で、他の下級官人たちの自己推薦書の手本にもなりうるともいわれている。

(31) 「望」字の横の「レ」は漢文のレ点と同じ用法で、「望仁」と書くべきところを「仁望」と書いてしまったので、字の順番をひっくり返してほしいという意思の表現。

(32) 詳しくは古瀬奈津子「手紙のやりとり」『文字と古代日本』四、吉川弘文館、二〇〇五年。丸山裕美子「書儀の受容について―正倉院文書にみる「書儀の世界」―」『正倉院文書研究』四、一九九六年。また小口註（8）前掲報告参照。

(33) 同じく石山紙背文書と目される「丸部足人解」（㊄二十五269）の冒頭は「丸部足人頓首々々死罪々々謹解　申尊者御足下」とあってかなり大げさである。

(34) 『和名類聚抄』によれば、山城国紀伊郡に拝志郷があり、高山寺本では「波夜之」と訓じている。ただし大東急文庫本では「波以之」である。九条家本『延喜式』玄蕃寮にも「拝師」に「ハヤシ」という古訓が付されている。

(35) もちろんこの時点で現実に老人であったかどうかはわからない。当時は長寿を願って「老」の字を、我が子の名前に好んでつけた。

(36) ここで三報里に居るとあるが、この三報は三つの果報を意味する仏教用語であり、「三報里」の実在も確認できないことから、故郷を捨てて今、林郷に居ることによって受けた因果応報を述べているのであろう。

(37) 鬼頭註（6）前掲書。
(38) 吉田註（1）A前掲論文
(39) 高島正人「奈良時代の安刀氏」『立正史学』三六、一九七二年。
(40) 小林昌二「日本古代木簡と『私信』の情報伝達ノート―啓とその背景―」藤田勝久・松原弘宣編『古代東アジアの情報伝達』汲古書院、二〇〇八年。なお小林氏はこの文書が残されたのは、雄足の一族縁者に対する思いの一端を示すものとするが、石山紙背文書全体のあり方からすれば、必ずしもそうではないかもしれない。
(41) 松尾光「阿刀酒主・安都雄足の異数の出世」『古代の豪族と社会』笠間書院、二〇〇五年（初出は二〇〇一年）。
(42) 吉田註（1）A前掲論文、山本幸男「造東大寺司主典安都雄足の「私経済」」『史林』六八―二、一九八五年。
(43) 小口註（6）前掲論文。また山下有美「安都雄足―その実像に迫る試み―」栄原永遠男編『古代の人物』3平城京の落日、清文堂出版、二〇〇五年参照。
(44) 安都雄足の私田経営の詳細については、小口註（6）前掲論文を参照されたい。
(45) 室野信男「初期庄園の経営と私出挙―東大寺領越前国諸庄園を中心に―」『ヒストリア』六七、一九七五年。
(46) 青木和夫「米価変動表」（『図説日本文化史大系』3奈良時代、小学館、一九五六年。
(47) 古代においては「御」という尊敬の接頭語は、本来は天皇に対するものであるが（それゆえ太平洋戦争中は源頼朝の御家人を単に「家人」と呼んだという）、私的文書の世界では敬意の対象は自由である。ここではもちろん主人である雄足に対する敬意を示す。

（小口雅史）

コラム2

正倉院収蔵の古地図――奈良時代荘園関係――

正倉院には八世紀の東大寺領荘園を描いた大縮尺の地図二〇点が伝来している。内訳は、麻布製の地図一七点と、東南院文書に含まれる紙製の図三点である。これらは、もとは東大寺上司印蔵に伝来した寺家の重要資料であるが、明治時代に帝室に献納され、正倉院宝物となった。これらの地図に共通するのは、いずれも土地を方格線によって分け、坊番号・小字地名的名称・田積等を区画毎に記す点である。これによって、現地の開発状況その他を一目瞭然に把握することができる。土地を管理するうえで重要な道具となるが、作成された目的によって特徴はさまざまである。今回、その違いが明瞭に分かる、天平宝字三年（七五九）と天平神護二年（七六六）に作成された越前国の荘園図を取り上げたい。

これらにはいずれも冒頭に表題、つづいて地積と四至《しいし》の記載があり、本体である方格図の後ろには国司や、東大寺から派遣された検田使の署名が据えられる。荘園図の性格の違いは署名部分に端的に表れているので、両図のうち、同じ荘域を描いた越前国足羽郡糞置村の二図の署名部分を見てみたい。

《天平宝字三年図署名部分》

造寺判官外従五位下上毛野公「真人」
知墾田地道僧「承天」
都維那僧「仙主」
佐官法師「平栄」
国司
守従五位下藤原恵美朝臣〈朝集使〉
正六位上行介阿倍朝臣「広人」

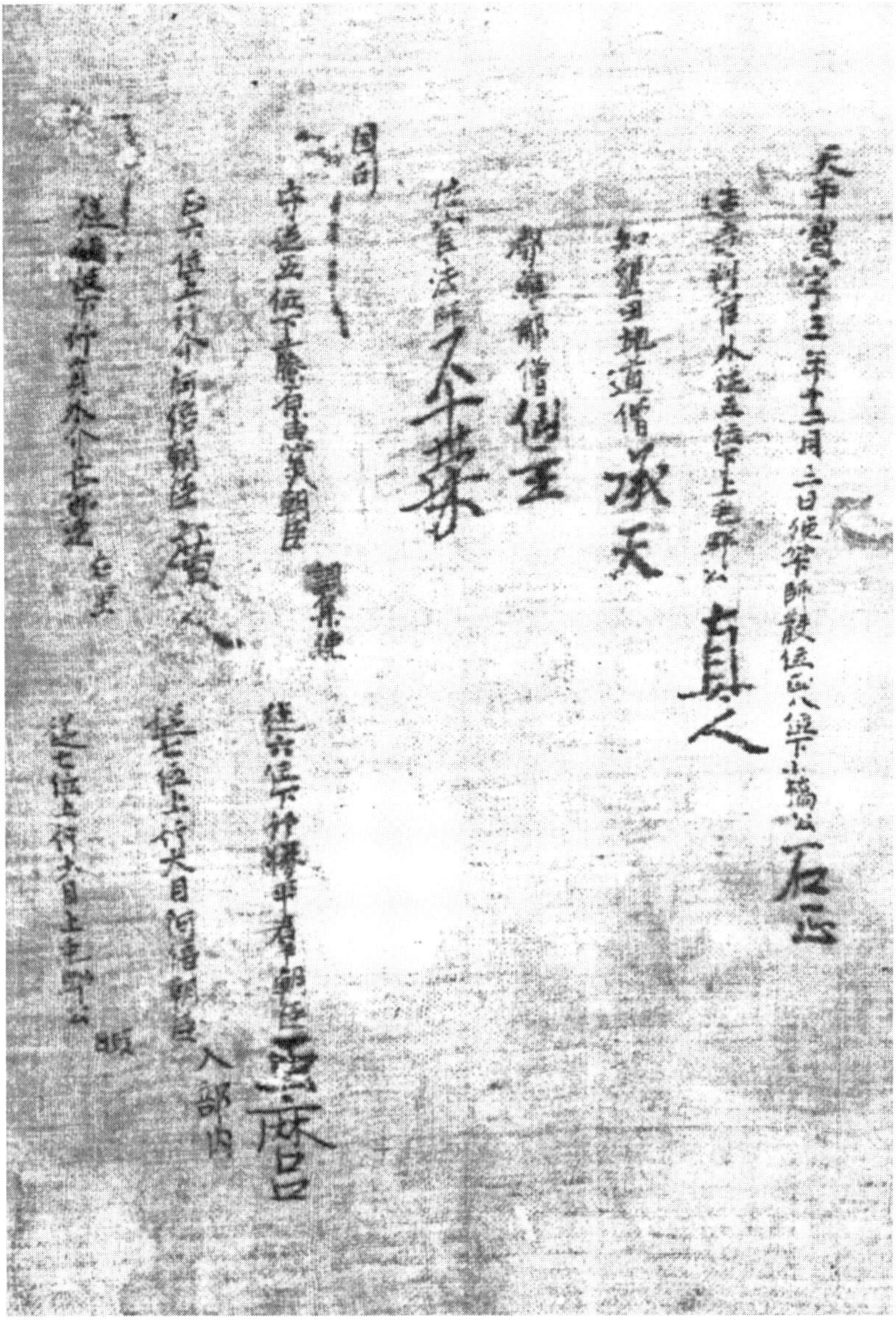

天平宝宇三年図署名部分（正倉院宝物）

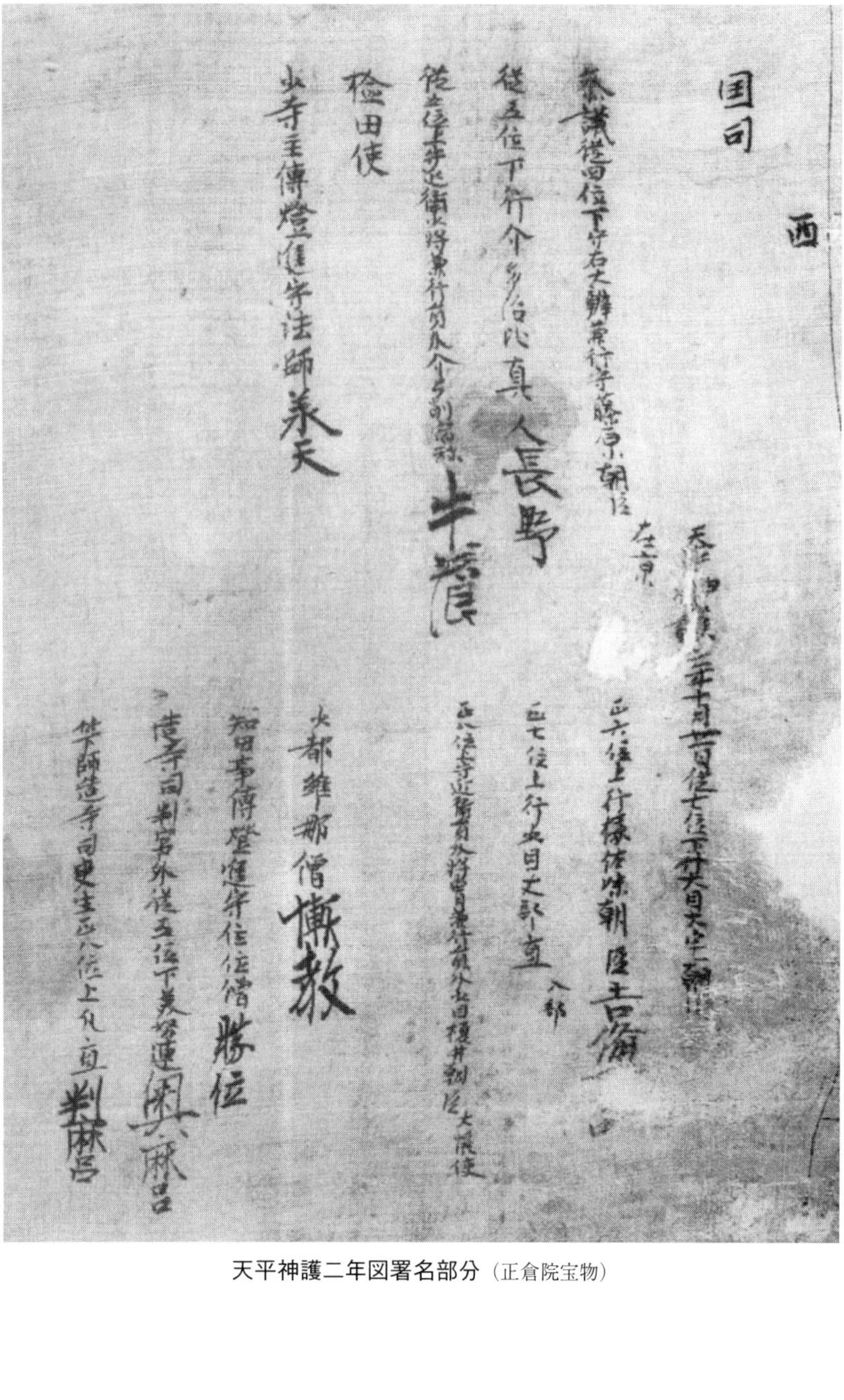

天平神護二年図署名部分（正倉院宝物）

従五位下行員外介長野連〈在京〉
（下段）
従六位下行掾平群朝臣「虫麻呂」
従七位上行大目阿倍朝臣〈入部内〉
従七位上行少目上毛野公〈暇〉

《天平神護二年図署名部分》
国司
参議従四位下守右大弁兼行守藤原朝臣〈在京〉
従五位下行介多治比真人「長野」
従五位上守近衛少将兼行員外介弓削宿祢「牛養」
（下段）
正六位上行掾佐味朝臣「吉備万呂」
正七位上行少目丈部直〈入部〉
正八位上守近衛員外将曹兼行員外少目榎井朝臣
〈大帳使〉
検田使
少寺主伝灯進守法師「承天」
（下段）　　少都維那僧「慚教」
知田事伝灯進守住位僧「勝位」
造寺司判官外従五位下美努連「奥麻呂」
算師造寺司史生正八位上凡直「判麻呂」

これらを比較すると、天平宝字三年図では東大寺側、国司の順であるのに対し、天平神護二年図ではその逆になっていることが分かる。この違いは、前者は東大寺側が作成主体で、国司がその内容を認証したものであるのに対し、後者は国司・東大寺側がともに作成に当たったものであることを示している。

天平宝字三年図と天平神護二年図とは、全く異なる状況下で作成された地図であった。天平二十一年（七四九）に四〇〇〇町を上限とした墾田開発が認められると、東大寺は北陸地方を中心に土地を占定し、開発や買得等を通して墾田の拡大に努めた。そのような東大寺と在地の有力者との土地の領有を巡る争いが顕在化するのは天平宝字二年からで、争論に対して国司が東大寺に不利な裁定を下すケースが急増する。これは、橘奈良麻呂の乱を平定して反対派を一掃し、中央政界での権力掌握に成功した藤原仲麻呂の指示にもとづくものと考えられる。かつては東大寺の造営に積極的に協力していた仲麻呂も、権力掌握後は寺院振粛の方向に舵を取り、拡大しつつあった寺領に圧力を加え始めたのである。天平宝字四・五年の校班田の実施を控えた同三年、危機感が最高潮に達した東大寺は検田使を派遣してその時点での寺領の範囲を確定し、国司の認定を得て公験とすべく動いた。その公験が天平宝字三年図と券文であった。ただし、東大寺の努力も空しく、これらは同四・五年の校班田では巡察使や国司によって完全に無視され、寺家側からすれば不当な校班田が実施されてしまう。

しかし、この状況は、天平宝字八年（七六四）の仲麻呂の乱後に発足した道鏡政権下で一転する。すなわち、寺院優遇政策への転換により、同四・五年の校班田における東大寺領の扱いを中央政府・国司が不当とみなし、天平宝字三年の図・券文にもとづく寺領の回復を認めたのである。東大寺はこの機会を逃さず、寺領の回復と一円化を進めた。天平神護二年の図と券文は、その結果を国司と東大寺が共同でまとめたものであった。以上のように、両図の作成の背景は全く異なっているのである。

再度、両図の表現の違いに目を向けよう。天平宝字三年図には、描線の歪みやかすれが目立ち、大胆な訂正の痕がそのままに残るものもある。絵画的な要素の少なさなども勘案すると、表現自体に手間や時間を十分に掛ける余裕がなかった状況がうかがえる。一方、天平神護二年図は彩色や絵画的な表現が豊かであり、描写自体も丁寧である。また、開発予定の溝や堰を描くなど、将来的な荘園経営の構想まで盛り込んだ、用意周到に作成された地図と評価できる。作成主体・目的・状況の違いは表現にも明瞭に表れているといえよう。

これまで、古代の荘園図はいずれも中央への報告として作成されるもので、ややもするとその性格も均質に捉えられがちであったが、当事者が自己の利益を守るために作成した側面が少なからずあり、当事者の関わり方もそれぞれの時期の状況に応じてさまざまであったことが分かってきた。荘園図の検討に当たっては、このような作成の背景を十分に踏まえることが重要である。

（飯田剛彦）

コラム3

史料としての経典跋文《ばつぶん》

奈良時代における仏教の隆盛は、『続日本紀《しょくにほんぎ》』などの編纂史料、正倉院文書《しょうそういんもんじょ》などの原文書史料からもうかがうことができるが、何よりもそれをよく示すのが仏堂・塔などの建築物、それに仏像などの造形品である。ここで取り上げる経典も仏教造形品の一つで、わが国には奈良時代の写経現品が数多く伝来している。

その中には、経典本文以外の文字情報を有するものもある。書写者や発願者《ほつがんしゃ》の氏名、書写年月日、書写の目的を記した願文《がんもん》、書写より後の時代に書き込まれた訓点《くんてん》や注記、あるいは校正の奥書などがそれである。なお、「跋《ばつ》」という語は、書作品の前に付く「題」に対し、作品の後に付く賛美文等の文章を言う。経典の写本で、本文以外の文字情報は、本文末尾より後ろに書かれたものが多く、それはたしかに「跋」ではあるが、本文の前や料紙《りょうし》の裏面に書かれる場合もあるので、それぞれの内容に応じて、書写奥書とか、発願文とか、校正記などと呼び分けるべきである。ただ、それらを総称する用語も必要なので、現在では仮に「跋文」と呼んだり、「識語《しきご》」という語が用いられたりしている。

写経の跋文（識語）も歴史学の重要な史料であることは言を俟たないが、写経自体の美術史学的評価とも連動してくるため、これまであまり積極的に活用されてきたとは言えない。近年、『上代写経識語注釈』という大著が刊行され、奈良時代以前の跋文（識語）を有する写経遺品については、史料として利用しやすい環境が整ってきた。その一つ諸菩薩求仏本業経《しょぼさつぐぶつほんぎょうきょう》（五月一日経）（奈良国立博物館所蔵）を読んでみよう。

皇后藤原氏光明子奉為　尊孝贈正一位太政太臣府

君、尊妣贈従一位橘氏太夫人、敬写一切経論及律荘厳既了、伏願憑斯勝因奉資冥助、永庇菩提之樹長遊般若之津、又願上奉　聖朝恒延福寿、下及寮采共尽忠節、又光明子自発誓言、弘済沉淪勤除煩障妙窮諸法早契菩提、乃至伝灯無窮流布天下、聞名持巻獲福消災、一切迷方会帰覚路

天平十二年五月一日記

これは「五月一日経」と通称される一切経の一巻であり、一切経全体としては天平八年（七三六）以前から天《てん》平《ぴょう》勝宝《しょうほう》八歳（七五六）頃までの約二〇年間に七〇〇〇巻程度が製作されたことが、正倉院文書の研究から判明している。写経の発願者は光明皇后《こうみょうこうごう》（七〇一～七六〇）。願文は天平十二年（七四〇）五月一日の日付を持ち、七〇〇〇巻すべての巻末に付けられていた。願文の前半は、そのときすでに故人となっていた「尊孝」すなわち自らの父である「贈正一位太政大臣府君」＝藤原《ふじわらの》不比等《ふひと》と、「尊妣贈従一位橘氏太夫人」すなわち母の県《あがた》犬養橘三千代《いぬかいのたちばなのみちよ》が、冥土《めいど》において仏の加護《かご》を受け、悟りの境地にいたることを願う内容であり、後半の「又願」以降では、「聖朝」すなわち聖武天皇《しょうむてんのう》の幸福と長寿により治世が長く続くことと、臣下たちが忠節《ちゅうせつ》をつくすことを願うとともに、この写経の功徳《くどく》によって衆生《しゅじょう》が救われ、煩いや障害が除かれ、諸々の仏法を究めて悟りを得、さらには仏の教えが広く天下に流布し、経典を聞き、またそれを手に取る者は福徳を得て災いが消え、すべての迷える衆生が悟りの道へと帰るであろうと述べている。光明皇后の人物像や思想をうかがうことのできる重要な史料である。

五月一日経のように、正倉院文書と現存の写経遺品との関連が分かる例は他にもある。天平十八～二十一年頃に毎年七〇〇巻以上の般若心経《はんにゃしんぎょう》が書写され、正倉院文書では「年料多心経《ねんりょうたしんぎょう》」と称されているが、これの一部が伝来したものが、海龍王寺や根津美術館などに所蔵される「隅寺心経《すみでらしんぎょう》」であると推定されている。また、宝《ほう》亀《き》年間の写経所《しゃきょうしょ》で書写が行われた先一部《せんいちぶ》一切経の遺品と推定されているのが、薬師寺伝来の大般若経（通称「魚養経《ぎょようきょう》」）である。さらに、同じ宝亀年間書写の今更《いまこう》一部《いちぶ》一切経の遺品は、正倉院聖語蔵《しょうごぞう》にある奈良時代写

経に数多く含まれている。

さて、跋文（識語）の文言が、他の古代史料の理解に影響を与えた例を紹介しよう。「長屋王願経《ながやおうがんきょう》（和銅《わどう》経《きょう》）」の通称で知られる大般若経の巻第二百四十六（瑞光寺蔵）には次のような発願文が巻末にある。

藤原宮御寓　天皇以慶雲四年六月十五日登遐三光惨然四海遏密、長屋殿下地極天倫情深福報、乃為　天皇敬写大般若経六百巻、用尽酸割之誠焉

和銅五年歳次壬子十一月十五日庚辰竟

用紙一十六張　　北宮

冒頭の「藤原宮御寓天皇」は文武天皇《もんむてんのう》であり、慶雲四年（七〇七）の崩御から五年後の和銅五年（七一二）に、従兄弟に当たる長屋王が発願したのがこの写経である。文末の「北宮」について、かつてはこれを長屋王の妃で文武天皇の妹である吉備内親王《きびないしんのう》の居所とする見解が主流であった。しかし、平城京の長屋王邸跡から数多く発見された木簡の中に「北宮」と記されたものがあり、木簡群全体の解釈が進んでくると、願文と木簡にある「北宮」は、ともに長屋王が亡父高市皇子《たけちのみこ》から引き継いだ宮を指していることが推定されるようになった。現在はこちらの理解が大方の支持を得ている。

以上のように、経典の跋文（識語）も、古代史研究の重要な史料となりうる。経典だけでなく、当時隆盛を極めた仏教にかかわる種々の造形品について、美術史学だけでなく古代史学の側からも研究が深まれば、より鮮やかな古代史像を描けることになるであろう。

（野尻　忠）

参考文献

飯田剛彦「聖語蔵経巻「神護景雲二年御願経」について」『正倉院紀要』三四号、二〇一二年
上代文献を読む会編『上代写経識語注釈』勉誠出版、二〇一六年
奈良文化財研究所『平城京　長屋王邸跡─左京二条二坊・三条二坊発掘調査報告書』吉川弘文館、一九九六年
皆川完一『正倉院文書と古代中世史料の研究』吉川弘文館、二〇一二年
宮﨑健司『日本古代の写経と社会』塙書房、二〇〇六年
渡辺晃宏『平城京と木簡の世紀』講談社、二〇〇一年

Ⅲ　法制史料

①令《りょう》――大宝令《たいほうりょう》・養老令《ようろうりょう》――

一　書名について

日本で施行された令法典のうち、大宝元年（七〇一）に施行されたものは、当時「新令」と呼ばれたらしい。「らしい」というのは、最終的に延暦年間にまとめられた『続日本紀』に「新令に依り」（大宝元年三月二一日条、同六月八日条など）と見えてはいるものの、これが施行当時の呼称である確証が得られないからである。ただ、「新令」という表現が当時のものとすれば、持統三年（六八九）六月二九日に諸司に班賜《はんし》され、「戸令《こりょう》」「考仕令《こうしりょう》」という篇《へん》目《もく》があった令（現在では（飛鳥《あすか》）浄御原令《きよみはらりょう》と呼び習わしている）に対比しての呼称であったはずである。

七〇一年に施行された令法典は、その施行期間中はただ「令」と呼ばれていたが、この「令」に養老五年（七二一）頃までに修訂を施し、その後、筐底《きょうてい》に蔵していたもの(1)を天平宝字元年（七五七）に施行すると、新しく施行されたほうが「新令」（天平宝字元年五月二〇日条、その他）「今令」、または単に「令」と呼ばれるようになり、それまでの令は「古令」「前令」と呼ばれるようになった。ただ、中世・近世、そして近代歴史学が成立する前には、七〇一年に施行された令と七五七年に施行された令との区別は、清原宣賢《きよはらののぶかた》などの一部明法家を除いては殆ど意識されていなかった。しかし、中田薫が養老令の施行期を確定し(2)、かつ一部の条文について大宝令と養老令との異同を論じ(3)、また瀧川政次郎が日本の令法典編纂史を概括し、かつ大宝令の全編にわたる復原を試みた(4)ころ以降、七〇一年施行の令を大宝令、七五七年施行の令を養老令と呼ぶのが学界の共通認識となった。

大宝令・養老令ともに、令そのものはテキストとして残っていない。この点は、律《りつ》（養老律）とは異なる。ただ、養老令については、天長一〇年（八三三）完成、翌承和元年（八三四）施行の公定注釈書『令義解《りょうのぎげ》』（一〇巻三〇篇。うち八巻二一篇が現存。巻二〈職員《しきいん》・後宮《こうきゅう》職員・東宮《とうぐう》職員・家令《かれい》職員令〉および巻九の中の厩牧《くもく》・仮寧《けにょう》・喪葬《そうそう》令の部分は『令集解《りょうのしゅうげ》』から復原できる）、および貞観格が施行される貞観十一年（八六九）より前に惟宗直本《これむねのなおもと》が『令義解』および先行の諸注釈書を集成した『令集解』（三〇篇。うち二三篇が現存）は、ともに写本の形でかなりの部分伝存しているので、それぞれから注釈の部分を消し去れば、養老令の本文が立ち現れることになる（倉庫・医疾の両令は義解・集解ともに失われているので、逸文から復原せざるをえない）。大宝令については、集解諸説のうちの古記（大宝令施行中の天平十年〈七三八〉成立）や、その他の諸説（いずれも養老令への注釈）の「古令」への言及、『続日本紀』『類聚三代格』などの史料のうちの大宝令施行期間中の記事・規定、正倉院文書、木簡などによって復原できる部分があり、二〇世紀末までの復原成果は、仁井田陞著・池田温編集代表『唐令拾遺補』（東京大学出版会、一九九七年）第三部にまとめられている。

二　史料の特徴

令文の意味を理解するには『令義解』や、『令集解』に盛り込まれた注釈が大いに助けになり、これら抜きで古代人の令文解釈には辿り着けない（ただし、それらの注釈は、本来の令文の意図するところ〈「令意」という〉とは違うのではないか、という議論も可能である）。そこで本項目では『令義解』『令集解』の解説をしなければならないことになるが、『令集解』には『令義解』も盛り込まれているので、主に『令集解』について述べていくことにする。

はじめに、それぞれの形態と成立とについて簡単に触れておきたい。もともと養老令自体は、令条本文と、それに細字双行（割注）の形で付け加えられていた本注とからなっていたはずである。このことは、敦煌発見の永徽《えいき》東宮諸《とうぐうしょ》府職員令《ふしょくいんれい》断簡、開元七年（？）公式令断簡から推測できる。(5) ところが『令義解』を作る際には、公定注釈を細字双行の割注の形で条文に挿入したので、本注は割注ではなく、本文よりはやや小さめに記すにとどめることにした。これは、唐の永徽律をもとに、本文にやや小ぶりの本注をつけ、永徽律疏《りつそ》を参照した細字双行の割注を付け加えた大宝・養老律の形態と同じである。『令集解』を編む際にも、基本的にこの方式を踏襲したが、それまでにあった注釈書を盛り込む際には、惟宗直本の苦心があった。というのは、それらの注釈書は、必ずしも『令義解』のような体裁を採っていなかったようだからである。

令の注釈書のうち、現存する最も古いものは、唐招提寺で発見された「（古本）令私記断簡」で、九世紀前半のものである。(6) 注目すべきはその体裁で、まず令文から拾い出した語句・文節を掲げ、それに語意等の注釈を付け加えたものであった。この方式は、中世の御成敗式目の注釈類(7)や、同じく室町時代中期の有職故実家の一条兼良の講義録『令抄』（群書類従所収）でも採られており（ただし、これらは語句・文節ごとに改行している）、法律書の注釈ではよく採られていたものであった。最終的に『令集解』にまとめられた諸注釈も、改行されていたか追い込みになっていたかはともかくとして、元来は同様の体裁を持っていた可能性が大きい。『令集解』の編纂にあたった惟宗直本は、令文を適宜区切り、そこに諸注釈を羅列・挿入したが、彼がその時眼前にしていたのは、先ほど述べたように、令文の一部を抜き書きして掲げたものへの注釈であったので、はたして直本がそれらを本来注釈されるべき所に厳密に書き込んだか、この点は個別に検討する必要があるということになる。(8)

さて、『令集解』には、それぞれ時期や性格を異にする先行の注釈書が引載されており、その掲載順序はまず義解、次に令釈が続くのが大半であるが、古記、跡記、穴記、朱記の順はまちまちであり、必ずすべての注釈が並ぶわけでもない。ここでは、主な注釈書について、その成立順に簡単に解説しておく（以下、多くを井上光貞「日本律令の成立とその注釈書」日本思想大系『律令』岩波書店、一九七六年、による）。

「古記云」として掲げられる古記は、天平十年（七三八）に成立した注釈書なので、その対象とするところは大宝令である。したがって大宝令の復原に威力を発揮する。記述は具体的で、しばしば「今行事」「時行事」云々と、当時実際に行われていた慣行に言及し、また、時に「一云」として異説をも掲げている。議論の進め方は素朴であり、古典的という評価がふさわしい。作者を秦大麻呂《はたのおおまろ》とする説があるが、[9] 疑問も呈されている。[10] 古記の解釈は、後に続く令釈に踏襲されることも多く、令釈や義解の後に「古記無別」「古記同之」と直本が注記している場合は、該当部分について、一字一句令釈や義解が古記を踏襲していたことを示している。[11] また、古記が『玉篇』を引くときには令釈は『切韻』を引き、古記が『切韻』を引くときは令釈は『玉篇』をといったように、[12] 令釈は先行の古記を強く意識して作られており、時には古記の注釈を指して「酷吏の深文、豈に唯だ刑獄のみならんや」と罵倒することもあった（賦役令37雑徭条）。それだけ古記の権威は高かったのである。

「釈云」として掲げられる令釈は、七巻三〇篇からなっていたと伝えられ（『本朝法家文書目録』）、その成立自体は延暦六〜十年（七八七〜九一）頃と考えられている。成立の事情については、養老令の施行直後の講習の際に誕生した「新令私記《しんりょうしき》」「新令釈《しんりょうしゃく》」などと呼ばれる注釈書を先蹤《せんしょう》として、ほとんど公的にまとめられたものであった可能性がある。[13] 時に漢籍を渉猟しての訓詁に走る衒学的な面はあるものの、古記同様に令の全篇目にわたる大部な注釈であり、先述のように古記を意識しつつも、後の義解に採用されることの多い、権威のある注釈という位置づけである。なお、令釈の中に引かれている「師説《しせつ》」は、大宝令が施行された当初にその解説者として活躍した藤原不比等ら「令師《りょうし》」の説と考えられ、したがって大宝令の注釈である可能性が大きい。[14]

「跡云」として掲げられている跡記は、阿刀（安都）氏の一人が令釈にやや遅れる延暦年間前半に著した注釈書で、簡潔明瞭で即物的という特徴を持つ。なお、跡記には朱筆の書き込みが表裏の随所にあったようで、跡記の記述に引き続いて「朱云……。（在跡背・在跡・在跡後）」などとあるのは、こういった所謂「跡朱」と見るべきであろう。この点、後述する「朱記」と紛らわしいことがある。

「穴云」として掲げられている穴記は、穴太《あなほ（あのう）》内人など穴太氏出身の複数の明法家が、八世紀末から九世紀初期にかけて追記を重ねて作り上げた注釈書であった。[15] 詮索を好み、冗長・瑣末な机上の空論を弄ぶ傾向が強いが、古私記として古記を引いたり、[16] しばしば唐令を参照するなど、役に立つところもある。なお穴記同様に家学としての令注釈を書き綴ったものに、『令義解』の編纂にも携わった讃岐永直《さぬきのながなお》を出した讃岐氏による讃記がある。

「朱云」として掲げられている朱記は、しばしば疑問の提示で終わっており、『令義解』を編纂する過程でのゼミナールの記録ではないかとされている。[17]「物云」「中云」「原大夫云」「興大夫云」として物部《もののべの》（→物部中原→興原）敏久《みにく》の説を引き、また額田今足《ぬかだのいまたり》（「額説《がくせつ》」）、貞江継人《さだえのつぐひと》（「貞説《ていせつ》」）らの説を臨場感豊かに引用しているのは、彼らがともに『令義解』の編纂に携わっているという事情によるのだろう。

『令義解』は、『令集解』においては、他の注釈書に先んじて「謂」として始められる部分がこれに当たる。清原《きよはらの》夏野《なつの》が総裁となって、先述の年に編纂・施行された。古記・令釈などの権威筋の注釈を踏まえることが多く、時に説明のために問答スタイルを採ることはあるものの、基本的に簡潔で断定的な口調を採るのは、公定注釈だから当然だろう。

以上が惟宗直本が『令集解』を編纂した際に参照した主な注釈書であり、直本自身は、上に記した注釈書を掲げた上で、多くは「私」と記したのちに、弘仁式等を参考資料として掲げることがある程度で、自らの議論を展開することはない。

三　写本・影印本・活字本

『令義解』は、一三世紀に筆写された金沢文庫《かねさわぶんこ》本の精密な転写本で一六世紀末〜一七世紀前半成立の紅葉山文庫《もみじやまぶんこ》本（国立公文書館内閣文庫所蔵）が七巻一九篇分残っており[18]、これに猪熊《いのくま》本（鎌倉時代書写、國學院大學図書館所蔵）・藤波本（江戸時代末期書写、宮内庁書陵部所蔵）・岡谷本（鎌倉時代書写の岡谷惣介所蔵本の影写本、東京大学史料編纂所所蔵）により神祇令・僧尼令の二篇を補うことができ、さらに『令集解』から義解の部分を抜き出すことによって、いくつかの篇目が復原できることは先述した。他に善本としては、現存最古の写本である国立歴史民俗博物館所蔵の広橋本（鎌倉時代書写）がある。

一方『令集解』は、金沢文庫本（北条実時《さねとき》本）を祖本とする忠実な写本である紅葉山文庫本（国立公文書館内閣文庫所蔵）、金沢文庫本（建治二年奥書《おくがき》本）を祖本とする田中本、さらにその転写本とみられる無窮会《むきゅうかい》本等、また田中本同様に建治二年本を写した鷹司家《たかつかさけ》本・国立国会図書館所蔵舟橋《ふなはし》家旧蔵本（清家《せいけ》本）・東山御文庫《ひがしやまごぶんこ》本が伝わっている[19]。

ところで、医疾令《いしつりょう》と倉庫《そうこ》令については、義解・集解ともに残っていないので、江戸時代以来、両令本文の逸文収集・復原研究が進められてきており、一応の成果が『律令』（岩波書店、一九七六年）に収められているが、北宋の天聖令《てんせいれい》の発見によって、若干の修整が進められつつある[20]。なお、現存『令集解』のうち、官位令、考課令第三、公式令第五の三篇は、「異質令集解」と呼ばれるように、他の篇目とは体裁が異なっており、元来の各篇が失われてしまった後に、欠けた部分を補うために、先に掲げた諸注釈より後の私的注釈書を混入させたものである[21]。

影印本としては、紅葉山文庫本『令義解』は二色刷で刊行されている（東京堂出版、一九九九年、解説・水本浩典）。一方『令集解』については、最善本の一つとして国史大系本の底本とされた現在国立歴史民俗博物館所蔵の田中（穣）本三五冊の影印本が、『国立歴史民俗博物館蔵貴重典籍叢書』歴史篇第1～6として刊行されている（臨川書店、一九九八～九年、解題・石上英一）。また、冒頭から戸令までの巻一～一〇が現存する紅葉山文庫本『令集解』は、『内閣文庫所蔵史籍叢刊　古代中世篇1』（汲古書院、二〇一四年、解説・石上英一）に影印版が収められている。さらに『令義解』広橋本・藤波本・谷森本・紅葉山文庫本等、『令集解』神谷本・菊亭文庫本・紅葉山文庫本・東山御文庫本・舟橋本・田中本・鷹司本等のそれぞれ一部をサンプル的に収録した律令研究会編『訳註日本律令　十一』（東京堂出版、一九九九年。解説・水本浩典）がある。

刊本については、江戸時代にすでに『令義解』については塙保己一《はなわほきいち》が、『令集解』については石川介《いしかわかい》が、それぞれ刊行しているが、現在最も普及している活字本は、ともに新訂増補国史大系本（吉川弘文館）である。なお、養老令の本文については、『律令』が現在最も校訂の行き届いたものであり、注釈もスタンダードと言える。索引としては『令義解』については亀田隆之他編『令義解総索引』（高科書店、一九九一年）があり、『令集解』については、水本浩典他編『令集解総索引』（高科書店、一九九一年）があるが、現在では明治大学日本古代学研究所が、鷹司本に基づく『令集解』全文データ（石川介本『令集解』画像データも含む）を公表しているので（http://www.kisc.meiji.ac.jp/~meikodai/obj_ryoshuge.html）、こちらのほうが利用しやすい。

『令義解』もそうだが、特に『令集解』の方は、転写の際の誤写、活字化の際の誤読・誤刻を免れず、さらには句読点、返り点についても問題が無いわけではないので、もとより勝手な意改は慎まなければならないが、ある程度は文字や訓点の誤りの可能性を考慮に入れておかなければならない。近年における文字の異同の指摘から展開した好論文の例としては、吉川真司「勅符論」（『律令官僚制の研究』塙書房、一九九八年。初出一九九四年）を挙げるにとどめておく。錯簡や刊本での誤脱については、小倉真紀子「『令集解』田令田長条穴記の錯簡」（『古文書研究』七九、二〇一五年）、福原栄太郎「新訂増補国史大系本『令集解』戸令国遣行条における脱文について」（『日本歴史』七五

六、二〇一一年）など、近年でも指摘が続いている。

四　史料本文を読む

ここでは『令集解』田令29荒廃条を取り上げて読み下してみたい（左の写真は田中本。釈文は新訂増補国史大系本に依り、現行通用の字体に改めている）。

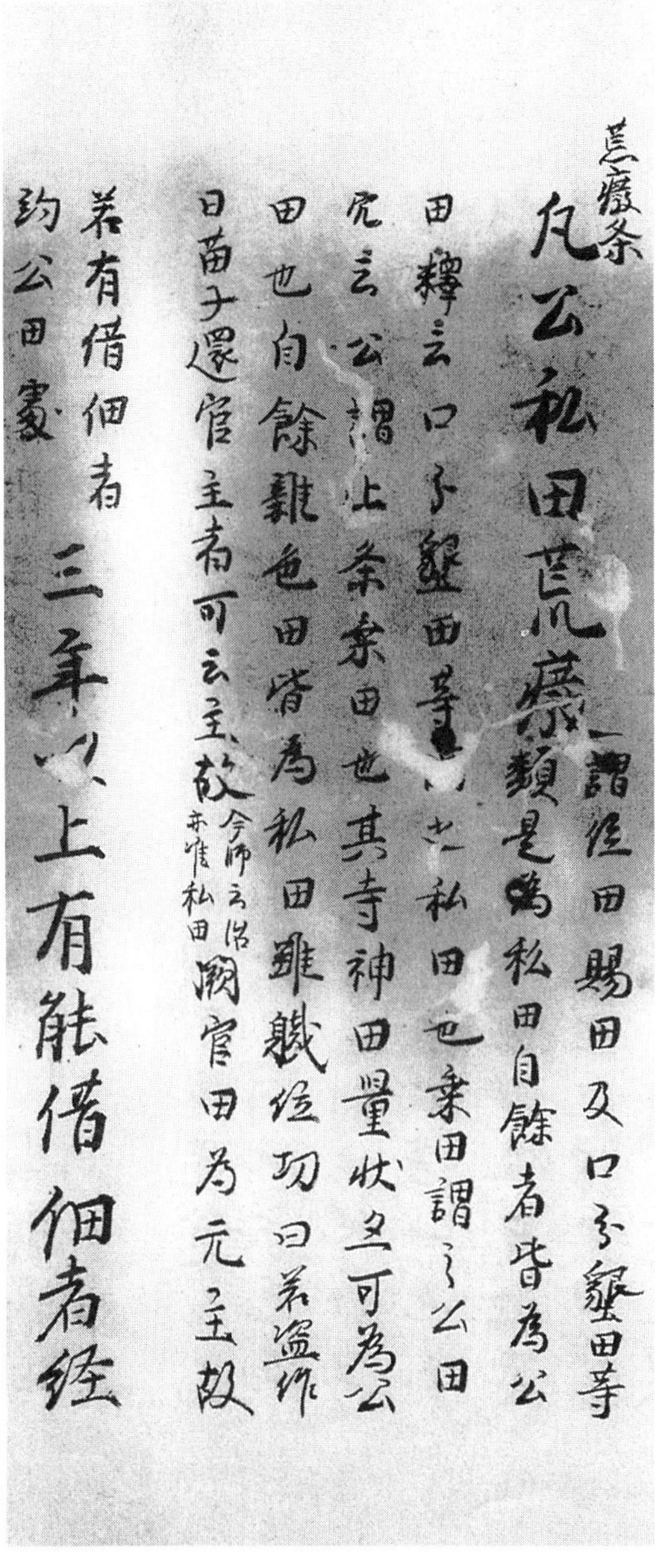

左記釈文中のAおよびBの冒頭部分（画像：国立歴史民俗博物館提供）

〔釈　文〕

A凡公私田荒廃、

謂、位田、賜田及口分墾田等類、是為私田。自余者皆為公田。釈云、口分墾田等謂之私田也。乗田謂之公田。穴云、公、謂上条乗田也。其寺神田、量状亦可為公田也。自余雑色田皆為私田。雖職位功田、若盗作日苗子還官主者、可云主故〈今師云、治田亦准私田〉。闕官田為無主故。若有借佃者、約公田処。

B三年以上、有能借佃者、経官司、判借之。

穴云、問、荒廃之田、聴国司借作哉。答、不可聴也。非空閑地之故。縦有任土人亦不許也。問、荒廃二年以下有借佃者何。答、有催課文、無禁留文。然則借佃者聴。但不依三年六年還法、当年之後還官主。問、口分田及雑色田等、荒廃経年序。未知、以幾年退代哉。答、依荒廃不合退代也。但溝井崩失、不得耕作者、換班給也。為与被侵水無殊也。朱云、荒廃三年以上、謂注官帳、未注並同者。未知、凡計三年。自不佃年初計不。又注官帳、何以所知。答、毎年可勘治田之熟不也。而則自不作年始可計三年。問、若三年之後、将田主佃者雖有借人不与何。答、雖有借人不免耳〈未〉。古記云、荒廃三年以上、謂堤防破壊不堪修理、仍有能修理佃者、判佃之也。主欲自佃先尽其主、謂他人先請願佃、経官司訖、後主聞他人佃、而未申自佃者、縦雖後申猶令主佃。開元令云、令其借而不耕、経二年者、任有力者借之。即不自加功、転分与人者、其地即廻借見佃之人。若佃人雖経熟訖、三年之外、不能種耕。依式追収、改給也。荒地、謂未熟荒野之地。先熟荒廃者非。唯荒廃之地、有能借佃者、判借耳。

C雖隔越亦聴。

謂、仮如、甲郡人、欲佃乙郡田聴也。跡云、雖隔越、謂国内之人耳。若他国人願借佃者、申官聞処分耳。穴云、雖隔越亦聴、謂所部一国之内是。朱云、雖隔越亦聴、謂国内人也。若越国界、申官聞処分者。

D私田三年還主。公田六年還官。

謂、雖班田年、未満限者、不合収。其限内者輸租、限外者輸地子。釈云、雖班年而未至三六年之間者、不収也。案三年六年之間、可出租也。穴云。其死者田并闕官田、三周六年間、班田及新任人来不可取収。為有開佃功。但新任人無田之状申上司耳。朱云、私田三年還主。公田六年還官者。未知、職田、位田、功田、賜田等、為私田、為公田何。凡此田亦聴判借不。答、皆可為私田也。此亦可判借者。

E限満之日、所借之人口分未足者、公田即聴充口分。

謂、不待班年即授也。釈云、是亦不待班年而授也。或説、待班年而授者非也。跡云、聴充口分、謂至班田之時便給耳〈朱案、文大難。何。但貞依先言及所説耳〉。未至之間、合輸地子。但租自始佃年、皆合輸也。穴云、充口分、謂当班田之年。若未至班年、待至年而従収授也。跡同之。但令釈異説云、不待班田之年而可給。可検是非也。朱云、自佃年初出租。但地子不出者。未知、而於田主無得物耳歟何。答、然者也。

F私田不合。其官人於所部界内、有空閑地願佃者、任聴営種。

謂、官人者、国司。若以土人任為国司、并郡司及百姓等営種者、即永為私田。跡云、還公、謂郡司百姓并土人任国司而請公験開墾者、永為私財耳。穴云、官人、謂国司也。余司。跡云。聴営種者、所謂墾田是。但為非土人故還公。問、以土人為国司而替解之日還公哉。答、不可還耳。抑可案也。師云、尚可還公也。問、三六年、及任内佃食、田租何。答、私田及墾田輸租。然則於空閑地、輸租無疑。於公田亦輸租。不税之田、上釈訖故也。還官之後、賃租如上条。凡人有欲他国空閑地者、非当国所処分也。私、申官待報也。朱云、文称官人、未知、史生何。私案、此亦同歟。何也。又文称任聴営種。而則為不経官何。先云、然也。但可経同僚也。替解之日、還公状可申官者何。或云、土人任国司、部内娶妻聴故者。貞反不同也。古記云、任聴営種、謂、告同官知之也。

G替解之日還公。

古記云、替解日還官収授、謂百姓墾者待正身亡、即収授。唯初墾六年内亡者、三班収授也。公給熟田、尚須六年之後収授。況加私功、未得実哉。挙軽明重義。其租者、初耕明年始輸也。開元式第二巻云、其開荒地、経二年収熟、然後准例。養老七年格云、其依旧溝墾者、給其一身也。新作堤防墾者、給伝三世也。国司不合。天平十五年五月廿七日格、勅、如聞、墾田縁養老七年格限満之後、依例収授。由是農夫怠倦、開地復荒。自今以後、任為私財、無論三世一身、悉咸永年莫取。其国司在任之日墾田、一依前格。但人為開田占地者、先就国申請、然後開之。不得因茲占請百姓有妨之地。若受地之後、至三年、本主不開者、聴他人開墾。其親王一品及一位五百町。二品及二位四百町。三品四品及三位三百町。四位二百町。五位一百町。六位以下八位以上五十町。初位以下至于庶人十町。但郡司者、大領、少領卅町。主政、主帳十町。若有先給地数過多茲限、便即還公。姧作（詐）隠欺、以法科罪。国司在任之日墾田、一依前格。

〔読み下し〕

A凡《およ》そ公私《こうし》の田《た》、荒廃《こうはい》して、

謂《い》うこころは、位田《いでん》・賜田《しでん》、及《およ》び口分《くぶん》・墾田等《こんでんとう》の類《たぐい》、是《これ》を私田《しでん》とせよ。自余《じょ》は皆《みな》、公田《こうでん》とせよ。

釈《しゃく》に云《い》わく、口分・墾田等、これを私田と謂うなり。乗田《じょうでん》、これを公田と謂う。

穴《あな》に云わく、「公《こう》」とは、上条《じょうじょう》（田令11）の乗田を謂うなり。其《そ》れ寺《じ》・神田《しんでん》は、状《じょう》を量《はか》るに、亦《また》公田となすべきなり。自余の雑色田《ぞうしきでん》は、皆、私田となす。職《しき》・位《い》・功田《こうでん》と雖《いえど》も、若《も》し盗《ぬす》み作《つく》る日の苗子《びょうし》、官《かん》・主《しゅ》に還《かえ》さば、主《しゅ》と云うべきが故《ゆえ》なり。〈今師《いまし》云わく、治田《はりた（じでん）》も亦私田に准《じゅん》ず、と〉。闕官田《けつかんでん》は主無しとなすが故に、若し借佃《しゃくでん》の者《もの》有らば、公田の処《ところ》に約《やく》す。

B三年以上《さんねんいじょう》ならん、能《よ》く借《か》り佃《つく》らんという者有らば、官司《かんし》に経《ふ》れて、判《ことわ》りて借《か》せ。

穴に云わく、問《と》う、荒廃《こうはい》の田《た》、国司《こくし》の借《か》り作《つく》るを聴《ゆる》すか。答《こた》う、聴《ゆる》すべからざるなり。空閑地《くうかんち》にあらざるの故《ゆえ》なり。縦《たと》い土人《どにん》を任《にん》ずること有るも、亦許《ゆる》さざるなり。問う、荒廃二年以下にして、借《か》り佃《つく》る者有らばいかん。答う、催《もよお》し課《おお》す文《ぶん》有るも、禁《きん》じ留《とど》むるの文無し。然《しか》れば則《すなわ》ち借り佃るは聴すなり。但《ただ》し三年・六年の還《かえ》す法《ほう》には依《よ》らず、当年《とうねん》の後《のち》は官・主に還《かえ》すなり。問う、口分田《くぶんでん》及び雑色田《ぞうしきでん》等、荒廃して年序《ねんじょ》を経《ふ》。未《いま》だ知《し》らず、幾年《いくとせ》を以《もっ》て退代《たいだい》するか。答う、荒廃に依りては退代すべからざるなり。但し溝　井《みぞい（こうせい）》崩失《ほうしつ》し、耕作《こうさく》するを得ざるは、換《か》えて班給《はんきゅう》するなり。侵水《しんすい》を被ると殊《こと》なること無《な》きがためなり。

朱《しゅ》に云《い》わく「荒廃三年以上《こうはいさんねんいじょう》」とは、謂うこころは、官《かん》の帳《ちょう》に注《しる》すと、いまだ注《しる》さざると並《なら》びに同じなり、と。未だ知らず、凡《およ》そ三年を計《はか》るは、佃《つく》らざるの年より初《はじ》め計《はか》るやいなや。また、官の帳に注すとは、何《なに》を以《もっ》て知る所《ところ》か。答う、毎年《まいとし》、治　田《はりた（じでん）》の熟《じゅく》・不《ふ》を勘《かんが》うべきなり。而《しか》れば則《すなわ》ち作《つく》らざる年より始《はじ》めて三年を計《はか》るべし。問う、若《も》し三年の後《のち》、将《まさ》に田主佃《でんしゅつく》らんとせば、借《か》る人《ひと》有りと雖《いえど》も与《あた》えざるか、いかん。答う、借《か》る人有りと雖《いえど》も免《ゆる》さざるのみ〈未《み》〉。

古記《こき》に云《い》わく、「**荒廃三年以上**《こうはいさんねんいじょう》」とは、謂《い》うこころは堤防破壊《ていぼうはかい》して修理《しゅうり》に堪《た》えず、仍《よ》りて**能《よ》く修理《しゅうり》して佃《つく》る者《もの》有らば、判《ことわ》りて佃《つく》らしむるなり**。「**主自《しゅみずか》ら佃《つく》らんと欲《ほっ》せば、先《ま》づ其《そ》の主《しゅ》を尽《つ》くせ**」とは、謂《い》うこころは、他人《たにん》の、先《さき》に佃《つく》らんことを請い願《ねが》い、**官司《かんし》に経《ふ》れ訖《おわ》り**、後《のち》に主《しゅ》、他人《たにん》の佃《つく》らんとするを聞《き》きて、未《いま》だ自《みずか》ら佃《つく》らんと申《もう》さざるの者《もの》、縦《たと》い後《のち》に申《もう》すと雖《いえど》も、猶《な》お主《しゅ》をして佃《つく》らしむ。開元令《かいげんれい》に云《い》わく「其《そ》れ借《か》らしめて耕《たがや》さず、二年《にねん》を経《へ》ば、任《まま》に有力《ゆうりょく》の者《もの》に借《か》せ。即《も》し自《みずか》ら功《こう》を加《くわ》えず、転《てん》じて人《ひと》に分《わか》ち与《あた》えなば、其《そ》の地《ち》は即《すなわ》ち見《げん》に佃《つく》るの人に廻《めぐら》し借《か》せ。若《も》し佃《つく》る人、熟《じゅく》を経訖《へおわ》んぬと雖《いえど》も、三年《さんねん》の外《ほか》は、種《う》え耕《たがや》す能《あた》はず。式《しき》に依《よ》りて追収《ついしゅう》し改給《かいきゅう》せよ」と。「**荒地**《こうち》」とは、謂《い》うこころは未熟荒野《みじゅくこうや》の地《ち》なり。先熟荒廃《せんじゅくこうはい》は非《ひ》なり。唯《た》だ荒廃《こうはい》の地《ち》は、**能《よ》く借《か》り佃《つく》らん者《もの》有らば、判《ことわ》りて借《か》す**のみ。（最後の一文は、「唯」を「准」の誤写とみて、「（荒地は）荒廃の地に准じて、能く借り佃らん者有らば、判りて借《か》すのみ」と読む説もある。後掲拙稿参照）

C 隔越《かくおつ》すと雖《いえど》も亦聴《またゆる》せ。

謂《い》うこころは、たとえば甲郡《こうぐん》の人、乙郡《おつぐん》の田《た》を佃《つく》らんと欲《ほっ》せば聴《ゆる》すなり。

跡《あと》に云《い》わく、「隔越《かくおつ》すと雖《いえど》も」とは、謂《い》うこころは、国内《こくない》の人《ひと》のみなり。若《も》し他国《たこく》の人借《か》り佃《つく》るを願《ねが》わば、官《かん》（＝太政官）に申《もう》して処分《しょぶん》を聞《き》くのみ。

穴《あな》に云《い》わく、「隔越《かくおつ》すと雖《いえど》も亦聴《またゆる》せ」とは、謂《い》うこころは、所部《しょぶ》の一国《いっこく》の内《うち》、是《これ》なり。

朱《しゅ》に云《い》わく、「隔越《かくおつ》すと雖《いえど》も亦《また》聴せ」とは、謂うこころは、国内《こくない》の人《ひと》なり。若《も》し国《くに》の界《かい》を越《こ》さば、官《かん》に申《もう》して処《しょ》分《ぶん》を聞《き》く、てえり。


D私田《しでん》は三年にして主《しゅ》に還《かえ》せ。公田《こうでん》は六年にして官《かん》に還《かえ》せ。

謂《い》うこころは、班田《はんでん》の年《とし》と雖《いえど》も、未《いま》だ限《げん》に満《み》たずんば、収《おさ》むべからず。其《そ》れ限《げん》の内《うち》ならば租《そ》を輸《いだ》し、限《げん》の外《ほか》ならば地子《じし》を輸《いだ》せ。

釈《しゃく》に云《い》わく、班年《はんねん》と雖《いえど》も未《いま》だ三・六年に至《いた》らざるの間《あいだ》は、収《おさ》めざるなり。案《あん》ずるに、三年・六年の間《あいだ》は、租《そ》を出《いだ》すべきなり。

穴《あな》に云《い》わく、其《そ》れ死者《ししゃ》の田《た》、并《ならび》に闕官《けつかん》の田は、三周《さんしゅう》・六年の間、班田《はんでん》及び新任《しんにん》の人《ひと》来《く》るも、取《と》り収《おさ》むべからず。開佃《かいでん》の功有《こうあ》るがためなり。但《ただ》し新任《しんにん》の人《ひと》、田無《たな》きの状《じょう》を上司《じょうし》に申《もう》すのみ。

朱《しゅ》に云《い》わく、「私田《しでん》は三年《さんねん》にして主《しゅ》に還《かえ》せ。公田《こうでん》は六年《ろくねん》にして官《かん》に還《かえ》せ」てえるは、未《いま》だ知《し》らず、職田《しきでん》・位田《いでん》・功田《こうでん》・賜田等《しでんとう》は、私田《しでん》となすか、公田《こうでん》となすか、いかん。凡《およ》そ此《こ》の田《た》、亦判《またことわ》りて借《か》すを聴《ゆる》すやいなや。答《こた》う、皆《みな》、私田《しでん》となすべきなり。此《こ》れも亦判《またことわ》りて借《か》すべし、てえり。


E限満《げんまん》の日《ひ》に、借《か》らむ所《ところ》の人《ひと》、口分《くぶん》足《た》らずは、公田《こうでん》は即《すなわ》ち口分《くぶん》に充《あ》つるを聴《ゆる》せ。

謂《い》うこころは、班年《はんねん》を待《ま》たずに、即《すなわ》ち授《さず》くるなり。

釈《しゃく》に云《い》わく、是《こ》れも亦《ま》た班年《はんねん》を待たずして授くるなり。或説《あるせつ》に「班年を待ちて授く」てえるは非なり。

跡《あと》に云わく、「口分《くぶん》に充つるを聴《ゆる》せ」とは、謂うこころは、班田の時に至らば、便ち給うのみ〈朱《しゅ》案ずるに、文、大いに難あり。いかん。但し、貞《さだ（てい）》は、先の言及び所説に依るのみ〉。未だ至らざるの間は、地子《じし》を輸《いだ》すべし。但し租は、始め佃《つく》るの年より、皆、輸すべきなり。穴に云はく、「口分に充つ」とは、謂うこころは、班田の年に当たりてなり。若《も》し未だ班年に至らずば、至る年を待ちて、収授に従うなり。跡も之に同じ。但し令釈は、説を異《こと》にして云わく「班田の年を待たずして給うべし」と。是非《ぜひ》を検《けん》ずべきなり。

朱に云わく、佃《つく》る年より初めて租を出す。但し地子は出さず、てえり。未だ知らず、田主《でんしゅ》においては、得《う》る物無きのみか、いかん。答う、然《しか》り、てえるなり。

F私田《しでん》はすべからず。其《そ》れ官人《かんじん》、所部《しょぶ》の界内《かいない》において、空閑地《くうかんち》有り、佃《つく》らんと願はば、任《まま》に営種《えいしゅ》するを聴《ゆる》せ。謂《い》うこころは、「官人」とは、国司《こくし》なり。若《も》し土人《どにん》を以て任じて国司となす、并《なら》びに郡司及び百姓等《ひやくしょうとう》の営種する者は、即《すなわ》ち永く私田とせよ。

跡に云わく、「公《おおやけ》に還《かえ》せ」とは、謂うこころは、郡司・百姓、并びに土人《どにん》を国司に任《にん》じ、公験《くげん》を請《こ》いて開墾《かいこん》する者は、永く私財《しざい》となすのみ。

穴に云わく、「官人」とは、国司を謂うなり。余《よ》の司《つかさ》（を謂うにはあらず）。

跡に云わく、「営種《えいしゅ》するを聴《ゆる》せ」とは、所謂《いわゆる》墾田《こんでん》是《こ》れなり。但し土人《どにん》にあらざるがための故《ゆえ》に公《おおやけ》に還《かえ》すなり。

問《と》う、土人《どにん》を以《もっ》て国司と為《な》さば、替解《たいかい》の日に公《おおやけ》に還《かえ》すか。答う、還すべからざるのみ。抑《そもそ》も案《あん》ずべきなり。師《し》云わく、尚《な》お公に還すべきなり、と。問う、三・六年、及び任《にん》の内《うち》に佃食《でんしょく》せば、田租《でんそ》はいかん。答う、私田《しでん》及び墾田《こんでん》は租《そ》を輸《いだ》すなり。然《しか》れば則《すなわ》ち、空閑地《くうかんち》に於《お》いては、租を輸すこと疑《うたが》い無し。公田《こうでん》に於いても、亦《ま》た租を輸すなり。不税《ふぜい》の田《た》は、上《うえ》に釈《と》き訖《おわ》んぬるが故《ゆえ》なり。官《かん》に還すの後《のち》は、賃租《ちんそ》すること上条《じょうじょう》（田令11）の如《ごと》し。凡《およ》そ人《ひと》の、他国《たこく》の空閑地《くうかんち》を欲《ほっ》する者《もの》有らば、当国《とうこく》の処分《しょぶん》する所には非《あら》ざるなり。私《わたくし》、官《かん》に申《もう》し報《ほう》を待つなり。朱に云わく、文《ぶん》に「官人《かんじん》」と称《い》うは、未だ知らず、史生《ししょう》はいかん。私案《わたくしあん》ずるに、此《こ》れも亦《ま》た同じか。いかん。又《ま》た文《ぶん》に「任《まま》に営種《えいしゅ》するを聴《ゆる》す」と称《い》う。而《しか》れば則《すなわ》ち官に経《ふ》れずとなすか、いかん。先《せん》云わく、然《しか》るなり。但《ただ》し同僚《どうりょう》に経《ふ》るるべきなり、と。替解《たいかい》の日、公に還すの状《じょう》を官《かん》に申すべし、てえるはいかん。或《あ》るひと云わく、土《ど》人《にん》の国司《こくし》に任《にん》じ、部内《ぶない》にて妻《つま》を娶《めと》るは聴《ゆる》す故《ゆえ》、てえり。貞、反《かえ》りて同《おな》じからざるなり。

古記に云わく、「**任に営種するを聴せ**」とは、謂うこころは、同官《どうかん》に告《つ》げて之《これ》を知らすなり。

G替解《たいかい》の日には、公に還せ。

古記に云わく、「**替解の日、官に還し収授せよ**」とは、謂うこころは、百姓墾《ひゃくしょうこん》は正身《せいしん》の亡《し》ぬを待ち、即《すなわ》ち収授《しゅうじゅ》するなり。唯《た》だ初め墾《ひら》きて六年《ろくねん》の内《うち》に亡《し》なば、三班《さんぱん》に収授《しゅうじゅ》するなり。公《おおやけ》、熟田《じゅくでん》を給《たま》い、尚《な》お六年の後を須《ま》ちて収授《しゅうじゅ》す。況《いわ》んや私功《しこう》を加え、未だ実《じつ》を得ざるにおいてをや。軽《かる》きを挙《あ》げて重きを明らかにする義《ぎ》なり。其れ租は、初め耕《たがや》して明年《みょうねん》始めて輸《いだ》すなり。開元式《かいげんしき》第二巻に云わく「其れ荒地《こうち》を開き、二年を経て熟《みのり》を収《おさ》め、然る後に、例《れい》に准《じゅん》ぜよ」と。養老《ようろう》七年格《きゃく》に云わく「其《そ》れ旧溝《きゅうこう》に依《よ》りて墾《ひら》かば、其の一身《いっしん》に給うなり。新《あら》たに堤防《ていぼう》を作りて墾《ひら》かば、給いて三世《さんぜ》に伝《つた》えしむるなり。国司《こくし》はすべからず」と。天平《てんぴょう》十五年五月廿七日の格に「勅《ちょく》すらく、聞くならく『墾田《こんでん》は、養老七年格に縁《よ》り、限満《げんまん》の後《のち》に、例に依りて収授《しゅうじゅ》す。是《こ》れに由《よ》り、農夫《のうふ》怠《おこた》り倦《う》み、開《ひら》ける地復《ま》た荒《あ》る』と。自今以後《じこんいご》、任《まま》に私財《しざい》となし、三世《さんぜ》・一身《いっしん》を論《ろん》ずること無く、悉《ことごと》く咸《み》な永年《えいねん》取る莫《な》かれ。其れ国司在任《こくしざいにん》の日の墾田《こんでん》は、一《いつ（もはら）》に前格《ぜんきゃく》に依《よ》れ。但《ただ》し人の、田を開き地を占《し》めんとなす者は、先《ま》づ国に就《つ》きて申請《しんせい》し、然《しか》る後《のち》に之《これ》を開け。茲《これ》に因《よ》りて百姓《ひゃくしょう》に妨《さまたげ》有るの地を占め請《こ》うことを得《え》ざれ。若《も》し地を受くるの後《のち》、三年に至るも本主《ほんしゅ》開かずば、他人《たにん》の開墾《かいこん》するを聴《ゆる》せ。其《そ》れ親王一品《しんのういっぽん》及び一位、五百町《ちょう》。二品及び二位、四百町。三品・四品及び三位、三百町。四位、二百町。五位、一百町。六位以下八位以上、五十町。初位《そい》以下、庶人《しょじん》に至るまで十町。但し、郡司《ぐんじ》は、大領《だいりょう》・少領《しょうりょう》、三十町。主政《しゅせい》・主帳《しゅちょう》、十町。若《も》し先に地を給う数《かず》、茲《こ》の限りより過多《かた》なる有らば、便即《すなわ》ち公《おおやけ》に還《かえ》せ。奸詐《かんさ》・隠欺《いんぎ》あらば、法《ほう》を以て科罪《かざい》せよ。国司《こくし》在任の日の墾田《こんでん》は、一に前格《ぜんきゃく》に依《よ》れ」と。

〔解　説〕

本条の古記によって復原可能な大宝令の字句はゴチックの部分のみである（「　」内は確実。他はほぼ確実）。このため特に、①「荒地」の語はどういう文脈の中にあったか（確かに前段にあったか、それとも後段にあったのを惟宗直本が前段の古記に続けて入れたか、という問題、及び、荒地開発のための判借は認められていたのかどうか、という問題）、②大宝令の「荒地」と養老令の「空閑地」とはどういう関係にあるか、という点をめぐってさまざまな大宝令文の復原案が提示されてきた[22]。

ただ、本条のもとになったと考えられる唐永徽令文については、天聖田令唐30に、開元二十五年令文が以下のように見えていることが目を惹く[23]。

諸公私田荒廃三年以上、有能借佃者、経官司申牒借之、雖隔越亦聴。（易田於易限之内、不在倍（借カ）限。）私田三年還主、公田九年還官。其私田雖廃三年、主欲自佃、先尽其主。限満之日、所借人口分未足者、官田即聴充口分。（若当県受田尽足者、年限雖満、亦不在追限。応得永業者、聴充永業。）私田不合。**令其借而不耕、経二年者、任有力者借之。即不自加功転分与人者、其地即廻借見佃之人。若佃人雖経熟訖、三年之外不能耕種、依式追収、改給。**

右のうちゴチックの部分は、B古記が「開元令」（おそらく開元三年令[24]）として引くものと全く同文であり、古記の引用の精密さを証している。日唐令を比較して注目されるのは、第一に、そもそも唐の田令には、唐7条に「諸五品以上永業田、皆不得於狭郷受。任於寛郷隔越射無主荒地充」とある以外には、つまり官人永業田以外には、「荒地」を新たに開墾した際の土地の帰属に関する規定は存在しないこと（古記が引くように、開元式には「荒地」開発の手続き規定があった）、第二に、「荒地」の語は唐30条には存在せず、大宝令の編者が必要と認めて荒廃条に書き込んだと考えられること、以上二点である。唐の一般庶民にとって荒地の新開発が特段の問題にならなかったのは、成人男子一人あたり一頃（一〇〇畝）という均田制下の授田額は一種の理想であって、多少開発してもこの枠内に収まったからではないかと考えられるのに対し[25]、日本では成人男子に二段という口分田は、実際に熟田を支給しようとしたもので、それ以外に開発すると直ちに開発地の帰属が問題化するため、唐とは異なり、「荒地」を開発する場合についての規定を盛り込まなければならなかったからではないかと推測される[26]。なお、Gに見えている天平十五年格は、もちろん天平十年成立の古記が引くものではなく、『令集解』の編者である惟宗直本が『弘仁格』から引載したものに後人が追補を加えたもので、『続日本紀』に載せる同日格とは異なっている[27]。

註

（1）榎本淳一「養老律令試論」（笹山晴生先生還暦記念会編『日本律令制論集』上、吉川弘文館、一九九〇年）は、養老年間より後、施行までの間にも修訂が施されたとしている。
（2）「養老令の施行期に就て」『法制史論集』第一巻、岩波書店、一九二六年、初出一九〇五年。
（3）「養老戸令応分条の研究」『法制史論集』第一巻（註（1）前掲）、初出一九二五年。
（4）『律令の研究』刀江書院、一九三一年。名著普及会復刻、一九八八年。

(5) Tatsuro YAMAMOTO, On IKEDA, Makoto Okano *'TUN-HUANG AND TURFAN DOCUMENTS CONCERNING SOCIAL AND ECONOMIC HISTORY* I *Legal Texts'* THE TOYO BUNKO, 1978

(6) 狩野久「古本令私記断簡」『日本古代の国家と都城』所収、東京大学出版会、一九九〇年、初出一九七二・三年。

(7) 池邊義資編『中世法制史料集』別巻、岩波書店、一九七八年。

(8) 松原弘宣「『令集解』における大宝令」『史学雑誌』八三—一一、一九七四年。

(9) 青木和夫「古記の作者」『日本古代の政治と人物』吉川弘文館、一九七七年、初出一九六六年。

(10) 坂上康俊「『令集解』に引用された唐の格・格後勅について」『史淵』一二八、一九九一年。

(11) 松原弘宣「『古記無別』について」『続日本紀研究』一五七、一九七一年。

(12) 林紀昭「『令集解』所引反切攷」大阪歴史学会編『古代国家の形成と展開』所収、吉川弘文館、一九七六年。

(13) 早川庄八「新令私記・新令説・新令問答・新令釈」『日本古代の文書と典籍』吉川弘文館、一九九七年、初出一九八一年。

(14) 虎尾俊哉「令集解考証三題」『古代典籍文書論考』吉川弘文館、一九八二年、初出一九六四年。

(15) 北條秀樹「令集解「穴記」の成立」『日本古代国家の地方支配』吉川弘文館、二〇〇〇年、初出一九七八年。

(16) 吉田孝「公地公民について」坂本太郎博士古稀記念会編『続日本古代史論集』中所収、吉川弘文館、一九七二年。

(17) 森田悌「『令集解』朱云について」『日本古代律令法史の研究』文献出版、一九八六年、初出一九七八年。

(18) 石上英一「『令義解』金沢文庫本の成立」『日本古代史料学』東京大学出版会、一九九七年、初出一九八四年。

(19) 石上英一「『令集解』金沢文庫本の再検討」『日本古代史料学』(前掲)、初出一九七九年。

(20) 丸山裕美子「日唐令復原・比較研究の新地平」『歴史科学』一九一、二〇〇八年、同〈方國花漢訳〉「唐日医疾令的復原与対比—対天聖令出現之再思考」台師大歴史系・中国法制史学会・唐律研読会編『新史料・新観点・新視角《天聖令論集》』上所収、元照出版有限公司、二〇一一年。

(21) 早川庄八「異質令集解三巻について」『日本古代の文書と典籍』(前掲)、初出一九七七年。

(22) 『唐令拾遺補』第三部唐日両令対照一覧、一三三六～四一頁。

(23) 天一閣博物館・中国社会科学院歴史研究所天聖令整理課題組校証『天一閣蔵明鈔本天聖令校証　附唐令復原研究』下冊、中華書局、二〇〇六年。
(24) 坂上康俊「日本に舶載された唐令の年次比定について」『史淵』一四六、二〇〇九年。
(25) 吉田孝「墾田永年私財法の基礎的研究」『律令国家と古代の社会』岩波書店、一九八三年。
(26) 坂上康俊「律令国家の法と社会」歴史学研究会・日本史研究会編『日本史講座2　律令国家の展開』所収、東京大学出版会、二〇〇四年。
(27) 吉田註(25)前掲論文。

(坂上康俊)

律の受容と運用をめぐって

日本古代法典の基幹となるものは、「律令国家」「律令体制」などという歴史学用語からも知られるように「律」と「令」である。そのうち律は、今日の刑法にほぼ相当し、国家的刑罰の対象となる罪と、それに対する刑罰を規定したものである。律・令とも母法は中国であるが、中国では社会の基盤にある「礼」を守るものとして、律の編纂が先行し、一王朝（あるいは一皇帝）の法に過ぎない令とは異なり、伝統的に長く重視された。

ところがそうした礼という社会基盤を持たない日本では、国家の基本を定めるのは令の方だと意識され、律よりも令の編纂が先行した。結果として日本では令の大半が残り、律はかなりの部分が散逸してしまった。一方、中国では律の最も整った姿である『唐律疏議』が現在まで残り、逆に日本の令の母法の中心となった唐令などは散逸してしまったのである。これは偶然ではない。

古代日本においては近江令、飛鳥浄御原令編纂時には律がなかったとされ、最初の律は大宝律であると考えられている。ただしそれ以前に日本に確実に律の知識が入っていたことは、『隋書』倭国伝の記事（中国に倣った国家的刑罰の存在）によって知られているところである。

現在、養老律として残されているものは、名例律上巻、衛禁律後半、職制律、賊盗律と、闘訟律の三条（うち二条は前欠・後欠）にすぎない。日本古代史関係の重要史料が応仁・文明の乱などを契機として失われたことはよく知られているが、律については、それに加えて律の必要性の有無も残存度に関係している可能性がある。

したがって律の研究はその逸文収集やそれにもとづく

復原作業に多大な労力と時間を要した。律の実際の運用についての研究が本格化したのは、そうした作業が一段落してから以後の、この四〇年間ほどのことであろう。

もともと本格的な中国風の律を受け入れなければならないような礼の素地がない日本古代社会においては、国家の体裁を繕うものとして律は編纂されたものの、現実にそれが機能する場面は、謀反などの反逆罪・不敬罪の類、あるいは官人による犯罪などが生じたときのみであり、庶民らの日常生活における裁判権は、在地首長である郡司にあった。

古代の正史である六国史の記事中には一六〇を超える官人の犯罪例がみられる。そうした限られた範囲内ではおおむね律の規定通り処分がなされている。しかしながら、とくに「死」につぐ重刑である「流」については、律の規定にそぐわないケースが目立つことが注目されてきた。そもそも日本古代の「流」刑自体が、母法の中国とは異なり、社会的生命を奪うために共同体から追放するものであるとされ、それは律令制以前からの日本固有法に由来するという。律のなかにも明らかに日本社会の特殊な状況が反映している部分があることは間違いない。

日本律の大半が、基本的には難解な唐律の踏襲であり、日本古代の官人がそれをどこまで理解して運用していたのか、現実には心許無いのであるが、日本律本文が、意図的に唐律を改変したと考えられる部分には、日本の固有法的世界が垣間見られることは確かである。ここではそうしたもののなかから、学界でよく知られた、天皇に関わる養老職制律の諸規定のうちのいくつかについて紹介しておこう。

職制律とは官人の職務執行に直接関わる犯罪を規定したもので、第9条、12条〜14条が問題の条文である。

9在散斎弔喪条

凡大祀在二散斎一、而弔レ喪、問レ疾、判二署刑殺文書一、及決罰、食レ宍者、笞五十。奏聞者、杖七十。致斎者、各加二二等一。

12合和御薬条

凡合二和御薬一、誤不レ如二本方一、及封題誤者、医徒三年。料理簡択不レ精者、杖六十。未レ進レ御者、各減二一等一。監当官司、各減二医一等一。（本注略）

13造御膳条

凡造二御膳一、誤犯二食禁一者、典膳徒三年。若穢悪之物、在二食飲中一、杖一百。簡択不レ精、減二一等一。不二品嘗一者、杖六十。

14御幸舟船条

凡御幸舟船、誤不二牢固一者、工匠徒三年。（本注略）若不二整飾一、及闕少者、徒一年。

それに対応する、母法である『唐律疏議』中の職制律は以下のとおりである。

9大祀散斎弔喪条

諸大祀在散斎、而弔喪、問疾、判署刑殺文書、及決罰者、笞五十。奏聞者、杖六十。致斎者、各加一等。

12合和御薬条

諸合和御薬、誤不如本方、及封題誤者、医絞。料理簡択不精者、徒一年。未進御者、各減一等。監当官司、各減医一等。（本注略）

13造御膳犯食禁条

諸造御膳、誤犯食禁者、主食絞。若穢悪之物、在食飲中、徒二年。簡択不精、及進御不時、減二等。不品嘗者、杖一百。

14御幸舟船条

諸御幸舟船、誤不牢固者、工匠絞。（本注略）若不整飾、及闕少者、徒二年。

一見して明らかなように、日本律と唐律は完全に対応している。それらのうち12条〜14条は、天皇ないし皇帝の身体に直接関わる犯罪規定である。すなわち12条は服する薬の調合を間違えた場合、13条は食膳の作り方を間違えた場合、14条は利用する船の造り方を誤った場合で、いずれも天皇・皇帝の命に関わる問題である。唐律は当然のごとく、たとえば責任者はすべて絞首刑と定める。しかし日本律では、傍線部にあるように、唐律に比して関係者の大幅な減刑措置をとっている。

12条…絞↓徒三年（四等減）、徒一年↓杖六十（五等減）
13条…絞↓徒三年（四等減）、徒一年↓杖百（一等減）
14条…絞↓徒三年（四等減）、徒二年↓徒一年（一等減）

もともと日本律は唐律を継受する際に、すべての刑について、唐の刑罰が重すぎると感じたのか、一律に一等ないし二等減刑するのが通例であるが、これらの条文ではそれ以上の大幅な減刑措置がとられている。なんといっても天皇の命に関わる失敗であるにもかかわらず、死刑を避けたうえでの大幅減刑である。

その一方で、天皇が散斎や致斎の場にあるときに、その斎戒のタブーを犯した者についての規定である9条では、逆に唐律よりも、散斎時では一等、致斎時では三等も重くしている。先にみた他の刑に比較して、出入り二等から七等重いという感じになるわけである。このように本条については、一般的な律の継受法とは明らかに異なっていて、そうした変更点にこそ日本の特徴が見いだせると考えられている。

誤解を恐れずに言えば、日本の天皇は、いわば生身の人間として扱われていないといっても過言ではない。人間として命に関わる問題であってもそれはあえて問わず、逆に神聖な場面、清浄さが求められる神・祭祀と関わる場面での天皇の穢を極端に嫌う様子がそこに現れている。天皇は「王民制に基づく『統一体』の最高の首長」として、宗教的タブーに濃厚に包まれて存在すると言われるゆえんである。天皇は皇帝とは異なって、人間としてではなく神として存在していたのかもしれない。

その他、六国史に現れた官人刑罰のなかにも、固有法的世界の存在が指摘されている。日唐比較から、さまざまな日本古代の特性が読み取れるのである。

参考文献

梅村恵子「六国史にみえたる官人の犯罪」『お茶の水史学』二〇、一九七七年
梅村恵子「「流」の執行をめぐる二、三の問題」池田温編『中国礼法と日本律令制』東方書店、一九九二年
小口雅史「『続日本紀』養老四年六月己酉条にみえる漆盗難事件について」佐伯有清編『日本古代の社会と政治』吉川弘文館、一九九五年
日本思想大系3『律令』岩波書店、一九七六年
早川庄八『日本古代官僚制の研究』岩波書店、一九八六年
洞富雄『天皇不親政の起源』校倉書房、一九七九年
吉田孝『律令国家と古代の社会』岩波書店、一九八三年
利光三津夫『律令制の研究』慶応通信、一九八一年
律令研究会編『訳注日本律令』2律本文篇上巻、東京堂出版、一九七五年

（小口雅史）

②類聚三代格《るいじゅさんだいきゃく》――律令国家篇――

『類聚三代格』は、格と呼ばれる法令を集めた平安時代の法制書である。しかしそこには奈良時代に出された格も多く含まれている。ここではまず、格の編纂や『類聚三代格』について概観し、その上で奈良時代の格をとりあげて読解してみたい。なお『類聚三代格』については、本シリーズの平安王朝篇でもとりあげられているので参考にされたい。また、記述内容が重複する部分もあるが、ご了解いただきたい。

一　格の編纂

隋・唐帝国の成立や、それにともなう朝鮮半島情勢の緊迫化に刺激を受けながら、日本列島では七世紀半ば以降、いわゆる「大化改新」などを契機としつつ、中央集権的な国家体制の構築が目指された。大宝元年（七〇一）の大宝《たいほう》律令《りつりょう》の完成は、その一つの到達点とされる。この律令とは、刑罰に関する規定である律と、民法・行政法や官吏の服務規程などを内容とする令からなるものである。ただし、律令はあくまで制度の大枠を示すにとどまり、政治・行政・社会制度のすべてについて、細部にいたるまで網羅したものではない。そこで律令の運用に際しては、その規定を補足あるいは修正するための格と呼ばれる法令が詔勅や太政官符の形で出されたり、また官司ごとに式という施行細則が定められたりした。これら格・式はのちに取捨選択され、法典として編纂されることになる。『類聚三代格』

や『本朝文粋《ほんちょうもんずい》』巻八に残された「弘仁格序《こうにんきゃくじょ》」（弘仁十一年〈八二〇〉）の冒頭では、

　　蓋聞、律以二懲粛一為レ宗、令以二勧誡一為レ本。格則量レ時立レ制、式則補レ闕拾レ遺。

と、律令格式の違いを説明している。すなわち、律や令は刑罰によって世の中をただし、善を勧めて悪を戒めるものと位置づけ、格は時勢にしたがって設けられた法令、式とは制度の細部を補う規則であるとされている。法典としての格式の編纂は、平安時代に入ってからおこなわれたが、その中には、大宝・養老律令の運用のために、奈良時代に定められたものも多く含まれている。

　日本の法制度の模範となった中国では、律令格式はセットで制定・施行されることが多い。しかし日本の場合は、八世紀の初頭に律令が完成した後、約一〇〇年間の試行錯誤を経て、九世紀に至ってようやく格式の編纂が実現している。格についていえば、弘仁十一年にはじめて弘仁格《こうにんきゃく》が撰進されている（全一〇巻）。そこには、大宝元年から弘仁十年までの間に出された詔勅・官符のうち、恒久法として残すべきものが選ばれて収録されている。なお弘仁格は複雑な経緯をたどっており、一度は撰進されたものの不備が多かったようで、編纂作業が継続され、天長七年（八三〇）に至ってようやく施行されたと考えられる。さらにその後も「遺漏紕繆《いろうひびゅう》」（とりこぼしたものや誤りの含まれた部分）の改正がおこなわれ、承和七年（八四〇）に再度改正版が施行されている。

　この弘仁格に続き、弘仁十一年から貞観十年（八六八）までを対象とした貞観格《じょうがんきゃく》（貞観十一年完成・施行、全一二巻）、貞観十一年から延喜七年（九〇七）を対象とした延喜格《えんぎきゃく》（延喜七年完成、翌年施行、全一二巻）が、弘仁格と同様に恒久法を選び出す形で編纂されている。これら弘仁格・貞観格・延喜格を「三代の格」と総称したい。この「三代の格」は、それぞれに臨時の組織である撰格所が設置されて編纂作業がおこなわれた。撰格所では単に先行する法令を取捨選択するだけでなく、自ら必要と判断した措置を「撰格所起請」として提案し、太政官や天皇の裁可を経て立法化し、格に収録することもあった。

「三代の格」は、先に示したように編纂対象の時期を異にしているため、その内容は互いに重なることはない。したがって奈良時代に出された詔勅・官符のうち恒久法とされたものは、すべて弘仁格に収められていることになる。また「三代の格」は、各法令を関連する官司ごとに分類し、中央官庁の序列にもとづき、神祇格・中務格・式部格・治部格・民部格・兵部格・刑部格・大蔵格・宮内格・弾正格・京職格の順に配列し、末尾に雑格・臨時格（弘仁格には臨時格はない）を配している。官司ごとに格を配列しているため、複数の官司にかかわる内容を持つものについては、重複して収録されている。

なお「三代の格」については、残念ながらすべて現存していない。しかし、後述する「三代の格」を「類聚」した『類聚三代格』と、弘仁格に収録された個々の格の要旨と発出年月日を、もとの配列通りに列挙した『弘仁格抄《こうにんきゃくしょう》』が伝存している。また他書に引用された逸文も散見しており、これらを使ってその大部分を類推・復元することが可能である。

二　『類聚三代格』の成立

『類聚三代格』（以下『三代格』と表記）の「類聚」とは、同じ種類の事項を集めるという意味を持つ。つまり『三代格』とは、「三代の格」を解体し、個々の格の内容にもとづいて編集しなおしたものということになる。実際に『三代格』に収録された格は官司ごとではなく、「国分寺事」「加減諸司官員并廃置事」「調庸事」「断罪贖銅事《だんざいしょくどう》」などというように、格の内容ごとに分類されている。その結果『三代格』では、それぞれの格がもともと「三代の格」のどの編目（官司）に収められていたのかが見分けられなくなる。そこで『三代格』では、各格に「弘式」「貞民」「延雑」などの鼇頭標目《ごうとうひょうもく》が頭書されている。これらはそれぞれ、弘仁式部格、貞観民部格、延喜雑格であることを示しており、「三代の格」での所在を表示している。[1] このように『三代格』は、「三代の格」を「類聚」によって大幅に改変しているのであるが、その理由はどこに求められるのだろうか。

「三代の格」のように、関連する官司ごとに格を配列した場合、それぞれの官司内での業務には大きな支障を感じないかもしれない。しかし、例えば諸官司の上に立ち国政全般を指揮する必要のある大臣以下の議政官（公卿）らの立場からすれば、官司ごとにまとめられた「三代の格」は、決して使い勝手のいいものではない。何故ならば、ある事柄についての法令を総合的に知るためには、「三代の格」それぞれを紐解く必要があり、場合によっては複数の編目（官司）を横断的に確認しなければならないからである。平安時代に入り、蔵人や検非違使といった令外官の設置や、律令官人制の再編により、従来の二官八省からなる官制が変質すると、なおさら「三代の格」の不便さは際立ったと考えられる。

こうした問題を解決する方法の一つが、「三代の格」の「類聚」であろう。格の内容に即した分類・配列によって、旧来の官制に規制されることなく関連する法令を容易に通覧することができる。「三代の格」を再編集し『三代格』が生み出されたのは、右記のような理由からであると考えられる。

なお『三代格』はその成立時期や編者を直接に示す史料が残っておらず、詳細は未詳といわざるを得ない。ただし、その成立時期についてはある程度絞り込むことができる。『三代格』成立の下限を示す史料としては、藤原師通《ふじわらのもろみち》の日記である『後二条師通記《ごにじょうもろみちき》』の寛治三年（一〇八九）四月五日条の裏書があげられる。そこには「類聚三代格第二云」として、『三代格』年分度者《ねんぶんどしゃ》事に収録された貞観十一年五月七日太政官符が引用されており、遅くとも一一世紀末には『三代格』が成立していたことが確認できる。

　では、その成立はいつごろまでさかのぼるのだろうか。この点を示唆するのが『政事要略《せいじようりゃく》』である。この書も平安代に編纂された法制書で、惟宗允亮《これむねのただすけ》によって長保四年（一〇〇二）にその原型が成立したものと考えられている。『政事要略』は、先行する関連法令などを列挙しながら年中行事や政務について解説を加えているが、そこでの格の引用順序が注目される。例えば、位階や官職の上下にもとづく官人同士の拝礼や下馬の礼に関する規定を解説した、巻六十九糾弾雑事（致敬拝礼下馬）の項目には、次のような順番で格が連続して引用されている。

①神護景雲二年五月三日格（弘仁民部格）
②天平勝宝九年五月二十六日格（弘仁雑格）

　この二つの格は、『三代格』の国諱追号并改姓名事に隣接して②→①という逆順で引用されている。ところが先述した『弘仁格抄』によれば、弘仁格では①→②の順番で配列されていたことが分かる。このように『政事要略』に連続して引用されている格の順番が、『三代格』の配列と異なっている事例はほかにも確認することができる。そして同時に、それらに弘仁格が含まれる場合には、『弘仁格抄』の順番、つまり弘仁格の配列にほぼ例外なく一致している。

　この事実が示すのは、『政事要略』の編纂時（一〇世紀後半〜一一世紀初頭）には、いまだ『三代格』が成立しておらず、允亮は「三代の格」を参照していたということだろう。『政事要略』は行事・政務ごとに関連法令などを列挙するため、格を内容ごとに「類聚」した『三代格』が存在していたのであれば、允亮がわざわざ官司ごとに格を収録した「三代の格」の方を使用したとは考え難いからである。これらのことから、『三代格』は『政事要略』成立後、一一世紀の間に編纂されたと考えることができるだろう。

三　歴史史料としての『三代格』

『三代格』（『三代の格』）に収録された詔勅・太政官符は、格に編纂される際にもとの書式が変更されている。養老公式令13符式条や実例にもとづき、太政官符の書式を示すと次の通りとなる。(2)

太政官符○○○
　△△△△事
右、□□□□□。符到奉行。
弁　位姓名　　史　位姓名
　年月日

右のうち、「○○○」の部分は充所《あてどころ》と称し、符の宛て先が記される。太政官符の充所の多くは神祇官・八省や諸国司である。つづく「△△△△事」は事書《ことがき》で、当該官符の内容を端的に表した標題である。そして「右、□□□□□」以下は事実書《じじつがき》と呼ばれ、ここが官符の本文となり、末尾の「符到奉行《ふいたらばぶぎょうせよ》」が書止文言となる。そのあとにはこの官符の作成・発出の責任者として、弁（左右の大弁・中弁・小弁）と史（左右の大史・少史）が位置を加え、最後に発出年月日が記されることになっていた。

こうした太政官符の書式は、格への収録時に傍線を付した充所、書止文言、弁と史の位署、さらには本文についても、法令としての内容に直接かかわらない修飾的な表現などが削除される。また、原官符が複数の内容で構成される場合には、格として定立する部分以外は削ったり、反対に複数の内容を持つ単一の原官符が、複数の官符に分割されて格とされたりする事例もみられる。そして恒久法である格は現行法でもあるため、後述するように、格編纂時の現状にあわせて本文が改変されることがある点に注意を要する。もちろん詔勅に関しても、原本には付されていたであろう公卿らの署名が削除されるなど、太政官符と同様に手が加えられている。

　こうした原官符・原詔勅の改変の第一の目的は、格編纂時の現行法を示すことにある。このことは歴史史料として『三代格』を扱う際に常に念頭に置かなければならない。「三代の格」や『三代格』所収の詔勅・太政官符は、六国史《りっこくし》などほかの史料にも残されている場合が多いが、両者には少なからず相違が確認できる。現行法を示すことを主目的とする格の場合、古い情報を書き改めて更新したり、あるいは削除したりする必要が生じる。対して歴史的な出来事や物事の経緯を示すことに主眼が置かれる六国史などの場合は、逆に文言の書き換えや削除は避けられることになる。先にあげた相違は、このような両者の史料としての性格の違いに由来しているのである。

　具体例として『続日本紀』養老六年（七二二）八月二十九日条と、『三代格』駅伝事所収同年月日太政官符（弘仁兵部格）をとりあげてみたい。この史料は、公使として国司が入京する場合の駅馬利用に関するものである。この日の措置により、畿内とその近国を除く諸国は、公事によって上京する場合には駅馬を使用することが認められた。このうち畿内近国として駅馬利用を認められない国々が、『続日本紀』と『三代格』とで異なっている。すなわち、『続日本紀』では「伊賀・近江・丹波・紀伊四国、不レ在二茲限一」とするのに対し、『三代格』では「伊賀・近江・丹波等三国、不レ在二給レ駅之例一」としており、紀伊国が除かれている（駅馬の使用が認められている）。これについては、『三代格』駅伝事所収の大同二年（八〇七）九月十六日格で、紀伊国が「去二奈良京一三日行程。今平安京更去二一日半一。惣四日半程」であることを理由に、正税帳使・大帳使・朝集使の入京に際しては駅馬の使用を認めていることが参考になる。都が平城京から平安京に遷ったことにより、上京行程が延びたため、従来は認可されていなかった紀伊国も駅馬の利用が許されるようになったのである。したがって、弘仁格編纂時には紀伊国も駅馬使用が認められる国に分類されているため、養老六年当時の太政官符の文言に手が加えられたのである。

四　写本

『三代格』のテキストは、幕末に刊行された版本により広く知られるようになった。この印本《いんぽん》（植松蔵板《うえまつぞうはん》）と呼ばれる刊本は、まず嘉永年間（一八四八～一八五四）に尾張藩の官庫所蔵本（尾張藩本）を底本に刊行された。しかし、尾張藩本は『三代格』全体の半分程度を伝えるに過ぎなかったため、のちに斎部親成《いんべのちかなり》が入手したという古本により、尾張藩本には含まれない部分が安政年間（一八五四～一八六〇）に追刻されている。しかし、それでもテキストの全体が明らかになったわけではなかった。また、印本を構成する尾張藩本と斎部親成本には、内容が重複するもの、巻次が異なる部分がみられる。(3) 例えば尾張藩本の巻十二の後半は、斎部親成本の巻二十に相当している。このことは、『三代格』に巻次編成を異にする複数系統の写本が存在していることうかがわせる。

『三代格』の写本のうち、由緒・伝来が明確な古写本の一つが、文永年間（一二六四～一二七五）に北条実時《ほうじょうさねとき》が書写した金沢文庫本《かねさわぶんこ》である。現在は巻五と十二のみが伝来しているが、(4) この両巻の内容は尾張藩本の巻五・十二と一致している。そしてこのうちの巻十二は、『三代格』の最終巻と考えて矛盾はない。したがって、尾張藩本は金沢文庫本を祖本とする写本であると同時に、全一二巻からなる系統の写本であるということが分かる。そして、斎部親成本の巻二十は、尾張藩本（金沢文庫本）の最終巻である巻十二の後半に相当することから、別に全二〇巻で構成される写本も存在していることが分かる。

このように『三代格』には、一二巻本系と二〇巻本系の写本が確認されるが、主だった写本を紹介すると次の通りである（後掲の表参照）。

・東寺観智院本《とうじかんちいん》

一二巻本系。巻三のみ伝来。文永五年（一二六八）以前の書写で、現在は天理大学附属天理図書館所蔵。
・金沢文庫本
一二巻本系。巻五・十二が伝来。文永年間の書写で、旧東山御文庫本。現在は宮内庁書陵部所蔵。
・水谷川《みやがわ》家本
一二巻本系。巻一・三・五・七・八・十二が伝来。一七世紀に金沢文庫本を転写したもので、現在は天理大学附属天理図書館所蔵。
・狩野《かのう》文庫本
一二巻本系。巻一～六の抄写（部分的な書写）。一六世紀頃の書写で、現在は東北大学附属図書館所蔵。一九七二年に発見され、それまで知られていた写本に残されていない部分を含み、欠失部分の復元に大きく貢献した。
・尊経閣《そんけいかく》文庫本
一二巻本系と二〇巻本系の巻次が混在する本。全二一巻で、二〇巻本系でいう巻九のすべてと、同じく巻十七後半に相当する巻十七の巻首を若干欠くほかは、『三代格』本文の大部分を伝える。一六世紀頃の書写で、もともとは三条西家に伝来したが、江戸時代中期に加賀前田家の所蔵となり、現在は前田育徳会尊経閣文庫所蔵。

このように伝存する主要な写本は、一二巻本系が基本である。一二巻本と二〇巻本の関係については、尊経閣文庫本で同一巻に一二巻本系と二〇巻本系の巻次が混在して記されるなど、巻次の不統一が確認できることが注目される。主要な写本が一二巻本系であることを念頭に置けば、二〇巻本とは一二巻本を分割して巻次を再編成しようとしたものであると考えるのが妥当だろう。

『三代格』の写本のなかでも書写年代が鎌倉時代以前にさかのぼるのは、東寺観智院本と金沢文庫本である。この両者はともに一二巻本系で、脱字の在り方などから非常に近い関係にあるとされる。しかし前者は、現存最古の写本

『三代格』巻次対照表

一二巻本巻次	一二巻本系写本	二〇巻本巻次	尊経閣文庫本巻次	新訂国史大系本巻次（底本）	備考
巻一	水谷川家本、狩野文庫本	巻一	巻一上	巻一（印）	
		巻二	（巻一下）		尊経閣文庫本の重複巻（巻二十一）前半に対応
巻二	狩野文庫本	巻三	巻二上	巻二前半（尊）	
		巻四	巻二中	巻二後半（印）	
巻三	東寺観智院本、水谷川家本、狩野文庫本	巻五	巻二下	巻三（観）	
巻四	狩野文庫本	巻六	（巻四）	巻四（尊）	
巻五	金沢文庫本、水谷川家本、狩野文庫本	巻七	巻五上	巻五（金）	
		巻八	巻五下		
巻六	狩野文庫本	巻九			尊経閣文庫本の重複巻（巻二十一）後半に残簡あり
		巻十	巻六	巻六（尊）	
巻七	水谷川家本	巻十一	（巻七上）	巻七（印）	
		巻十二	巻七下	巻十二（印）	
巻八	水谷川家本	巻十三	巻八上	巻八（印）	
		巻十四	巻八下	巻十四（印）	
巻九		巻十五	巻十五	巻十五（印）	
		巻十六	巻十六	巻十六（印）	
巻十		巻十七	（巻十）	巻十（尊）	
			巻十七	巻十七（尊）	尊経閣文庫本は巻首に欠損あり
巻十一		巻十八	巻十八	巻十八（尊）	
巻十二	金沢文庫本、水谷川家本	巻十九	巻十二上	巻十九（金）	
		巻二十	巻十二下	巻二十（金）	

＊「尊経閣文庫本巻次」の（　）の箇所は、三条西公条の補写部分

＊「新訂増補国史大系巻次（底本）」の底本の略称は、「印」：印本、「尊」：尊経閣文庫本、「観」：東寺観智院本、「金」：金沢文庫本

と考えられるものの、巻三を残すのみで、後者もわずかに巻五・十二が残されるに過ぎない。このうち金沢文庫本は、豊臣秀吉が小田原の後北条氏を攻めた際に持ち出されたようで、文禄二年（一五九三）に豊臣秀次から後陽成天皇に献上されている。当時の公家である山科言経《やましなときつね》の日記『言経卿記』同年四月九日条では、この時に献上された『三代格』を六巻としている。実際、慶長十九年（一六一四）に徳川家康が五山僧を動員しておこなった古典籍の書写事業（慶長写本）では、『三代格』の巻一・三・五・七・八・十二の六巻が後陽成院から借り出されている。この六巻の金沢文庫本は、そののち天皇家（禁裏）に伝えられ、万治四年（一六六一）の内裏火災によって巻一・三・七・八が焼失したようで、巻五・十二のみが現存している。ただ、水谷川家本や中御門《なかみかど》本（早稲田大学図書館所蔵、巻三のみ）のように、万治の焼失前に金沢文庫本を直接転写した写本も残されており、これらから失われた金沢文庫本の様子をうかがうことが可能である。

現在一般的に使われているテキストは新訂増補国史大系本であるが、印本、尊経閣文庫本、金沢文庫本、東寺観智院本を底本に併用しており、巻次が混乱している。また狩野文庫本の発見により可能となった復元が反映されていないなど、問題が少なくない。したがって金沢文庫本やその転写本を基準に、伝来しない巻については狩野文庫本や尊経閣文庫本で補うなどした新たなテキストの作成がまたれるところである。なお左に掲げたように、『三代格』の主要な写本のいくつかは写真版が刊行されており、文字の異同などを容易に確認することができる。

・東寺観智院本
『天理図書館　善本叢書　和書之部　第十三巻　古代史籍続集』（八木書店、一九七五）
・狩野文庫本
『狩野文庫本　類聚三代格』（吉川弘文館、一九八九）
・尊経閣文庫本

『尊経閣善本影印集成37～39　類聚三代格　一～三』（八木書店、二〇〇五～六）

五　史料本文を読む――『三代格』廃置諸司事所収天平神護元年（七六五）三月二日・神亀五年（七二八）七月二十一日勅――

「三代の格」のうち弘仁格は、他の二者と比べてやや癖のある史料といえる。ここでは二つの弘仁格の読解をとおして、その特質の一端を概説したい。

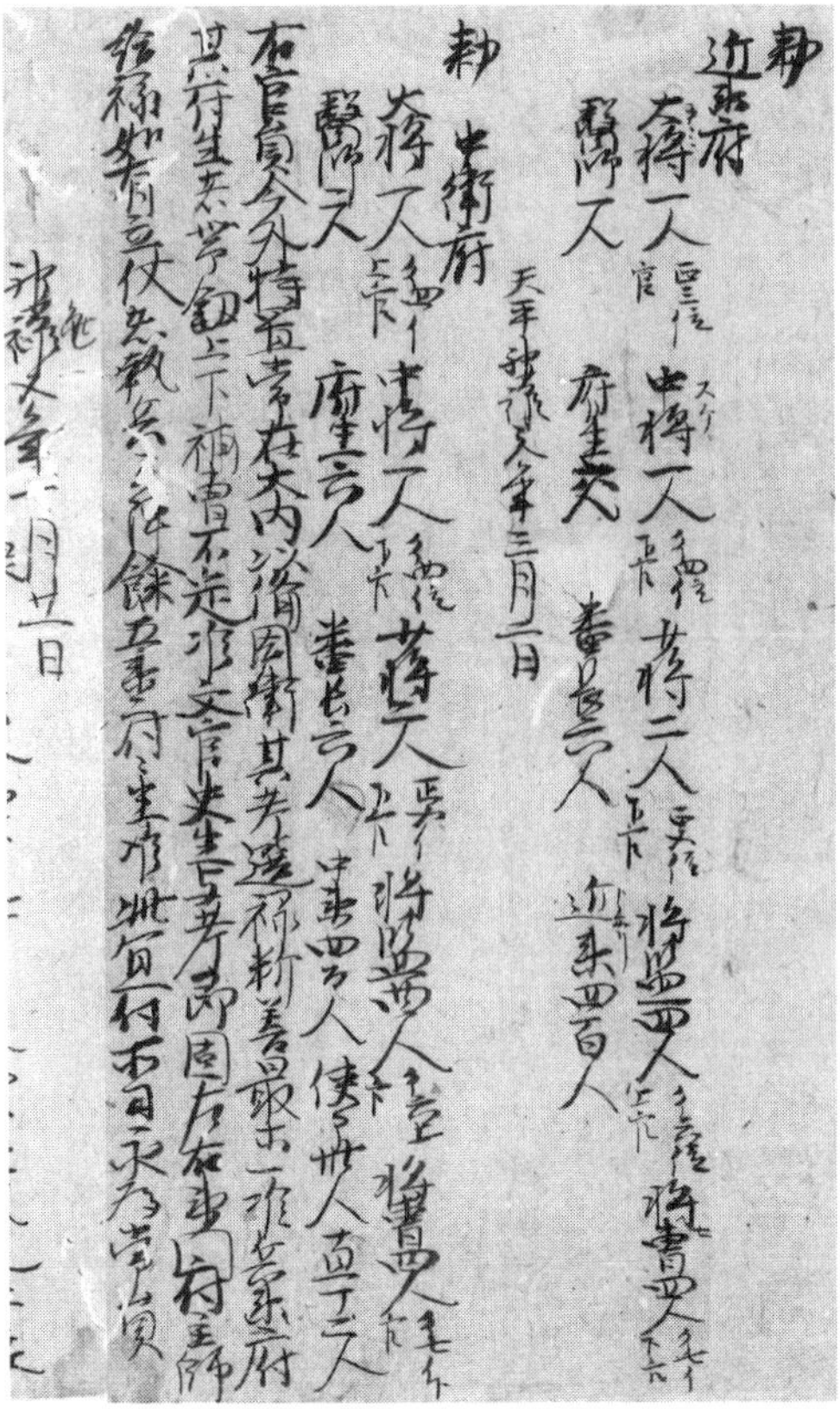

狩野文庫本『類聚三代格』部分（画像：東北大学付属図書館提供）

〔釈文〕（〈 〉内は割注）

A

勅

近衛府

大将一人。〈正三位官。〉　中将一人。〈従四位下官。〉　少将二人。〈正五位下官。〉　将監四人。〈従六位上官。〉　将曹四人。〈従七位下官。〉

医師一人。　府生六人。　番長六人。　近衛四百人。

天平神護元年三月二日

B

勅　中衛府

大将一人。〈従四位上官。〉　中将一人。〈従四位下官。〉　少将二人。〈正五位下官。〉　将監四人。〈従六上官。〉　将曹四人。〈従七位下官。〉

医師二人。　府生六人。　番長六人。　中衛四百人。　使部卅人。　直丁二人。

右、官員令外特置、常在二大内一、以備二周衛一。其考選禄料善最等、一准二兵衛府一。其府生者、帯レ剣上下。補曹不レ定、准二文官史生一与レ考。即固〔同カ〕二左右衛門〔士カ〕府主師〔帥カ〕一給レ禄。如有レ立レ杖者、執レ兵立レ陣。余五衛府々生准レ此。宜下付二所司一、永為中常員上。

神護《亀》五年□〔七カ〕月廿一日

〔読み下し〕

A

勅すらく

近衛府

大将一人。正三位官。　中将一人。従四位下官。　少将二人。正五位下官。　将監四人。従六位上官。　将曹四人。従七位下官。　医師一人。　府生六人。　番長六人。　近衛四百人。

天平神護元年三月二日

B

勅すらく　中衛府

大将一人。従四位上官。　中将一人。従四位下官。　少将二人。正五位下官。　将監四人。従六上官。　将曹四人。従七位下官。　医師二人。　府《ふ》生《しょう》六人。　番長六人。　中衛四百人。　使部卅人。　直丁二人。

右、官員令《かんいんりょう》の外に特に置き、常に大内《おおうち》に在りて、以て周衛に備えよ。其れ考選《こうせん》禄料善最《ぜんさい》等は、一に兵衛府に准えよ。其れ府生は、剣を帯びて上下せよ。補曹は定めず、文官の史生に准えて考を与えよ。即ち左右衛士府主帥《しゅそち》と同じくし禄を給え。如し杖を立つること有らば、兵を執《と》りて陣に立て。余の五衛府の府生も此れに准えよ。宜しく所司に付け、永く常員と為すべし。

神亀五年七月廿一日

この二つの勅[5]は弘仁格であり、狩野文庫本によって本文の全容がはじめて明らかになったものである。Aはそれまでの授刀衛《じゅとうえい》を改組して近衛府の設置を命じたもの、Bは新たに中衛府の設置を指示したものである。

Aの内容は、近衛府に置かれる大将以下将曹以上の定員・相当位と、医師から近衛までの定員を定めるものである。Bの方は、前半でA同様に大将以下の定員と相当位、医師らの定員を定めたあと、中衛府の設置目的と所属官人の待遇等についても言及している。

すなわち、中衛府は大宝官員令（養老職員令《しきいんりょう》に相当）の規定外に設けられた官で、常に大内裏（平城宮・平安宮）

に詰めて警備につくこととし、その考選（勤務評定と昇進規定）や禄料（給与）、善最（人事評価項目）については、既存の兵衛府に準じるとしている。さらに、おそらくこの時はじめて衛府に設けられたと考えられる府生に関しても言及し、帯剣（武装）して任務につくこと、文官の史生（四等官の下に置かれた書記官）に準じて勤務評定を行うこと、給与は左右衛士府の主帥（衛士府の衛士の統率者のこと）と同じとすること、もし軍事行動が必要となった場合には、武器を手にして参陣することなどが指示され、他の五衛府の府生もこれに準じるよう定めている。なお本文中の「補曹不レ定」の部分は意味が取りづらいが、前後の文脈から府生の官人としての地位・待遇に関連すると推測される。[6]

こうして奈良時代に設置された近衛府と中衛府であるが、ここで留意しなければならないのが、『三代格』廃置諸司事所収大同二年四月二十二日詔（C、弘仁兵部格）である。この格によって両府は統合され、近衛府は左近衛、中衛府は右近衛府に再編されている。つまり弘仁格の編纂時には、近衛府や中衛府は既に改組されて存在していないのである。

このようにA・Bの格は、一見すると現行法を収録するという格の編纂方針に反しており、あるいは編纂の不手際であるかのようにみえる。しかし類似の事例はままみられ、他の事例も参照すると、これらのケースは「読み替え」を必要とする格文であると考えられている。つまり、左右近衛府の成立を示すCの大同二年格の存在を前提に、Aの「近衛府」は「左近衛府」に、Bの「中衛府」は「右近衛府」に読み替えて理解しなければならないのである。この読み替えは、単に官司名のみにとどまらず、大将の相当位にも及ぶものである。Aでは近衛大将、つまり左近衛大将は正三位、Bでは中衛大将、つまり右近衛大将は従四位下と規定されている。ところがCは中衛府を右近衛府に改めることを指示した上で「凡厥官位、一准二近衛一」としており、新設された右近衛府の官人の官位は、近衛府（左近衛府）に準じることとされている。したがって右近衛大将（旧中衛大将）の相当位に関しても、Cを前提にBの従四位上を正三位に読み替えて理解しなければならないのである。

Ａ・Ｂについては、右に例示した以外にも、他の関連格の内容を前提に理解しなければならない箇所がある。(7)叙上のように、特に弘仁格文の場合には「読み替え」などの作業が必要な場合が多く、注意を要する。単一の格に目を通すだけではなく、関連する格の内容を総合することにより、はじめて現行法としての内容を正確に理解できるのである。

以上、『類聚三代格』について述べてきた。『三代格』には奈良時代の詔勅・太政官符も格として収録されているが、それらはすべて弘仁格である。具体例で説明したように、弘仁格は「読み替え」などを必要とする点でやや癖のある史料となっている。『三代格』、「三代の格」の読解に際しては、こうした史料的性格を常に念頭に置く必要があることを忘れてはならない。

註

（1）ただし鼇頭標目が付されていない格もあり、また『三代格』の写本によって異同もしくは誤記があることに注意する必要がある。
（2）奈良時代の太政官符の原本としては、宝亀三年（七七二）正月十三日官符、同年五月二十日官符、同年十二月十九日官符が知られている。前二者は大伴家持が、後者は藤原百川が弁として位署を加えている。
（3）巻一、巻二……といった、各巻の順序を示す序数のこと。
（4）現状では、それぞれ二軸に分割されており、合計四軸となっている。
（5）これらは対応する記事が『続日本紀』天平神護元年二月甲子（三日）条、神亀五年八月甲午条に確認できる。ただしその内容には相違がみられ、これは先述したように、現行法を示すため格文に手が加えられているからである。

（6）狩野文庫本に伝えられる当該格文には、転写の際の誤字と認めるべき箇所が散見する。例えば「左右衛門府主師」に関しては、まず「主師」という地位はほかの史料には見当たらない。しかし養老宮衛令14車駕臨幸条や軍防令2隊伍条などには、衛士や兵士の統率者を指す「主帥」を確認できる。字形を考慮すると、「主師」は「主帥」の誤字と考えるのが妥当であろう。また、左右衛門府が成立したのは弘仁二年であるため（狩野文庫本『類聚三代格』巻四所収同年十二月二十八日太政官符）、「左右衛門府」も「左右衛士府」が正しいとすべきであろう。したがって「補曹」についても、何らかの誤写を想定することができる。その場合、比較的類似した字形の熟語として「補替」が想起される。「補替」（補し替ふ）とは、官人を交替させること（養老医疾令(7)医針生考試条）や、欠員の生じた際に新たな人物を任用して定員を埋めること（『続日本後紀』承和十四年〈八四七〉二月壬午〈十六日〉条）という意味で用いられる。したがって「補替不レ定」であるとすると、府生の定員六人については、欠員が生じても必ずしも補充するものではない、という意味に解釈できるのではないだろうか。一つの可能性として提示しておきたい。

（7）詳しくは仁藤敦史「「弘仁格」の編纂方針」（『古代王権と官僚制』臨川書店、二〇〇〇年、初出一九九五年）、川尻秋生「『弘仁格抄』の特質」（『日本古代の格と資財帳』吉川弘文館、二〇〇三年、初出二〇〇一年）参照のこと。

参考文献

飯田瑞穂「『類聚三代格』の欠佚巻に関する一史料について」『飯田瑞穂著作集3古代史籍の研究　中』吉川弘文館、二〇〇〇年、初出一九七〇年
石上英一「尊経閣文庫所蔵『類聚三代格』の書誌」『尊経閣文庫影印集成　39類聚三代格　三』八木書店、二〇〇六年
鎌田元一「弘仁格の撰進と施行について」『律令国家史の研究』塙書房、二〇〇八年、初出一九七六年
熊谷公男「解題」『神道大系　古典編十　類聚三代格』財団法人神道大系編纂会、一九九三年
熊田亮介「解説」『狩野文庫本　類聚三代格』吉川弘文館、一九八九年
坂上康俊「『類聚三代格』」『日本古代史を学ぶための漢文入門』吉川弘文館、二〇〇六年
鹿内浩胤「東山御文庫十一冊本『類聚三代格』について」『日本古代典籍史料の研究』思文閣出版、二〇一一年、初出二〇〇六年

鹿内浩胤「金沢文庫旧蔵『類聚三代格』とその転写本」『国史談話会雑誌』五六、二〇一五年
中村憲司「中御門家本『類聚三代格』」『日本歴史』七八九、二〇一四年
吉田孝「類聚三代格」『国史大系書目解題　上巻』吉川弘文館、一九七一年
渡辺寛「類聚三代格の基礎的研究」『芸林』二〇-三、一九六九年
渡辺寛「類聚三代格の成立年代」『皇學館論叢』二-三、一九六九年
「復元弘仁格史料集」『国立歴史民俗博物館研究報告』一三五、二〇〇七年

（磐下　徹）

③延喜式《えんぎしき》

一　延喜式とはなにか

律・令・格と並ぶ古代日本の法典に式がある。日本では九世紀から一〇世紀にかけて三度にわたり法典としての式の編纂が行われた（それとは別に官人等の交替についての規則を集成した交替式が三度編纂されている）が、延喜式はその一番最後にあたる。全五〇巻で、延喜年間（五年〈九〇五〉八月　延喜式序）に編纂が開始されたことにより、「延喜式」と名づけられたと考えられる。

これ以前、九世紀前半に弘仁式《こうにんしき》が編纂され（承和七年〈八四〇〉最終施行）、ついで貞観式《じょうがんしき》が貞観十三年（八七一）に完成、施行されていたが、貞観式は弘仁式以降の改訂や増補部分のみをまとめたものであり、貞観式完成後も弘仁式は廃止されず、両式を併用する形がとられた。これは実際の利用にあたって不便であったため、延喜式編纂にあたっては、唐の開元《かいげん》・永徽式《えいきしき》の例にならい、貞観式以降の改訂のみならず、弘仁・貞観両式の内容も含めて添削が加えられることとなった。左大臣藤原時平《ふじわらのときひら》以下一一名に編纂が命じられたが、その作業には時間を要し、編纂開始より二十数年を経た延長五年（九二七）十二月二十六日にいたって、ようやく醍醐天皇に奏進された。

しかしその後も修訂作業は進められ、醍醐天皇在世中には完成せず、承平三年（九三三）正月に撰者の一人であった大外記伴久永《とものひさなが》が卒去した後は、事業が停滞したと見られる。やがて、村上天皇によって修訂作業が再開され、村上天皇の崩御後まもない康保四年（九六七）十月九日にいたって延喜式が五畿内諸国に頒下された（別聚符宣抄《べつじゅふせんしょう》。日本紀略《にほんきりゃく》は七月九日とする）。翌五年（九六八）正月十七日には請印の儀が行われている（日本紀略）。源高明《みなもとのたかあきら》が編んだ儀式書『西宮記《さいきゅうき》』には臨時六に「凡そ奉公の輩設備すべき文書」の一つとして「諸司式〈延喜式五十巻〉」があげられており、これが後の追記でないとするならば、高明が没する天元五年（九八二）以前、おそらくは施行後それほど時を置かずして、貴族社会では延喜式が必須の書とされていたということになる。

二　古代中国における式

律・令・格・式という律令国家の法体系は、古代中国の法制度を継受したものである。中国において式が具体的法典の名称として用いられたのは南北朝時代、西魏の大統式が最初であるという（唐六典巻六）。大統式は、大統元年（五三五）に作られた「二十四条新制」と、同七年に編まれた「十二条（新）制」を大統十年（五四四）七月に蘇綽《そしゃく》に命じて損益せしめ、「中興永式」五巻とし、天下に班下したものである（周書文帝本紀）。本文は現存せず、詳細は不明であるものの、二十四条新制は、西魏の実権を掌握していた宇文泰《うぶんたい》が「戎役屢興り、民吏労弊せるを以て、すなわち所司に命じて今古を斟酌し変通を参考し、以て国を益し民を利し、時に便に治に適するものたるべく」まとめたものであり、十二条新制も「百官の職事に勉めざるを恐れ、また下令して申明せし」めたとされること、また二十四条新制の編纂に関与した徐招《じょしょう》の伝に「時に朝廷播遷し、典章闕有り。臺閣の軌儀に至りては、多く招の参定するところにして、論者これを称す」とあり、大統式を編纂した蘇綽もまた「始めて文案程式、朱出墨入、および計帳・戸籍の法を制」したとされる（以上、周書文帝本紀・徐招伝・蘇綽伝）ことなどから、その後の式とも共通する官司の事務章程のようなものであったと推測される[1]。

西魏の法典は宇文泰の男宇文覚が建てた北周に受け継がれ、さらに隋を経て唐において整備された。初めて唐で式が編纂されたのは、高宗の永徽二年（六五一）のことであるが、以後、開元二十五年（七三七）式に至るまで数度にわたって式が編纂された。玄宗勅撰の唐六典には「式は以って物を軌《ただ》し事を程《はか》る」（巻六）と定義されている。唐式は、原則として諸司単位にまとめられたが、武則天の垂洪元年（六八五）式では計帳式と勾帳式が追加された（唐会要巻三九定格令）。諸官司において実務を合理的に遂行していくためには、施行細則や書式などの整備が求められる。それが式の制定理由であった。なお、北朝の制度は古代朝鮮諸国を通じて日本にも影響を与えた可能性が考えられるが、式が日本で編纂物としてまとめられるようになるのは八世紀以降であり、直接的には唐の影響下に式が編纂されるようになったと言える。たとえば治部式1～4大瑞・上瑞・中瑞・下瑞条は、基本的に唐の礼部式を継承した品目リストであり、八世紀前半には瑞式としてまとめられ、桓武朝に説明文の付加等の手が加えられた。[2]

三　弘仁式以前の式

弘仁式が編纂される以前にも、式は存在した。早く日本書紀持統天皇五年（六九一）十月乙巳条には浄御原令の施行細則ではないかと見られる陵戸・墓戸に関する詔が記されている。また養老律令では対応する唐律令に見える「式に依り」「式に準じ」という規定が削除されている場合が多いけれども、一方で「別式に依れ」「別式に従え」等の規定が新たに付け加えられたと考えられる事例のあることが指摘されている。[3]

実際、続日本紀や正倉院文書などを見ると、警固式（続日本紀天平宝字三年三月庚寅条・宝亀十一年七月丁丑条）や行軍式（続日本紀天平宝字三年六月壬子条）、備辺式（天平五年度出雲国計会帳）、瑞式（続日本紀神護景雲二年九月辛巳条）、また大計帳・四季帳・六年見丁帳・青苗簿・輸租帳の式（続日本紀養老元年五月辛酉条）や養老五年籍

式・造籍式（戸令集解23応分条所引古記一云）などといった、軍事行動等特定の事由に関する規定や行政文書の書式・細則についての規定が設けられていたことが確認できる。なお、出雲国風土記には「霊亀元年式」により郷里制が施行されたことが記されているが、これは「霊亀三年（七一七）式」の誤りであることが指摘されている(4)。

この他に、賦役令集解3調庸物条所引古記によって、国の近・中・遠の等級を記した「民部省式」が存在していたことが知られる。この民部省式は、古記に引かれたものであることから大宝令の付属法典であり、文中に記された国名表記から大宝三年（七〇三）五月以前成立の可能性が高いと推測されている(5)。これは民部省が民政経済に最も関係が深いものであるために、早めに整備された可能性が想定される(6)。賦役令3調庸物条では調庸の納入期限を近国・中国・遠国別に規定しており、これを実施するにはその分類を具体的に規定する細則が必要であったのである。また職員令集解27鼓吹司条所引伴記は兵部省鼓吹司に所属する伴部である吹部の教習期間や試練等を定めた「和銅二年（七〇九）六月十二日右大弁官宣」にもとづく「兵部式」を引用しており、いつ編纂されたかは不明であるものの、これも弘仁式以前の諸司式と考えられる。

多くの官司においては、施行細則が「例」という名称でとりまとめられたらしく、「八十一例」「神祇官例」「式部省例」「治部省例」「刑部省例」などの逸文が知られている。そしてこれらの例の中には延喜式に受け継がれた条文も存在する。

続日本紀天平宝字三年（七五九）六月丙辰条には、中納言石川年足が「政を為す宗は格式に須《ま》つ」として別式を編纂することを願い出て許可されたことが記されている。年足はそれから三年後の天平宝字六年九月に亡くなったが、その薨伝（続日本紀同月乙巳条）によれば、この別式は二〇巻で、官司ごとに分類されたものであり、未施行ではあったが「頗る拠《よりもち》用いること」があったという。おそらくは、この年足撰別式は、それ以前に出されていた「例」や「別式」などを集成したものであったのであろう。本朝法家文書目録に見える「古式」とは、これを指しているのか

もしれない。(7)

その後、桓武天皇の代に法典編纂の機運が高まり、刪定令格《さんていりょうかく》や新弾例、和気清麻呂《わけのきよまろ》撰民部省例、そして延暦交替式などの編纂が行われたが、式の編纂もまたこの時期に開始されることとなった。類聚三代格《るいじゅさんだいきゃく》所収弘仁格式序によれば、藤原内麻呂《ふじわらのうちまろ》と菅野真道《すがののまみち》に編纂の命が下されたが、桓武天皇が崩じたこと（延暦二十五年〈八〇六〉三月）により、中断したという。延暦二十三年に伊勢神宮より撰進された皇太神宮儀式帳・止由気《とゆけ》宮儀式帳は、式編纂材料として提出が求められたものであった。(8) 実際には次の平城朝にも編纂事業は継続していたようであるが、弘仁式に直接つながる本格的編纂事業は嵯峨朝を俟たざるをえなかった。

四　弘仁式の編纂

弘仁格式序によれば、嵯峨天皇は藤原冬嗣《ふゆつぐ》・藤原葛野麻呂《かどのまろ》・秋篠安人《あきしののやすひと》・藤原三守《みもり》・橘常主《たちばなのつねぬし》・物部敏久《もののべのみにく》に命を下し、格式の編纂が進められた。その方針は、

①政府や諸司の故事旧例を集め、取捨選択して官司ごとに分類する。ただし繁雑で分類しにくいものは雑篇として末尾に付す。

②すでに奉勅を経ている法令に加えて、今回必要を認めたものは奏上して奉勅とし、原文をそのまま採録して格とする。ただし、しばしば改訂された法令は、旧を省き新しいものを掲載する。

③②以外にすでに常例となっていたり法令を補足する内容であるもの、また今後の例となすべきものは、適宜編修して式に入れる。

④官司によって異同があったり、あるいは常例とはなっているものの問題があるものについては、天皇の判断を仰い

で決定する。ただし食品や物品の数量など軽微な事項は上聞を煩わさず編者が協議して決める。

⑤朝会の礼や蕃客《ばんかく》の儀など儀式関係はたびたび変更がありまた先例の記録も残されているので式から省略する。国司交替については交替式が延暦年中に施行されているので、そのままとし、手を加えないこととする。

というものである。格が不要部分を削除しつつも基本的に発布時の法令の体裁を残しているのに対し、式は冗語を省いて要点のみを存することとし、原則として条文冒頭に「凡」字を冠した。

以上にもとづき、大宝元年（七〇一）から弘仁十年（八一九）までの法令を対象として、式四〇巻、格一〇巻にまとめ、弘仁十一年四月二十一日に一旦、奏進された。しかしその後も修訂が続けられ、天長七年（八三〇）十月に再度奏進、十一月に施行、さらに弘仁十一年以降天長七、八年ないし承和初年までの制度改正を内容上盛り込んだ遺漏《いろう》紕謬《ひびゅう》改正作業が進められ、最終的には承和七年（八四〇）四月に施行されることとなった(9)。新たに施行された式に、それより前に発布された法令が盛り込まれていないとなれば、現場ではその法令の扱いをめぐって混乱が生じてしまうであろう。弘仁十一年奏進というたてまえを維持しつつ、混乱を回避するための策がこの遺漏紕謬改正であった。しかしながらそうは言っても、特に前近代にあたって、作業の終了期日と施行期日との間の空白期間を完全になくすことはできない。そうした問題を伝えているのが続日本後紀承和九年十月庚辰条である。承和二年九月符は錦綾や絹等の物品は西市でのみ興販することを定めたが、承和七年四月に施行された弘仁式（弘仁十一年四月式）にはそれが反映されておらず、両市がともに販売できることとされていた。これにもとづいて東市司がそれらの物品の販売を行っていたため、西市司が訴えたのである。これは式の遺漏と判断され、勅により承和二年符により弘仁式には拠らないこととされた。

なお、弘仁式は式部式上と主税式下の断簡が九条家本延喜式の紙背として現存し、それ以外には一部が諸書に引用された逸文の形で伝わっている。

五　貞観式の編纂とその体裁

その後、清和天皇の代に至り、再び式が編纂され、貞観十三年（八七一）八月二十五日奏進された。類聚国史巻一四七所引の同日条にその序が引用されているが、それによれば、藤原良相《よしみ》が藤原良房《よしふさ》と議して奏上し、藤原氏宗《うじむね》・南《みな》淵年名《ぶちのとしな》・大江音人《おとんど》・菅原是善《これよし》・紀安雄《きのやすお》・大春日安永《おおかすがのやすなが》・布瑠道永《ふるのみちなが》・山田弘宗等に命が下されたという。全二〇巻で、本稿冒頭で述べたように、弘仁式以降の訂正・増補部分のみを収録し、弘仁式と併用する形をとった。同年十月二十二日に施行されている（三代実録）。ちなみに貞観格は、式に先立ち貞観十一年九月七日に施行された。また交替式も弘仁式同様に別途編纂が進められて十年閏十二月二十日に施行され、貞観式には収録されなかった。

貞観式は逸文の形でしか現存しないが、それらを調査すると、条文の体裁について以下のようにまとめられる[10]。

①弘仁式に存在した条文で改訂する必要がないものは、貞観式には収録しない。

②弘仁式に存在した条文を改訂する場合には、

たとえば、前式、凡（条文が特定できるように引用）云々、（その条文のうち、改訂の対象となる部分を引用）云々、今案、（改訂の内容を示す）、

というような体裁で掲載された。

③弘仁式に存在した条文が貞観式で廃止された場合については、どのような体裁で示されたか不明。

④貞観式において新設された条文は、「凡……」という体裁で示された。

弘仁式と貞観式の逸文を集成する試みは、和田英松「式逸」（続々群書類従所収）以来進められ、虎尾俊哉編『弘仁式貞観式逸文集成』（国書刊行会　一九九二年）にまとめられているが、その後、『新撰年中行事』の出現などによ

り若干の補訂・追加が必要となっている。

六　延喜式の篇目

延喜式は全五〇巻からなる。分量は、字数にするとおよそ三八万七〇〇〇字弱で、条文数は集英社刊行の訳注日本史料本の数え方によれば、三五四六条である。巻一から十までが神祇関係で、巻一一から四十までが太政官関係、巻四十一から四十九までがそれ以外の諸司の式であり、弾正台や左右京職・東宮坊・勘解由使《かげゆし》・衛府《えふ》等が収められている。巻五十は雑式として、以上に含めることのできない諸規定が収録される。

神祇は巻一・二が四時祭と称する恒例祭祀を扱い、巻三が臨時祭と称して臨時祭祀と神祇官業務の諸規定を収める。ついで巻四が伊勢大神宮に関する規定、巻五が伊勢斎宮に関する規定、巻六が賀茂斎院に関する規定、巻七が践《せん》祚大嘗《だいじょうさい》祭に関する規定、巻八が祝詞を収める。最後の巻九・十は神名式として祈年祭の班幣に預かる全国の神祇官管轄神社（官社）の名簿となっている。ちなみにこの神名式に掲載された神社は後世、「式内社」と呼ばれた。

ところで延喜式の編纂にあたっては、弘仁式や貞観式の条文配列を改めている事例が確認される。これがどのような論理にもとづいてなされたものであるのかは、必ずしも充分に研究が進められておらず、今後の研究課題と言える。

なお、すべての官司の規定が収められているわけではなく、たとえば蔵人所や検非違使に関する式は存在しない。検非違使については貞観十七年（八七五）に左右検非違使式が撰進され、蔵人所については寛平二年（八九〇）に蔵人式が撰進されている。

七　留意すべき点

延喜式を利用するにあたっては、いくつか特に注意しなければならない点がある。以下、順に記していきたい。

第一に、記された内容をいつの時期のものと考えたら良いかということである。冒頭に述べたように、延喜式は延長五年（九二七）に奏進され、その後、修訂を加えられて最終的に康保四年（九六七）に施行された。したがってまずは延喜式は延長五年段階の内容であるのか、あるいはその後の制度改定を盛り込んだものであるのかという問題が生まれる。この点については、奏進後の修訂はあくまでも奏上された内容についての検討であって、奏進以後の新制によって式文を改めるというような改訂は一切行われなかった可能性が高いという説[11]が提出されている。

では延長五年現在の法制と考えて良いかというと、それにも問題がある。一九一九年に喜田貞吉は「延喜式の杜撰」という論文を発表し[12]、巻九・十の神名式では延喜年間の郡名ではなく、承和以前の古い郡名に所属する形で官社が記されていることを指摘した。たとえば美濃国の石津郡は斉衡二年（八五五）に多芸郡より分立しており、民部式上3東山道条にもその名が見えているが、神名式下3美濃国条では石津郡に所属すべき大神神社と久々美雄彦神社が多芸郡に列しているというような具合である。これにつき、神名式では弘仁式社の次に新たに貞観式において列した官社を、さらにその末尾に貞観式以後に列した官社をほとんど機械的に記したものであり、郡名の変更などは行われなかったことが明らかにされている[13]。

そもそも延喜式自体が先行する弘仁式と貞観式をもとに編纂されたものであった。したがってこの問題は神名式にとどまるものではなく、他の式においても多かれ少なかれ配慮しなければならない。延喜式において新たに付け加えられた条文が存在する一方で、貞観式段階、あるいは弘仁式段階、さらにはそれ以前に内容が遡及できる条文も混在しているのである。条文ごとに、その条文内容がいつ定められたものであるかを検討することが求められる。その参考になるのが弘仁式や貞観式の逸文であり、諸司例であったりするのだが、それだけでなく六国史や類聚三代格・令集解等の関連史料にも目配りする必要があろう。

なお、延喜式は巻次によっては条文に「弘」「貞」「延」「弘貞」「弘貞延」などといった標注が付されていることがある。これは当該条文の成立時期を示したものであり、「弘」「貞」「延」はそれぞれ弘仁式・貞観式・延喜式にて成立した条文であること、「弘貞」は弘仁式で成立した条文に貞観式で改訂が加えられたこと、「弘貞延」は弘仁式に貞観式・延喜式でそれぞれ改訂が加えられたことを意味すると考えられる（「弘貞」と「弘貞延」との違いは、延喜式段階での改訂が内容に関わるものであったか否かによるのであろう）。これらの標目がいつ付されたものであるかは定かでないが、平安後期書写と考えられる金剛寺本の巻九・十二には付されているので、古代のものであることは確実である。ただしそれでもなかには誤りがある場合があり、鵜呑みにせず、改めて検討することが必要とされる(14)。

三番目として、延喜式の規定は、それぞれの官司における業務マニュアルであるということがあげられる。基本的にはその官司の官人にとって必要最小限の情報が記されているのであり、官司に属している官人にとって自明のことは省かれ、また官人が関与しないことは記されない。たとえば内匠式には銀器や漆器、刀子、箱など宮中で使用されるさまざまな物品の原材料や労働量が列挙されている。それらは物品を製作するために内匠寮が入手しておくべき分量や、予算作成上に必要となる計算式であって、具体的な製作手順が記されているわけではない。さらにはそこに記されている分量も予算作成上のものであって、それがそのまま実際の物品製作に用いる分量である保証はない。むしろ物品完成までに生み出される為損品分も含まれていると考える方が自然かもしれない。

主計式上9大和国条以下には、国ごとの調・庸・中男作物物品名に加え、平安京までの上京に要する日数と帰国に要する日数が記されている。たとえば伊勢国は「行程、上四日、下二日、」と記されているが、それらの日数につき、下日数は実際にはありえない速度であり、上日数も道中の渋滞や上京後の滞在をまったく見込んでいない数字であるとの指摘がある。[15] あくまでも費用算出見積もりのための数字であって、現実はそれとは別のところにあった。

これに加え、各官司においては、あるいは条文のような形ではなく口頭で申し送りされるような事柄も当然存在していたと想定される。また式条のなかには各官司での先例や慣行を法文化したものもあるであろう。とするならば、全体に目配りする一方で、官司ごとの差異にも関心が向けられなければならない。そうした差異部分は三代の式編纂の過程で平準化する努力が払われたとは考えられるが、それでも、法典としての一体性を過大評価してはならない。

延喜式を史料として扱うには、以上のような問題点を踏まえ、他の官司の式やその他の関連史料、また場合によっては後世の事例なども参考にしつつ、柔軟な視点を持って検討することが求められる。

八　伝来と写本・版本

延喜式は施行後、貴族社会に書写され広まっていったと見られるが、巻数が多いこともあり、古写本は全巻残されているわけではない。主だった古写本としては、二八巻分（巻七が甲乙二巻あるので、実質は二七巻）を存する九条家旧蔵巻子本が知られる（現東京国立博物館蔵）が、その書写年代は、一三世紀前半頃の二巻、一四世紀頃の二巻を除くと、一〇世紀末頃から一一世紀末と考えられている（鹿内浩胤）。古写本中、最も重視されるべき写本ではあるが、一方で、本来の延喜式にはなかった弘仁式条文が竄入しているのではないかとの指摘もあり、[16] 注意を要する。その他の古写本には金剛寺に伝来した平安時代後期写の巻九・十二・十四・十六が重要である。鎌倉期写本は巻九・十（吉田家旧蔵。南北朝期にくだす説もある）および巻十二（三条家旧蔵）が天理大学附属天理図書館に、巻五十（三条西家旧蔵）が国立歴史民俗博物館に蔵されている。他に巻一〜五が一条家に伝来し、巻十（花山院家旧蔵）が武田祐吉氏の所蔵となっていたが、いずれも戦災にて焼失したという。室町期写本は巻八～十について天理大学附属天理図書館や国学院大学図書館に蔵されている。全巻がまとまって伝来するのは江戸期にくだり、そのなかで国立歴史民俗博物館所蔵の土御門家旧蔵本が善本として知られている。

江戸時代には他の古代史史料とともに版本として刊行されるようになり、特に享保八年（一七二三）の首題を持つ修訂本が流布し、また松江藩による校訂本が文政十一年（一八二八）に刊行されている。

九　活字本と本文研究

明治以降には本文研究が進められ、何種類もの校訂本が刊行されているが、特に一九三七年に刊行された新訂増補国史大系本が長らく研究に用いられてきた。これを新しく校訂し直したものが、神道大系本（一九九一・一九九三年刊）である。これらは享保版本を底本としたものであったが、版本は校訂の過程が充分に明らかにされていないこともあり、本文研究のうえではどうしても問題が残った。二〇〇〇年より刊行が開始した訳注日本史料本では初めて写本（土御門家旧蔵本）が底本とされ、さらに進んだ校訂がなされている（下巻は二〇一七年刊行予定）。ただ、そもそも延喜式の写本研究はいまだ充分とは言えない状況にある。近年、従来知られていなかった京都国立博物館本が紹介されたが[17]、同写本や宮内庁書陵部所蔵藤波家旧蔵本・壬生家旧蔵本なども含めて、今後、さらに本文研究を検討を進めていくことが、求められている。

なお、訳注日本史料において、初めて式の各条文に条文番号が振られた。これについて、同書凡例に「あくまで利用の便を図ることを第一義とし、枝番や孫番を用いないこととしたので、必ずしも各条文の構造に捉われない形となった」と明記されていることを、心に留めておく必要がある。

写本の影印本としては、土御門家旧蔵本が臨川書店より刊行され、九条家旧蔵巻子本が思文閣出版より刊行中であり、他に国学院大学図書館所蔵写本の一部が『国学院大学貴重書影印叢書』四（朝倉書店　二〇一六年）、天理大学附属天理図書館所蔵吉田家旧蔵巻九・十鎌倉期写本が『天理図書館善本叢書』和書之部一三（八木書店　一九七五年）に、西田長男氏蔵九条家旧蔵冊子本巻五が国学院大学神道史学会（一九七八年）より刊行されている。また金剛寺本のうちの巻九、焼失した一条家本のうちの巻四・五、同じく焼失した花山院家旧蔵本巻十も戦前に影印が刊行されている（花山院家本は影印本の複写本が一九九八年に燃焼社より刊行）。以上のうち、九条家旧蔵巻子本はe国宝で、国学院大学本も同大学図書館デジタルライブラリーにて閲覧することが可能であり、他に東京大学史料編纂所が蔵する和学講談所旧蔵本（江戸時代初期写）が同所ウェブにて、宮内庁書陵部所蔵写本の一部が国文学研究資料館ウェブのデジタル画像データベースにて、それぞれ画像公開されている。諸写本・版本の概要については訳注日本史料の上巻解説にまとめられている。

十　条文を読む

延喜式条文の形態には、公文書の書式を例示したり、原材料や貢納物品などを列挙した一覧表的なものと、業務を遂行するうえでの細則や注意・禁止事項を「凡そ」という語を文頭に付した文章の形で記したものとがある。前者は巻九・十の神名式や各国の所管郡名と国の等級をリスト化した民部上の1~8条、主税下に収められた正税帳や租帳・青苗簿帳の書式などといった例がある。ここでは後者から一条を紹介したい（巻三臨時祭82石上社封条）。

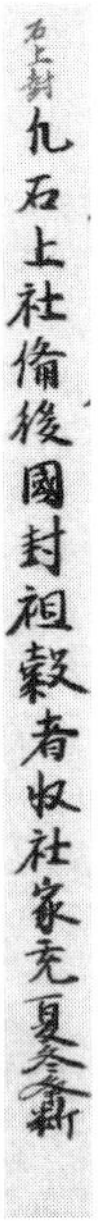

（画像：国立歴史民俗博物館提供）

〔釈　文〕

凡石上社備後国封租穀者、収㆓社家㆒、充㆓夏冬祭料㆒。

〔読み下し〕

凡《およ》そ石上社《いそのかみのやしろ》の備後国《びんごのくに》の封《ふう》の租穀《そこく》は、社家《しゃけ》に収め、夏・冬の祭料《さいりょう》に充《あ》てよ。

巻三は冒頭に「臨時祭」と記されているが、臨時祭祀の規定は三十七条までで、以下は神祇官の業務に関わる諸規定が収められている。本条は大和国山辺郡に所在する石上に坐す布留御魂神社（巻九神名上6大和国条参照）が有する備後国の神封についての規定である。石上に坐す布留御魂神社は天理市布留町に所在する石上神宮のことであり、古代にもその位置に所在していたと考えて問題ない（現在、式内社とされている神社の中には近世から近代にかけての考証で決定されたものもあり、そのまま鵜呑みにはできない）。封とは神封を指し、神社には一般の封戸とは異なる神戸《かんべ》が充てられ、神戸は神社の神職である祝部の選出母体ともなり（職員令1神祇官条集解）、その調庸租は社殿の修造や祭料に充てられるほか、余剰分は神税として蓄積されることになっていた（神祇令20神戸条、臨時祭式62神戸調庸条）。であるから、一見、本条はわざわざ式に定めるまでもない規定のように思えるが、神税は神戸所在国の国司が管理し（天平年間の正税帳等参照）、また臨時祭式の他の条文を見れば明らかなように、実際には神祇官に送られ宮中祭祀などに用いられることもあった[18]。それを停止し、石上社に送りもっぱらその祭料にのみ用いるというのが本条の規定であった。似たような規定は賀茂御祖神社、賀茂別雷神社、熱田神社、松尾神社、枚岡神社、住吉に坐す住吉社についても定められている（臨時祭式79三社神税穀条、80松尾社封条、81枚岡社封条、83住吉社封条）が、少しずつ文章表現が異なっていることからすれば、ある段階でまとめて制定されたものではなく、順次、個別に定められていったものと解されよう。

神封（神戸）の一覧表は式の中には存在しない。新抄格勅符抄の「大同元年牒」部分に延暦二十年（八〇一）九月以前の延暦年間の内容を示すと見られる全国神社の神封一覧が収められており、それによれば、石上社には八〇戸の神封があり、うち大和国が二〇戸、備後国が一〇戸、信濃国が五〇戸であったという。この備後国一〇戸が82条の封に相当すると考えられる。ちなみに信濃国神戸は神護景雲二年十月甲子に充てられた（続日本紀）ものであろう。

備後国に石上社の神封が置かれた理由として、一つには、日本書紀神代上第八段に記されるスサノヲの八岐大蛇退治伝承との関連が推測される。日本書紀本文においては、スサノヲが大蛇を斬った剣について、「十握剣《とつかのつるぎ》」と記されるだけであるが、一書第二ではその剣は「蛇《をろち》之麁正《あらまさ》」と名づけられたとし、「今在二石上一也」とその所在が記されている。また一書第三では剣の名称を「蛇韓鋤《からさひ》之剣」とし、「今在二吉備神部《かむとものを》許一也、」と述べている（つづいて「出雲簸《ひ》之川上山是也」との一文があるが、脱落ないし錯乱を想定する説が有力。この他、一書第四は「天蠅斫剣《あまのははきりの》」という名称であったと記す）。これに対し古語拾遺では、古語に大蛇を「羽《は》（写本によっては「羽々」）」と言うことから、「天羽斬《あめのはぎり》（写本によっては「天羽々斬」）」と呼ばれたとし、「今在二石上神宮一」と記している。一書第二と古語拾遺の「石上（神宮）」について、大和の石上社と考える説と、そうではなく備前国の石上布都之魂神社（巻十神名下30備前国条によれば、同国赤坂郡に所在）と考える説とがある。両者が同一である必然性はないが、「神宮」とあることから、少なくとも古語拾遺の石上は大和とみなすのが妥当であろう。大和の石上社には諸家より集められた神宝や兵仗が収められていたことが確認される(19)。ただ、「吉備神部」が備前の石上社と関連するものであれば、備後国の封とは無関係ということになる。その場合は、たとえば武具（鉄）生産との関連で考えるべきなのかもしれない。備後国北部八郡は採鉄で知られており（類聚三代格延暦二十四年十二月七日官符、巻二十四主計式上55備後国条等）、そのうちの神石《かめし》郡志麻《しま》郷には物部氏のいたことが正倉院文書より確認される（(古)六568）。あるいは「布留御魂」が「布都御魂」とも記されることがあることからすれば、神名下32備後国条の多祁伊奈太伎佐耶布都《たけいなたきさやふつ》神社（安那《やすな》郡所在）

との関連性も検討してみる必要があろう。残念ながら和名類聚抄郷里部や出土文字資料からは、備後国の神戸の存在は確認できない。

以上、臨時祭式82条に検討を加えてみた。たった二〇字足らずの条文ではあるが、そのなかにもまだ未解決の問題が多く含まれていることが了解されよう。

註

（1）内田吟風「北周の律令格式に関する雑考」『東洋史研究』一〇―五、一九四九年。
（2）水口幹記『日本古代漢籍受容の史的研究』汲古書院、二〇〇五年。
（3）川島晃「律に見える「格」「式」について」『芸林』四三―一・二、一九九四年。大津透「日本令における式・別式・勅」同編『日唐律令比較研究の新段階』山川出版社、二〇〇八年。
（4）鎌田元一『律令公民制の研究』塙書房、二〇〇一年。
（5）野村忠夫「律令的行政地名の確立過程」『律令政治と官人制』吉川弘文館、一九九三年、初出一八七八年。
（6）虎尾俊哉「「例」の研究」『古代典籍文書論考』吉川弘文館、一九八二年、初出一九六二年。
（7）和田英松『本朝書籍目録考証』明治書院、一九三六年。
（8）虎尾俊哉「儀式帳の撰進と弘仁式」『古代典籍文書論考』吉川弘文館、一九八二年、初出一九五二年。
（9）鎌田元一「弘仁格式の撰進と施行について」『律令国家史の研究』塙書房、二〇〇八年、初出一九七六年。鹿内浩胤「『弘仁式』篇目考」『日本古代典籍史料の研究』思文閣出版、二〇一一年、初出一九九五年。
（10）虎尾俊哉「貞観式の体裁」『古代典籍文書論考』吉川弘文館、一九八二年、初出一九五一年。
（11）清水潔「弘仁式貞観式逸文をめぐって」『史料』一六八、二〇〇〇年。
（12）『歴史地理』三三―五。
（13）宮城栄昌「金剛寺本神名帳の標目について」『日本上古史研究』二―一一、一九五八年。小倉慈司「延喜神名式「貞」「延」

標注の検討」『延喜式研究』八、一九九三年。
(14) 黒須利夫「節禄考」『延喜式研究』三、一九八九年。早川万年「弘仁式・貞観式研究の成果と課題」虎尾俊哉編『弘仁式貞観式逸文集成』国書刊行会、一九九二年。
(15) 榎英一「延喜式諸国日数行程考」『立命館文学』六〇五、二〇〇八年。
(16) 鹿内浩胤「田中教忠旧蔵『寛平二年三月記』について」『日本古代典籍史料の研究』思文閣出版、二〇一一年、初出二〇〇三年。
(17) 田島公「『延喜式』諸写本の伝来と書写に関する覚書」同編『禁裏・公家文庫研究』五、思文閣出版、二〇一五年。
(18) 小倉慈司「神戸と律令神祇行政」『続日本紀研究』二九七、一九九五年。
(19) 日本書紀天武三年八月庚辰条、日本後紀延暦二十四年二月庚戌条等。

参考文献

延喜式研究会『延喜式研究』一～三〇、一九八八～二〇一五年
国立歴史民俗博物館蔵貴重典籍叢書『延喜式』一～七、臨川書店、二〇〇〇～二〇〇一年
鹿内浩胤『日本古代典籍史料の研究』思文閣出版、二〇一一年
新訂増補国史大系『延喜式』吉川弘文館、一九三七年（普及版・オンデマンド版等あり）
虎尾俊哉『延喜式』吉川弘文館、一九六四年（新装版一九九五年）
虎尾俊哉「延喜式」岡崎敬・平野邦雄編『古代の日本』九、角川書店、一九七一年
虎尾俊哉『古代典籍文書論考』吉川弘文館、一九八二年
虎尾俊哉校注『神道大系　古典編　延喜式』上・下、神道大系編纂会、一九九一・一九九三年
虎尾俊哉編『弘仁式貞観式逸文集成』国書刊行会、一九九二年
虎尾俊哉編『訳注日本史料　延喜式』上・中・下、集英社、二〇〇〇・二〇〇七・二〇一七年
西本昌弘『日本古代の年中行事書と新史料』吉川弘文館、二〇一二年
西本昌弘編『新撰年中行事』八木書店、二〇一〇年

宮城栄昌『延喜式の研究』史料篇・論述篇、大修館書店、一九五五・一九五七年

（小倉慈司）

Ⅳ　出土文字資料

①木《もっ》簡《かん》

一　木簡とは

木簡は、多くは墨書するために用意された木片（強いていえば、墨書用木製品）としての性格をもち、文書木簡、付札木簡、習書・落書木簡の三つに分類することが多い。

文書木簡は、手紙や帳簿の木簡であり、古文書学でいう広義の文書にほぼ対応する。付札木簡は、租税貢進の際などに物品とともに移動する荷札と、保管用のラベルとして移動を伴わない狭義の付札とに分けられる。習書・落書木簡は、文字の練習や筆慣らし、あるいは時々の気持ちの吐露など、書くこと自体を目的とするものである。

これらの木簡の用途は、木のもつ三つの特性にそれぞれ対応している。すなわち、文書木簡は当座のメモ的な使用に便利で、不要になり次第何度でも小刀（筆と並ぶ古代の実務役人の必需品。そのため役人のことを「刀筆の吏」と呼ぶ）で削り直して再利用できること（反復性）、付札木簡は丈夫で水濡れに強く、運搬や長期の保管に耐えられること（堅牢性）、習書・落書木簡は身近に入手でき、手軽に利用できること（簡便性）など、木という素材のもつ多面的な特徴をそれぞれに生かした使い方といえる。

一方、この分類を機能という観点から改めて見直すならば、文書木簡は意思伝達の機能を、付札木簡は属性表示の機能を、習書・落書木簡は墨書媒体の機能を果たすものと言い換えることができる。

従来は、このように墨書するための木製品としての木簡を中心に考えることが多かった。しかし、現在では発掘調査によって見つかる墨書のある木片を広く木簡として捉えるのが普通である。墨書用の木片だけでなく、通常の木製品（墨書を前提としないもの）に墨書のあるもの、つまり墨書の有無とは無関係に機能する木製品に墨書があるものをも含むことになる。たとえば、容器としての曲物や桶・樽などの蓋板や底板、手紙を挟んで届ける際に用いる封緘、木製キーホルダー、題籤軸や棒軸など文書の軸、文書箱などの文房具、さらには井戸枠の番付など枚挙に暇がない。

ところで、墨書木製品の墨書は、その機能に着目するならば、木製品そのものや、あるいはその木製品が付随する物に関する属性や所属を示すものとして一括することができる。この点は、前述の木簡の用途による三分類のうち、付札の機能と共通する。すなわち、付札の墨書は、その付札を付ける品物の属性を示す内容で、付札はそれを付ける品物の属性を表示するための木製品といってもよい。これに対し墨書木製品の墨書は、その製品そのものの属性を示す内容で、それを製品本体に直接記銘している。製品本体に直接記銘するのが墨書木製品、直接記銘できないために記銘用に付けられるのが付札なのである。

このように、墨書木製品は、最初に述べた機能による木簡の三分類—意思伝達機能・属性表示機能・墨書媒体機能—のうち、属性表示機能をもつ木簡として、付札と一括して理解できることが明らかになる。こうして機能による木簡の分類が、最新の木簡の定義にとっても有効であることが確認できるだろう。

解読されている木簡の読みを釈文という。文字資料としての木簡の情報は釈文が全てということになるが、木簡のもっている情報は、文字資料としてのそれのみではない。木簡は、文字を書くための木製品である。木製品としての材質、形状なども、木簡の大事な情報である。書かれている位置が、文字内容に意味を与える場合もある。文字資料としての情報と木製品としての情報は密接にリンクしているのである。木簡のもつ情報としてもう一つ忘れてならないものに、考古資料としての情報がある。遺跡・遺構・出土層位が、いわば木簡の信憑性を保証するとともに、資料としての重要な情報の一つとなるのである。

このように、木簡の情報は、文字資料として、木製品として、考古遺物としての三つの観点から充分に引き出し、それらを総合的に検討することによって初めて確かなものとなる。したがって、それを行えるのは木簡を実際に発掘した調査機関を措いて他にない。その意味で、調査機関に課せられた責任は、他の史料に比べて格段に大きいのである。

二　意思伝達機能をもつ木簡を読む ――「園池司進」の木簡の場合――

ここでは意思伝達機能をもつ木簡として平城京二条大路出土の左記を例に取り上げたい。

（表）　（裏）

（画像：奈良文化財研究所提供。以下同）

・園池司進　毛付瓜廿顆　羊蹄二斗　茶三斗五升　蓼四升
　　　　　　蔓菁十把　　葵二斗　　蘿蔔六把　　合七種
・右内侍尼卅人供養料
　　　天平八年八月廿日正八位上行令史日置造「宜」
318・33・3　011
『平城宮発掘調査出土木簡概報』二四―一九

木簡は片面に書き切れない場合には、適宜反対面に書き継ぐ。釈文上部にある「・」は、両面に墨書がある場合の表裏の区別を示す。書き出しを含む面を表と見做し、表、裏の順に右から並べる。実測図や写真も同様で、文章の順序と合うように、表を右に、裏を左に配置する。これは考古学における図の表裏の原則とは正反対となるので注意を要する。なお、木簡の表裏の決定は、内容の解釈に関わるため、完形でない場合には木簡の表裏を決められない場合もあり、その場合の表裏はあくまで相対的なものとなる。

さて、木簡の中味を見よう。「園池司《えんちし》進」の「園池司」は職員令の規定のある宮内省管轄下の官司である。「進」は公式令には特に規定のない書式（公式令にあるのは、上申文書の「解《げ》」、下達文書の「符」、平行文書の「移」や「牒《ちょう》」、役人個人の上申文書の「辞」などである）で、進上の意味である。

漢文の語順としては主語＋述語の順が一般的で、「園池司進」の園池司が主語であり、園池司「が」進む、と普通に読んで問題はない。しかし、注意が必要なのは、木簡の場合これと同じ語順であっても、園池司が目的語であること、つまり園池司「に」進む、と読むべき場合が皆無ではないことである。特に七世紀の木簡の場合、日本語として読む順序に漢字を並べることが一般的に行われていた。漢字はあくまで日本語を表記する手段であって、それを用いているからといって漢文で表現しているわけではないのである。

そこには、木簡はあくまで音声による意思表示の補助手段に過ぎなかったという歴史的な経緯が関係している。日常的な実務、ことに意思伝達における文字の使用が始まるのは、隋・唐に倣った律令にもとづく行政運営の導入が図られた七世紀後半以降のことである。八世紀初頭の大宝律令の制定によって、制度的にはほぼ完成をみるものの、その定着にはなお一定の時間が必要であった。そもそも漢字は当時の日本人にとっては外国語であった。七世紀後半は、外国語で日本の言葉を表記する工夫にあけくれた時代でもあったのである。

日本語の語順の通りに漢字を並べて記す木簡として代表的なものに、「前白」という特徴的な文言を含むため、前《ぜん》白《ばく》木簡と称される七世紀に顕著な文書木簡の事例がある。「某（御）前申」は、某の「御」前に申すであって、某は木簡の筆者が木簡によって意思を伝える相手である。「申」の前にあるのは「申す」主体ではなく客体、すなわち相手である。またその場合、筆者自身は主語の形で登場することがない。当事者同士では当然のことながら当事者は明確だったから、それを明記する必要はないのである。

長屋王家木簡にみられる古い要素

こうした日本語の語順に従った表記は、律令制にもとづく国政運営が定着するに従いしだいに姿を消していく。しかし、平城遷都後まもない時期の大木簡群である長屋王家木簡には、古い時代の表記や表現がまだ色濃く残存している。どちらで読むべきか文脈では判断できない場合も生じる。

たとえば、次のような木簡はどうであろうか。

「封」北宮進上津税使　　300・27・3　043
『平城京木簡』一―四五四

この木簡では、北宮と津税使の関係が比較的明瞭なので、北宮が進上相手であり、進上主体が津税使であることが、あまり違和感なく受け入れられてきたと思う。しかし、漢文の語順から言えば、北宮「に」進上するの意を、この語順で表記するのはかなりイレギュラーである。読む順序で表記する七世紀以来の流れを汲む表記と位置付けられよう。

また、次のような木簡の場合はどうか。

・観世音寺蔵唯那等申　給遣三種物　○
・者具受治在　四月十二日　即付帳内川瀬造○
300・25・3　011
『平城京木簡』二―一七三三

この木簡の場合、特段の考察を踏まえることなく、観世音寺蔵唯那を「申」という動作の主語と理解するのが一般的だと思う。しかし、「観世音寺蔵唯那等に申す」と読む可能性は本当に皆無なのであろうか。要件を訓読すれば、

給い遣す三種の物（ここまで表面）は、具に受け治めたり。

となろう。日本語の語順の通りに漢字を並べていることが理解できよう。お送りくださった三種類の物は（それが何かは当事者間で諒解されているので、あえて具体的には書き記してはいないのである）みな受け取りました、という要件を伝える使いとして、川瀬造という者がこの木簡を託されているのである。

「観世音寺蔵唯那等」が主語であれば、川瀬造は、観世音寺からの報告の使者として観世音寺から長屋王宅の家政機関まで動いたことになり、三種の物は長屋王宅から観世音寺に送られたことになる。一方「観世音寺蔵唯那等」が目的語であるならば、川瀬造は長屋王宅の家政機関から観世音寺まで動いたことになり、この木簡の出土地が長屋王邸であることを勘案するならば、この木簡は実際には発給されず捨てられた可能性が考えられることになる。三種の物は観世音寺から長屋王宅に送られようとしたことになる。どちらの可能性も一概には否定できず、なお二通りの解釈の余地を残したままであることを記憶に留めておく必要があろう。

七種の蔬菜の表記法とその単位

「園池司進」木簡にもどると、つづいて記されるのは、二行四段にわたる蔬菜とその数量である。「合七種」がそれらを受ける末尾の記載であるのは明らかだが、これらを二行の記載とみるべきか（毛付瓜→羊蹄→茶→蓼→蔓菁→葵→蘿蔔）、四段の記載とみるべきか（毛付瓜→蔓菁→羊蹄→葵→茶→蘿蔔→蓼）は容易には決められない。文章として続く記載であれば、二行の割書として捉えるのが普通であろうが、このような箇条書きの場合は、段ごとの記載として捉えるべき場合も多い。たとえば、次のような事例がある。

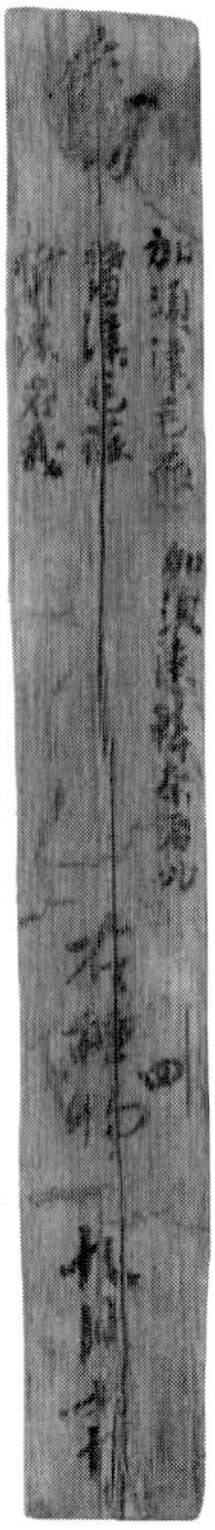

進物　加須津毛瓜　加須津韓奈須比
　　　醤津毛瓜
　　　醤津名我
右種物　四　九月十九日

253・33・4　011
『平城京木簡』一―二〇五

四種類の漬物名を列記している。三行割書というよりは、段ごとに記載していったのは明らかである。しかも一段目を三行で書き出しているから、これらを列記する時点で、書き上げるべき漬物の種類が何種類あるかが確定しておらず、五種類以上になること想定していたということになろう。

合計を書く部分で数字「四」が右傍に追記される形になっているのは、書き落としたからではなく、種類が確定していなかったとみられることと関係があるかもしれない。このように何気ない文字の割り付けから、記載の成り立ちを読み取ることが可能な場合もある。

七種の蔬菜のうち、毛付瓜は漬物木簡の毛瓜（万葉仮名としての「毛」の音は「も」であって「け」ではないから、「かすづけ＋うり」ではなく、「かす＋つ＋けうり」と読むべきで、「加須津毛瓜」は「滓（漬け）の毛瓜」の意である）に相当し、冬瓜のことである。蔓菁はカブラ、羊蹄はギシギシ、葵はアオイ、茶はニガナ（茶ではないことに注意。喫茶の風習の伝来は八世紀末以降のこと）、蓼はタデである。蘿蔔は見慣れぬ表記であるが、大根の漢語表記である。長屋王家木簡に「大根」と表記される例があるのと好対照で、長屋王家木簡と二条大路木簡の二〇年の時期差のもつ文化的意義―唐風文化の流入と定着―の一端を表しているといえよう。

それぞれの蔬菜の単位にも注意しておきたい。毛付瓜の「顆」は、丸い物を数える単位である。羊蹄・茶・蓼・葵の「斗」「升」は容積の単位。今の四五パーセント程度に相当する。重さではなくかさで数えているわけである。茶の三斗五升は換算すると今の一斗五升七合五勺程度、二八・三五リットルに相当し、かなりの量となる。蔓菁・蘿蔔の「把《わ》」は、稲束を数える際によく用いる単位で、一〇把が一束となる。稲の場合は一束の稲穂から一斗（今の四升五合。六・七五キログラム程度）の籾が得られるが、この木簡のカブやダイコンを実際にどのように梱包し、束・把で数えたかは明らかでない。

「園池司木簡」の裏面について

裏面には、進上する七種の蔬菜の用途が記される。「右」は表面から続くことを端的に示す表現で、七種の蔬菜を受けている。単数を受ける場合は「右」、複数を受ける場合は「以前」と表記する規定があるが、木簡におけるこのような場合の表記は「右」がほとんどである。

裏返して記載を続ける場合、こうした内容上の切れ目を意識して書くことは、木簡使用が本格的に始まって以来、平城遷都後の時期になっても必ずしも全ての木簡の書き手に行き渡って常識化していたわけではない。長屋王家木簡には、個人名の途中で裏返しているような事例さえある。それが二条大路木簡の頃になると、内容の切れ目を意識して見た目にも美しく記すのが普通になる。それは、先程述べた大根から蘿蔔への変化と軌を一にするのである。

供養は現代では死者への捧げ物あるいは献げる行為そのものを指すことが多いが、古代では僧尼に食物を供することと、またその食物そのものを表し、この木簡の場合も、「内」と呼ぶ場所にいる尼三〇人に支給するの意で用いている。三〇人もの尼の存在は特別の行事への参加と見るのも不可能ではないが、「内侍」という表現からは日常的な伺候を逸脱するものとは思われない。この点は二条大路木簡を皇后宮と結びつける根拠の一つともなっている。

裏面の末尾には、年月日と署名が記される。日付を最後に書くのは公式令に則った書式で、木簡でもこれを踏襲している。「正八位上行令史日置造「宜」」のうち、「行」は、官職と位階が対応しないもののうち、当人の現在の位階よりも低い位階に相当する官職に就いている際に用いるものである。その際、通常の「官職＋位階」の順序を逆転させた上で間に「行」を挟み、「位階」＋「行」＋「官職」という記載となる（逆に、現在の位階よりも高い位階に相当する官職に就いている場合は、「行」の代わりに「守」を用いる）。

姓名のうち、「宜」は「よろしし」と読む一文字の名で、この部分は「日置造」のウジ名＋姓の部分とは明瞭に筆蹟が異なり、自署である。紙の文書と同じ記銘方法である。

ところで、大宝令の文書の書式の規定では、日付は文書の末尾に書くことになっていた。したがって、八世紀以降の木簡で日付が読み取れればそこが木簡の記載の末尾ということになる。しかし、それ以前は日付は文書等の冒頭に記すことになっていた。大宝令の施行は、年を干支で記すそれまでの紀年法を改めて年号を用いることとするだけでなく、日付の記載が冒頭から末尾へ移るという大きな変更を伴うものだったことになる。

二条大路木簡の性格

以上見たように、この木簡は園池司から七種類の蔬菜を進上することを伝えようとしたものである。園池司は差出人に相当する。一方この木簡による進上を受ける受取人がこの木簡には記されていない。

一般に差出と宛先の書かれた木簡は、出土遺跡や遺構の性格を考えるうえできわめて重要な役割を果たす。文書木簡は宛先だけでなく、たとえば召喚された人が持参したり、進上依頼を受けた側で、進上品に添えて進上したりするなどして、差出に戻って捨てられることもあった。すなわち、出土地が差出または宛先に当たる可能性を示唆することになる。この園地司木簡の場合には、一緒に出土した二条大路木簡には多くの役所や所領からさまざまな物品が送り届けられてきていることが知られている。多様な差し出しの木簡が一括して出土していることは、明記されてはいないが、これらの木簡が宛先で捨てられたことを示すことになる（宛先としては、二条大路木簡の分析から、光明皇后の皇后宮が想定されている）。

共伴する木簡が個別の木簡の内容を読み解く手がかりになるのとは逆に、個々の木簡はまた木簡群全体の性格を考える手がかりともなる。たとえば、三〇人もの尼の存在が皇后宮を想定する根拠の一つになりうることは前述したが、ほかにも天平八年八月二十日という日付は、木簡群に時間的な定点を与える根拠の一つとなる。

文字資料としての木簡は、とかく一点ごとの内容が重視される傾向が強かったが、長屋王家木簡や二条大路木簡など巨大なまとまりをもつ木簡群の発見以後、共伴する木簡を群として捉えて総合的に分析する視点の重要性が認識されるようになってきたといってよいであろう。個々の木簡の記載を取り出して史料として利用するだけでは、木簡のもつ資料としての情報を充分に取り出せていることにはならないのである。

木簡群としての考察とまではいかなくても、共伴する木簡を相互に考慮することによって個々の木簡の読みに新しい展望が開けることもある。たとえば、平城宮内裏北外郭官衙の土坑ＳＫ八二〇の木簡に次のようなものがある。

御殿内火炉一口

162・23・3　032　『平城宮木簡』一―四七九

これだけ見ていたのでは、読み込んだとしても「天皇の火鉢の付札?」というのがせいぜいであろう。しかし、共伴する木簡に次のような木簡がある。

搗香
櫃

41・24・4　022　『平城宮木簡』一―四六五

お香の櫃、あるいはそこに収められたお香そのもののものとみられる小型の精巧な付札である。これら二つの木簡の共伴を積極的評価するならば、「火炉」は火鉢ではなく、香炉の可能性を想定することができよう。ただ、それらはラベルを付して収納しておくほど非日常的な什器だったのかという疑問が生じるかもしれない。そこで想起すべきは、SK八二〇が七四五年の平城京への還都直後の内裏周辺の再整備に伴う遺物であったことであろう。恭仁・難波・紫香楽への五年間の移動の直後であることを考慮するならば、平城還都後の荷解きを経て廃棄された考えれば、この疑問も氷解するだろう。

その木簡の書かれた文字だけでなく、共伴する遺物や出土遺構の状況など、引き出しうるあらゆる情報を総合的に理解し、さらに既往の資料との不断のフィードバックを図ることによって、木簡は無限の可能性を秘めた資料として機能するようになる。場合によっては、たとえば平城宮大極殿院南面回廊基壇下整地土から出土した和銅三年正月の年紀をもつ伊勢国の荷札木簡が、平城遷都時における大極殿の未完成という情報を提供したように、文字として書かれていない情報の供給源となることもありえるのである。

三　属性表示機能をもつ木簡を読む――荷札木簡の場合――

属性表示機能をもつ木簡の代表的な事例は、租税貢進の際の付札、すなわち荷札である。それらは、賦役令《ぶやくりょう》の規定のある調や庸、あるいは田令に規定のある舂米《しょうまい》、あるいは『続日本紀』に令を改訂して制定されたことが記されている中男作物などの租税が、実際にどのように徴収され都に運ばれたか、具体的に語ってくれる。それだけではない。『延喜式』に見えながら、法令に規定がないため八世紀の実態が不明だった天皇の食料としての贄《にえ》の貢進の実態を明らかにしたのは、平城宮・京から見つかった木簡であった。

以下に、代表的な荷札を見てみよう。

調の荷札

・伊豆国那賀郡入間郷売良里戸主物部曽足口物部千嶋調堅魚十一斤十両　十連三丸
・　天平七年九月
343・37・4　033　『平城宮発掘調査出土木簡概報』二二―二九三

安房国安房郡公余郷長尾里戸主大伴部忍麻呂
大伴部黒秦　鰒調陸斤　陸拾弐条
天平七年十月
306・31・4　011　『平城宮発掘調査出土木簡概報』二二―三一七

・淡路国津名郡阿餅郷人夫
・戸主物部文屋戸口同姓文調三斗
(230)・34・6　033
『平城宮発掘調査出土木簡概報』二二―四一七

・肥後国益城郡調綿壱伯屯四両
養老七年

〔呂カ〕
・□□□
223・35・3　031
『平城宮木簡』一―二八四

調は、賦役令の調条に規定のある租税である。絹・絁《あしぎぬ》・綿・布・糸の五種類の繊維製品のどれかで納めるのを原則としたが、地域の特産物でこれに替えることが認められていた。繊維製品以外の品目については、同じ条文に、品目と数量を定めた細かい規定がある。これは例示ではなく、実際に調として貢進された物品の実態を反映したものと考えられている。調として何を貢進するかは郡ごとに定められており、それを全て反映したのが賦役令の規定であった。郡ごとに一律に納める品物が決められていたのであって、貢進物を変更する際には法的な手続きを必要とした。

繊維製品で納める場合には、やはり賦役令の規定によって、貢進者の本貫地・姓名・品目と数量・貢進年月などを、納める物品本体に記載することになっていた。この規定を準用し、梱包された貢進物に括り付けられたのが、荷札木簡である。したがって、掲出の木簡でも国郡郷（里）名、貢進者名（戸主名を伴う場合もある）、品目、数量、貢進年月を記載するのを基本とする。品目によって一人当たりの貢進量が決まっており、たとえば（荒）堅魚ならば十一斤十両（今の約七・八キログラム）、鰒《あわび》や海藻《め》（今のワカメ）などの海産物ならば六斤（約四キログラム）、塩ならば三斗（今の一斗三升五合、約二四・三リットル）、となっていた。品目によっては、この他梱包形態に応じた数量を併記する場合があり、伊豆の堅魚の「十連三丸」（〇連△節とも）、安房の鰒「陸拾弐条」がこれにあたる。品目によっては規定の数量と異なる量が記される場合があり（たとえば、塩では、二斗や一斗の例がある）、理由は個別に検討する必要がある。

荷札の形状や書式はヴァラエティーに富む。上端や下端に切り込みがあるのは、荷札を荷物に括り付けるための紐などを引っ掛けるための装置である。上下に切り込みをもつ〇三一型式、一端にのみ（上端の場合が圧倒的に多い）切り込みをもつ〇三二型式、上端に切り込みをもち下端を尖らせる〇三三型式がある。切り込みをもたずに下端を尖らせる〇五一型式や、文書木簡と同じ矩形の〇一一型式の荷札もある。荷札の大きさは括り付ける荷物に比例するとみられ、堅魚や鰒などでは三〇㎝を越えるような大型の荷札も多い。

書式は片面で記載を完結させるものも多いが、年紀のみ裏面に記すものや、適宜裏面に書き継ぐものもあり、部分的に割書を併用するものもある。国による個性も強く、隠伎国の調の荷札では、国郡名まで一行で書き、郷名以下を割書にする。使用する語句にも個性のある場合があり、安房国の調では、「鰒調」という他国には見られない転倒した語順を用い、数量に大字（主として改竄を防ぐために数字として使用する画数の多い文字。壹、貳、参、肆、伍、陸、柒、捌、玖など）を用いる場合がある。また、淡路国では「人夫」という用語を用いる。

国ごと（郡単位で抽出できる場合もある）の荷札の個性は、書かれている文字のみではない。切り込みの形状（三角形か台形かなど）、用いられた材の樹種（ヒノキ、スギ、広葉樹など）など、文字以外の情報についても顕著な場合がある。たとえば、台形状の切り込みは、因幡の贄や、阿波の荷札に顕著に見られる（刃の入れ方が粗くて結果的に台形になってしまう場合もあるがこれとは区別する必要がある）。スギは能登、越前、隠伎など北陸から山陰にかけての日本海側の地域の納める荷札に顕著である、また、広葉樹は西海道諸国の荷札に多い。ただ、注意を要するのは、たとえば大宰府跡で出土する木簡にはヒノキが多く、けっして広葉樹が顕著なわけではないなど、それはあくまで都に送られた荷札の樹種の傾向であって、その地域の植生を反映するものとは限らないことである。地域の個性は、今後類例が増えればさらに詳細な分析が可能になることが期待される。

庸の荷札

・越前国登能郡翼倚《レ》□
・庸米六斗　和銅六年
(103)・23・3　039
『平城宮木簡』七―一二七五二

（備中国）
・□国□□〔哲多カ〕郡各田部里各田部虫
・□□〔二人カ〕□□　庸米 五斗八升
(133)・22・4　059
『平城宮木簡』三―三二九五

・備前国児嶋郡加毛郷
・原里鴨部□□ 菅生里鴨部□□ 庸塩三斗
(172)・22・10　039
『平城宮発掘調査出土木簡概報』四四―一〇

・近江国坂〔田脱〕郡上坂郷
・戸主酒人公人諸土戸六斗
138・20・3　033
『平城京木簡』三―四九〇六

庸も賦役令歳役条に規定のある租税である。年間一〇日の労働の代わりに布を納めるもので、都に送られて仕丁・采女などの食料に当てられる。荷札では米、塩、綿などの事例があり、布の事例も正倉院の伝世品に多数知られている。このうち、庸米の貢進単位には、六斗と五斗八升の二種類があり、五斗八升というような半端な数量があるのは、一人あたりの標準的な米の支給量が二升であることから、六斗が大の月（三〇日）、五斗八升が小の月（二九日）のそれぞれ一ヶ月分の支給を予め見越した梱包と考えられている。「庸米六斗」と書かずに、「庸六斗」と略すだけでなく、単に「六斗」とだけ書いて、庸米を表す場合もしばしばある。塩の場合は調と貢進量が三斗で共通であるため区別できないが、米の場合は調としての米の貢進は基本的にないうえに、他の税目の貢進との区別も容易だった（後述の白米は、五斗が基本単位）。

庸の荷札では個人名を書かない場合もある。これは一人あたりの貢進量が概ね三斗であり、二人分を合成して貢進するのが一般的だったためで、備中国哲多郡の庸米や備前国児島郡の庸塩の例のように、その点を明記する事例も見られる。中には三人分合成した事例もある。近江国坂田郡の例は、一つの戸内で二人分を合成していることを示すのであろう。

庸の荷札にはかなり粗雑なつくり、筆致のものが目立つ。誤字・脱字も多い。越前国の能登郡の荷札では、語順の間違いに気付きながら削って書き直すことをせず、単に転倒符（「能」の右傍の「レ」状の記号。「能」「登」と返って読むべきことを示す）を付けるだけですませている。

中男作物の荷札

・駿河国安倍郡中男作物堅魚

・煎一升　天平七年十月「小□」　110・11・3　033

伊予国風早郡中男作物旧鯖貳伯隻載籠

『平城宮発掘調査出土木簡概報』二四―二二八

161・20・4　031

『平城宮木簡』一―三六一

中男作物は、七一七年の改訂で生まれた租税である。中男（一七歳から二〇歳までの男子）の調と、調副物を統合したもので、中男の労役によって調達される。概ね郡を単位とする貢進が多く、個人名を記さないものが多いのはそのためである。ただ、奈良時代後半になっても「中男某作物」と書く事例があるから、中男作物という呼称が当初から税目として意識されていたかどうかは疑わしい。

堅魚煎は堅魚煎汁とも書き、煮堅魚を作るときにできる堅魚の出し汁で、調味料として用いられる。水筒状の小型の土器に入れて運搬したと見られ、荷札もそれに見合う小型のものが多い。賦役令の調副物にも規定されている品目である。一方旧鯖は調副物の品目とは合致しない。

贄の荷札

長屋親王宮鮑大贄十編

214・26・4　031

下総国海上郡酢水浦若海藻　御贄太伍斤中

『平城宮発掘調査出土木簡概報』二一―三九八

202・25・6　032

『平城宮木簡』一―四〇〇

出雲国煮干年魚　御贄

203・(14)・3　031　『平城宮発掘調査出土木簡概報』二二―三六二

参河国播豆郡篠嶋海部供奉七月料御贄参籠 並佐米

338・31・4　011　『平城宮木簡』一―三六五

参河国播豆郡析嶋海部供奉八月料御贄佐米楚割六斤

297・25・5　031　『平城宮木簡』一―三六八

贄は、天皇の食料として貢進されるものである。単に贄と記す物のほか、「大贄」「御贄」の事例が多数あり、概ね天平期を境に大贄から御贄に変化する傾向があり、大税から正税へという変化とほぼ軌を一にしているとみられる。

贄の貢進は賦役令には規定がないが、『延喜式』には規定があり、また『古事記』などに律令制成立以前の貢進がみえるから、八世紀の実態が謎とされていた。ところが、平城宮跡出土木簡に多数の荷札の事例が見つかったことによって、その実態が明らかにされてきた。特に、最後に掲げた参河国幡豆郡の三河湾にある篠嶋・析嶋の二嶋が月交替で貢進したことを示す荷札は、平城宮内跡でも、内裏周辺など天皇と密接に関わる場所からしか出土しないことから、八世紀の贄貢進の典型例として注目されてきた。しかし、その後諸国の贄の荷札の事例が増加する中で、この参河国幡豆郡の贄は、むしろかなり特異な貢進形態であることが明らかになってきた。

贄の荷札は、国、あるいは郡が主体となって貢進する書式をとる。また文字も丁寧な楷書で記す場合が多く、木簡としての加工も丁寧なものが多いという特徴がある。天皇の食料として、最大限の体裁を整えた貢進がめざされた様子がうかがえる。

贄と調・中男作物の関係

令文に規定のない贄の貢進と、令文に規定のある調やその一部の後身である中男作物の貢進との関係はなお明確ではない。調や中男作物とは別に贄を納めていたとすれば、負担は過重なものであっただろう。しかし、荷札にはそのあたりのからくりをうかがわせるものが少しではあるが存在する。たとえば次のような木簡である。

・因幡国気多郡勝見郷中男神部直勝見麻呂作物海藻大御贄壱籠六斤太
・　神護景雲四

408・20・5　011
『平城宮木簡』四―四六六八

伊予国宇和郡調贄楚割六斤

153・23・5　031
『平城宮発掘調査出土木簡概報』二四―三二一

「中男神部直勝見麻呂作物海藻大御贄」は、中男が調整した海藻の贄の意で、この海藻は、中男作物でもあり贄でもあるとみるのが自然である。また「調贄楚割」は調でありかつ贄でもある楚割と理解することができる。そうであるならば、令に規定のない天皇の食料としての贄に、調や中男作物を振り替えていた可能性を想定することができよう。こうした表記は因幡、伊予に独特のもので、他の国の荷札には類例がないが、これも国の個性とみなせよう。

次に、白米（舂米）は田令田租条に規定のある租税で、規定上本来は租の一部を精白して米として都に送るものである。

但馬国養父郡賀母郷白米五斗　　176・30・3　032
『平城宮発掘調査出土木簡概報』一四—五〇

・播磨国多可郡蔓田郷川辺里高屋
・諸人裹白米五斗　　259・24・6　051
『平城京木簡』三—四九五六

すでに正倉院に伝来した天平期の正税帳の分析からも明らかになっていたように、租として納められたものをすぐに精白して調達するのではなく、正倉に正税として蓄えられている穎稲を舂成して送るのが一般的だった。そもそも田租は、租・庸・調と並び称されるけれども、庸・調と異なり都に貢進されるのではなく、多くは郡単位に設置された諸国の正倉に納入され、基本的に地方の財源とされた。その一部を割いて都の用途に供するのが舂米であった。したがって、都では租の荷札の出土は想定できない。租の荷札の僅かの事例がいずれも地方の遺跡の遺物であることは、これと軌を一にする事実である。

荷札の事例を見ても、個人名を記さないものが多い。また個人名を記していても、貢進者かどうか明確でない場合もある。たとえば右の例では、高屋諸人は、正倉に収めてある穎稲を出して搗精して白米にして俵詰めする作業（裹は「つつむ」）の責任者と読み取れる。国によって個人名を記さない場合があるのは、こうした作業が少なくとも郡など地方官司の主導によって行われていたことの証であろう。

なお、白米の貢進単位は五斗（今の二斗二升五合）で、「（白）米五斗」と書かずに単に「五斗」とのみ書く事例も多い。ただ、長屋王家木簡の封戸とみられる米の荷札から明らかになったように、米俵の梱包単位としてはむしろ一石が自然だったようである。五斗単位の梱包は、律令国家側の要請にもとづくものだった可能性がある。

荷札の機能

さて、荷札の機能については、従来は貢進者を特定し、荷物の検収に用いるためと考えて疑われることがなかったが、近年の荷札木簡の増加は、そうした固定観念を打ち破りつつある。紐を掛ける切り欠き部分の位置から書き始める荷札が多く、記載が紐で隠れることを全く気にしていないこと、贄のような丁寧な楷書で書くのはむしろ租税の荷札としては例外であること、荷札が検収の際に取り外されたのではなく、最終消費段階まで付いたままであると考えられることなど、荷札木簡を付けてあること自体がむしろ意味のあることなのではないか、つまり租税として正当なものであることの証として荷札は付けられているのではないかというのである。

もちろん諸国で貢進物を調達する段階で、誰の貢進になるものかの特定が必要になる場合はあったであろう。しかし、都では誰の貢進したものかは問題ではなく、どれだけの量の品物が納められるかこそが重要だったのである。そもそも、租税徴収の台帳となる計帳は、畿内こそ個人名を記した歴名が毎年提出されていたが、畿外諸国からは人数統計の報告しかなく（大帳）、歴名は貢進されていなかったとみられる。六年に一度造られる戸籍の作成を待たないと、最新の個人情報は得られなかったのであって、貢進者をチェックしようにもその元となる個人名が掌握されていなかったのである。

四　墨書媒体機能をもつ木簡を読む——習書木簡の場合——

書くことそのものを目的とする木簡の使い方、すなわち墨書媒体機能を果たす木簡の事例を見てみよう。習書・落書と呼ぶ木簡である。

『平城宮木簡』四―四六八八

(235)・(29)・5　011

・□□□□
青青青秦秦秦謹謹申

・謹論語諌許計課詜謂諟誰
□□

「論語」「謹申」のように断片的に意味のまとまりの読み取れる部分もあるが、「青」「秦」「謹」を繰り返し書いたり、言偏の文字を書き連ねたりするだけで、文章として意思を伝達するものとはなっていない。

しかし、「謹申」は上申文書の決まり文句であり、役人にとってはきわめてなじみ深い言葉であった。この木簡の書き手が、日常的な文書作成に携わっていたことが背景にあるとみてよいだろう。その上に三文字書かれる「秦」は、最も著名な渡来系のウジ名である。語順からみて「謹申」の主体の位置にあり、この木簡の書き手が「秦某」であった可能性が想起される。

ただ、「秦」の前に「青」がやはり三文字書かれているのには注意しておく必要がある。「青」は旁《つくり》として登場するのが一般的で、「青」が木簡に単独で書かれることは滅多にない。「青」を旁にもつ文字としては、「清」「請」「晴」「鯖」などがすぐに思い浮かぶだろう。特に、「青」に言偏を付けた「請」は、「申請」などの形で頻繁に用いられる語句である。しかし、「秦」と「青」の類似にも注意が必要がある。「三」を上半にもつ類似文字として、「青」から「秦」が導き出された可能性である。そうした字形の類似という、いわば言葉遊び的な観点も、習書を読み解く重要なカギになる場合がある。

たとえば、この木簡の反対面もその一例であろう。「謹論語」で始まるこの面の文字は、書き出しこそ意味のまとまりがあるように見えるが、その後は言偏の文字であること以外に個々の関連性は稀薄で、中には存在の確認できない文字も含まれる。「謹」は反対面に登場する「謹申」と共通の文字で、同じ文字を記す場合が多いという習書の特性からみると、「謹申」との関係で、その反対面にも「謹」が書かれた可能性が考えられる。ただ続く「論語」には、これとの直接的な関係は見出しがたい。「論語」について、何らかの申請を行ったような内容の木簡の事例はないし、そのような場面も想定しにくい。「謹」と「論語」との関係があるとすれば、それはむしろ、これらがいずれも言偏を偏にもつ文字だということであろう。「論語」は内容的要請からではなく、むしろ言偏の文字として書かれた可能性が考えられるのである。ここに列記された言偏の文字をよく見ると、言偏と旁のバランスがよくないことに気付く。言偏の文字を順に書いていったというよりも、言偏だけ先に列記しておいて、後から旁を埋めていったという雰囲気を濃厚に漂わせる左右のバランスである。言偏の文字を書き上げるという筆者の意図からすれば、いわば一度に二文字を稼げる「論語」は、この目的には打って付けの言葉だったともいえようか。

この木簡がどのような意図で書かれていったか、少し細かく考えてみた。この木簡の表裏関係は、こうした検討の成果なのであるが、この木簡のように、筆者の意図を想定するのが困難なことも多く、そのような場合の表裏は、あくまで便宜的なものにとどまらざるを得ないわけである。

令文の習書

習書木簡が、けっして文字の練習のための木簡ではないことをもう少し実例に即してみてみよう。たとえばこんな木簡がある。

091

「医　酢　医　鳥」
医博士選医師□
「凡凡田田□謹」

『平城宮木簡』六―一〇九〇六

これは、大宝令の医疾令《いしつりょう》医博士条の条文を記したとみられる木簡の削屑である。大宝令は現存せず、養老令の註釈書の集成である『令集解』に引用された大宝令の註釈書「古記」を中心とする史料によって、復元研究が行われてきた。この木簡自体には年紀はないが、共伴する木簡や木簡以外の遺物によって、養老・神亀年間頃（七一七―七二九）の遺物であることがわかり、大宝令が現行法であった時期の木簡であることは明白である。

医疾令は養老令文も伝わっていないものの、さまざまな史料によって復元が試みられてきており、医博士条は「医博士、取医人内、法術優長者、為之。按摩・呪禁博士、亦准此。」と復元されている（岩波日本思想大系本『律令』）。これと削屑を比較すると、少なくとも大宝令の同条には他の条文と同様冒頭に「凡」の文字があったことがわかるだけでなく、養老令文で「取医人内」と復元されている部分が、大宝令文では少なくとも「選医師（内）」であったことが明らかになる（「博士」とあるのは「博士」のつもりで書いているか）。

この削屑は式部省の考選木簡とともに出土したもので、直接に医療関係の職務に携わる官人が書いたものとは思われないが、実務に携わる官人の素養として、文字の練習も兼ねて法令を筆写していた可能性が考えられよう。中央行の令の本文とは別に、意味のまとまりはもたないものの「凡」「医」などの文字を含み医疾令文と一定の関係を想起させる別の習書が左右にあることを考えるなら、まず令の本文を書き写す、次にそれを見ながら余白に習書する、という二段階の習書が考えられるかもしれない。

ともあれ、法令を書き写して実務の遂行に備える役人たちの努力が、思わぬところで実を結ぶことになったのである。大宝令の逸文となる木簡としては、このほかに戸令の条文も知られている。

漢籍の習書

こうした何らかのテキストにもとづく習書で圧倒的に多いのは、実は論語と千字文である。これらは五世紀に王仁によって当時の倭に伝えられたと伝承される漢籍であるが、その真偽はともかく、この両書が八世紀の役人が触れる機会の最も多い漢籍だったことがわかる。特に千字文は、異なる千文字を組み合わせた二五〇の句からなる韻文で、漢字学習のための基本的な典籍として活用された可能性が考えられる。習書木簡の中には、『聖母神皇集』のように、現存しない典籍の名が書かれた木簡もあり、日本と唐との密接な文化交流の証となるような資料も含まれている。

官人の感性と習書

一方、習書の中には、官人のウイットを感じさせるものもある。

□寺寺寺十一寸時

『平城京木簡』二―二三六九二

160

これは、長屋王家木簡のうちの一点で、削屑である。釈文だけ見ていたのでは、ことに「十一寸」の部分の書き手の意図は判然としないかもしれないが、写真を見れば一目瞭然であろう。「十」、「一」、「寸」を順番に書いていけば「寺」になる。つまり、「寺」を筆画に分解しているのである。「土」と「寸」にせず、「土」をさらに「十」と「一」に分けているあたりの意味づけはなお検討を要しようが、文字遊び的な要素もうかがえるであろう。現存末尾の「時」が、「寺」に偏を付した文字であることは明らかである。習書する文字は、このように反復・分解・合成・連想などさまざまな要素を加味しながら、無限に広がっていく。

習書の書き手は、基本的に事務を担当する役人である。したがって、そこには彼らが職場環境を反映した内容が盛り込まれることになる。そこにはさらに書き手の環境、知識、思考、心理などの複雑な要素が絡まり合う。それらを充分に情報として引き出すことができれば、書き手個人のみならず、書き手の置かれた社会を照らす鏡としての役割を果たすことが充分期待できるのが習書の強みである。習書といえどもそれにいかに語らせるかは、取り扱い方次第なのである。

五　木簡のデータベースについて

木簡を資料として利用しようとする場合、最も簡便に検索できるのは奈良文化財研究所が公開している「木簡データベース」であろう。木簡学会の協力を得て、同会の会誌『木簡研究』に報告された全国各地出土の木簡のデータも登載されており、これにより日本の木簡の大半を検索することができ、その利用価値はきわめて高い。しかし、テキストデータベースであること、また釈文は横書きに適するように、木簡の記載をアレンジして掲載しているので注意が必要である。データベースは木簡のもつさまざまな情報のうち、主に文字情報に特化したものであって、その利用はあくまで検索のための手段であることを銘記する必要がある。このほか、木簡の文字一文字ごとに字形を比較検討することが可能な文字画像データベース「木簡字典」（東京大学史料編纂所の「電子くずし字字典データベース」と一括した検索ができる連携機能もある）、あるいは読めない文字の画像から似た字形の文字を検索できる画像引き木簡データベースともいえる「MOJIZO」、木簡出土遺跡やその木簡の掲載された報告を検索できる「全国木簡出土遺跡・報告書データベース」など、木簡に関する検索工具は大変充実したものとなっている（なお、「木簡データベース」と「木簡字典」は、二〇一七年度末までに、両者の特徴を生かしつつ木簡とその文字に関する総合データベース「木簡庫」として、統合・再構築を図る見込みである）。

いずれにしても、これらのデータベースを手がかりにしながら木簡を資料として利用するにあたっては、必ず出典にあたって自身の目で確認しなければならない。データベースの表記をそのまま引用するようなことは厳に謹まねばならない。また、木簡は文字資料である以前に、考古資料としての属性を負っている。したがって、木簡のもつ情報は、文字の読みを含め、調査に携わった機関がその責任において公表しているものであるから、木簡の読みそのものに関する議論は大いに歓迎すべきではあるけれども、木簡の読みに仮に疑義があったとしても、読みを勝手に変更して自分の論を組み立てるようなことは避けなければならない。

（渡辺晃宏）

② 漆紙文書《うるしがみもんじょ》

一　漆紙文書とはなにか

漆紙文書とは、漆の保管・運搬容器として用いられた曲物や、パレットとして用いられた杯・皿などの土器に、蓋としてかぶせられた反古文書のことである。漆は、酸素に触れて硬化したり、また、埃をかぶるなどして不純物が混入したりすると使えなくなってしまう。それを防ぐために、容器に入った漆の表面に密着するように、紙をかぶせて蓋とする。蓋紙には新品の白紙を使うこともあるが、紙は貴重なので、一度文字を書いた後、不要となった反古文書を再利用することもある。紙は通常、土中に投棄されると腐敗するなどして失われてしまい、発掘調査で出土することはまれであった。漆容器の蓋紙として使われた場合は、円形に漆が付着し、その部分だけは、漆の保存作用によって遺存することがある。このために発掘調査で漆紙文書として紙が出土することになるのである。

漆紙文書は、漆が付着したために残ったのであるが、逆にそのために紙の表面に書かれた文字が漆に覆われて肉眼では見えなくなっていることが普通である。このため、文字を観察するには、漆の層を透過して紙の表面まで届いて反射してくる赤外線を利用し、これを感知できるカメラを通して見ることが有効である。

漆紙文書は、一九六六年に平城宮・京跡で最初に出土したが、これは一九八〇年代になるまで漆紙文書とは認識されず、調査の歴史は、一九七〇年に、平城京で確認、報告されたことに始まる。同年に宮城県多賀城跡でも出土していたが、これは当初、皮製品として認識され、文書とは考えられていなかった。その後、一九七三年に多賀城跡で出土した肉眼でも文字を判読できる資料が翌年に報告されたことで注目があつまり、一九七八年になって一九七〇年に多賀城跡で出土した資料の再調査・報告がなされたことで研究が一挙に進展することとなった。この段階で、調査技術の面で赤外線画像の利用が確立しただけではなく、史料学的な面でも漆紙文書が遺存した理由が明らかとなり、漆工のなかで理解すべきことが認識されるようになった。このころから研究の中心は東北の城柵遺跡出土資料となり、その成果は、漆紙文書研究が始まった当初からこれを牽引した平川南の著書『漆紙文書の基礎的研究』（吉川弘文館、一九八九年）にまとめられている。一方、都城をはじめとする西日本でも漆紙文書は出土していたが、あまり注目はされてこなかった。しかし、一九九五年になって、平城宮跡からまとまった内容を読み取れる資料が出土したことを契機に、都城出土資料の再調査が進められ、その特質が指摘されるにいたっている。

二〇一六年現在、漆紙文書が出土した遺跡は一〇〇件を超え、出土点数は微細な断片や文字がないものも含め、一〇〇〇点以上に及ぶ。出土遺跡および調査報告書等の一覧と、文字が判読できる文書の集成は、古尾谷知浩『漆紙文書と漆工房』（名古屋大学出版会、二〇一四年）に収録しているが、史料として用いるためには出典となっている発掘調査報告書などを参照する必要がある。

漆紙文書は、保存されずに廃棄された文書であるから、従来は知られていなかった種の文書を知ることができ、特に、地方行政機構で保管されていた文書の一端をうかがうことができるので、貴重な資料であることは間違いない。しかし、原理的に文書の一部しか残らないという点で、調査には困難を伴う。つまり、理想的に遺存したとすると、漆が付着した円形を呈することになるが、それ以外の部分は失われてしまっている。また、土中で破砕された場合はさらに断片化することになる。そうした断片化した文書を理解し、最大限の情報を引き出すためには、適切な手順を踏むことが必要になる。以下、いくつかの例をあげて検討することにしたい。

二　平城京跡左京二条二坊六坪出土資料

ここでは、一九七〇年の奈良国立文化財研究所平城宮第六八次調査で、平城京跡左京二条二坊六坪の東側、東二坊坊間路西側溝SD五七八〇から出土した資料を取り上げる。SD五七八〇は幅三・二メートル、深さ〇・六メートルを測り、木簡七九点のほか、和同開珎・万年通宝などの銭貨も伴出している。木簡は郡里制下（大宝元年〈七〇一〉～霊亀二年〈七一六〉）および郡郷里制下（霊亀三年～天平一一年〈七三九〉）の行政単位の表記を持つものがあり、奈良時代前半のものであることがわかるが、同じ溝から奈良時代後半の遺物も出土しているので、この溝は奈良時代を通じて機能していた溝であることになる。漆紙文書は二点出土しており、一九七〇年および翌年に漆片に文字があるものとして報告された。まず、うち一点（平城京漆紙文書第五号）を掲出する（史料1a）。

　史料1aは、漆の付着した面を内側にして二つ折りにした状態で廃棄されていた。漆は強力な接着剤であるから、

史料1a　平城京漆紙文書第五号a
（赤外線画像）
（画像：奈良文化財研究所提供、以下同）

□□　　冊
□□□〔廿カ〕
寶亀二年
□

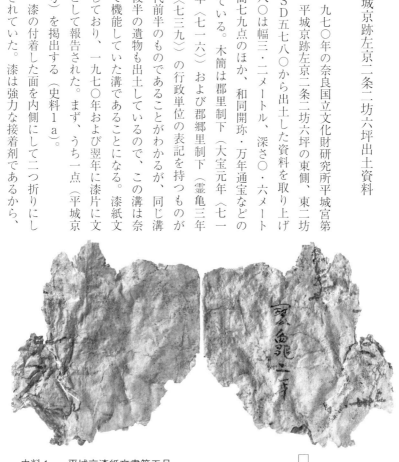

これを開くことはまず不可能であり、内側を直接見ることはできない。図版は、外側にあたる両面を撮影した画像を、図上で展開して示したものである。展開すると、最大径約一八センチに復原できる。

判読できるまとまった文字は「宝亀二年（七七〇）」である。この部分は、幸いにして肉眼でも文字を判読できたので、出土直後に認識され、直ちに報告されることにつながった。一方、外側の面の文字が判読しやすかったというまさに同じ理由のために、それ以上の検討がなされないまま四半世紀が経過することとなったのである。

しかし、よく考えるとこの文書には注意しなければならない点がいくつもある。まず、年だけ書かれ、月日が書かれていない。文書の末尾の年紀にはあたらないと推測できるが、文書の途中に出てくる年の記載だとしても、前後に余白が多いことが不審である。その点も含め、全体に字配りが整っていないということも指摘できる。つまり、清書された正式の文書とは考えにくいのである。

一般論として、このような文書は、正式な文書が不要になった後、紙の裏側（紙背）を再利用して書かれることが多い。この文書も仮にそうだとするならば、二つ折りにされた内側、つまり漆が付着して開けなくなっている面に、最初に書かれた文書（一次文書）があるはずである。しかし、漆付着面は固着していて直接観察することができない。それでは、どうしたらよいだろうか。

経験的に、紙を水で濡らすと反対側が透けて見えることは了解できると思うが、赤外線でも同じことがおこる。文書を水で濡らして赤外線で観察すると、紙背の文字が見えてくることがある（漆の浸透が多い場合は、半日程度水につけておく必要があることもある）。この文書についても水で濡らしてみると、はたして直ちに紙背の文字が浮かび上がってきた（史料１b）。

外側から透けて見える反対側の面の文書は、鏡文字で見えるため、図版では画像を左右反転させて本来の向きで読めるように示している。これを見ると、幅約一・五センチの界線（罫線）が観察でき、丁寧に書かれた正式の帳簿類であることが推定できる。数字には大字（壹弐参肆伍陸漆捌玖拾など）を用いており、このことも正式の文書である可能性を示している。内容は、人数を記した文書であることは直ちに理解できるが、蓋紙として使われた時点ですでに断片化しており、全体像は不明である。そこで、正倉院古文書などから類例を探して比較対照する作業が必要となる。手がかりとなるのは、二行目にある「手実」の語である。

「手実」とは、一般に自己申告書を指し、正倉院古文書中の写経所文書類では、作業量を申告する文書として現れることがあるが、本文書は人数を記載していることからすれば、計帳手

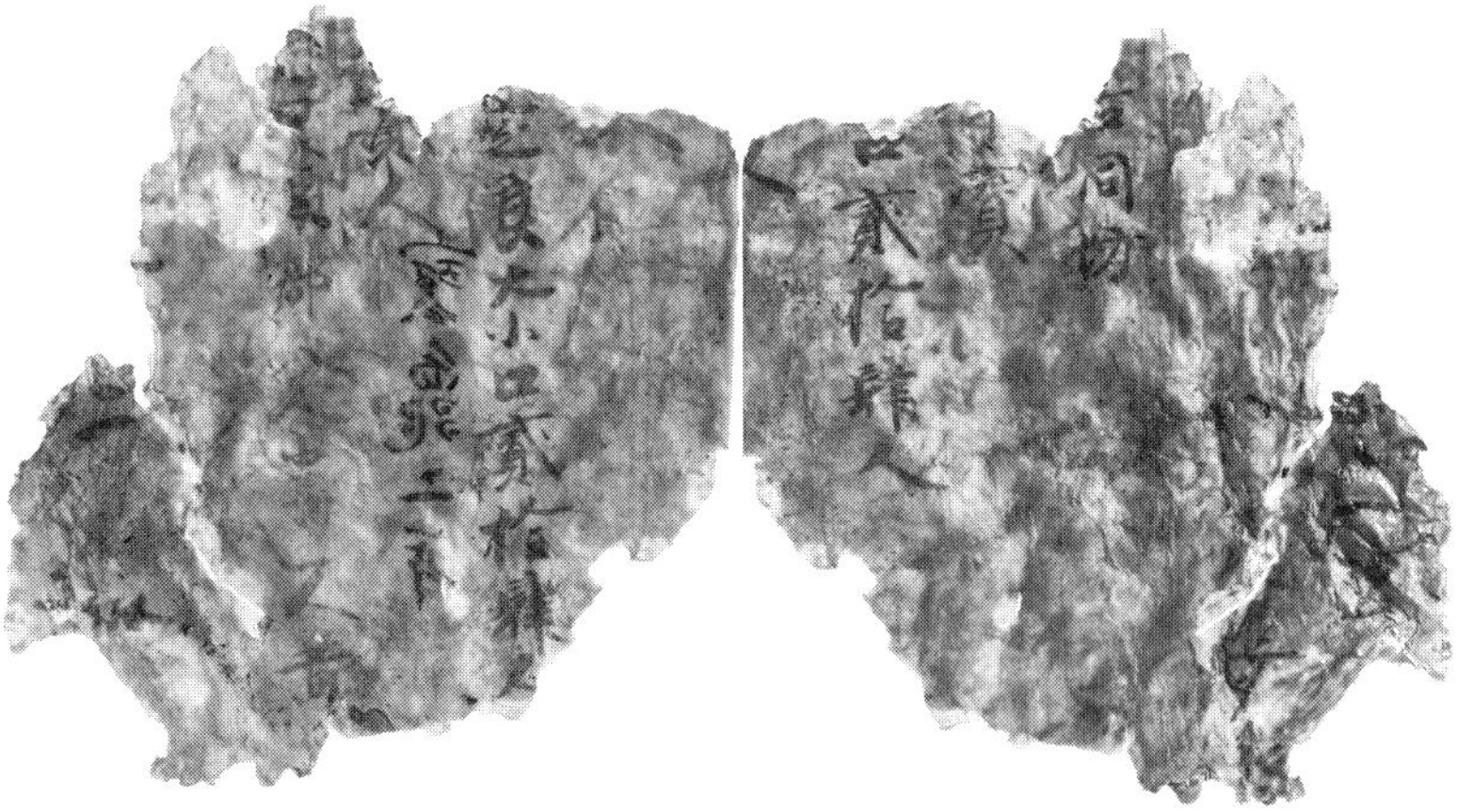

史料1b　平城京漆紙文書第五号b（赤外線画像・左右反転）

×□〔右カ〕同坊
×□〔手カ〕実
×口弐拾肆人
×人
×人
×定良大小口弐拾肆人
×弐人
×□　一人□〔門カ〕部　八人小子　一人黄□

実にあたる可能性が高いと判断できる。『養老令』戸令計帳条には、「凡造二計帳一、毎年六月卅日以前、京国官司、責二所部手実一。具注二家口年紀一（中略）。収訖、依レ式造レ帳、連署。八月卅日以前、申二送太政官一。」とあって、最初に各戸から提出されるのが「手実」であった。

ここで計帳の作成過程について整理しておきたい。広義の計帳は、厳密には「手実」「歴名」「大帳（大計帳、狭義の計帳）」に分けられる。各戸から提出された「手実」を貼り継いで、これを続けて清書したものが「歴名」である。「手実」「歴名」の記載内容は、当該の戸の人数の合計や区分ごとの内訳などを記した統計部、その戸に属する人の戸主との続柄、名前、年齢、年齢区分、身体的特徴などを列記した名簿にあたる歴名部、前年度計帳との間で異動があった者だけを抜き出した別項部から構成されている。狭義の「計帳（大帳）」は、各里、各郡の人数などを集計し、一国単位でまとめた統計文書になる。

以上のようなことをふまえて類例を探すと、天平五年（七三三）「右京計帳（手実）」（正倉院古文書正集九、（古）一495〜496）がよく対応していることがわかる（細字双行部は［　］内に記した。また、行末の丸括弧内は、各行の記載内容を示す）。

右京八条一坊　（本貫の記載）
戸主国覓忌寸弟麻呂戸手実　天平五年　（戸主の名）
去年計帳定良賤口拾参人［男七人　女五人　奴一人］　（去年の計帳の人数）
帳後破除壱人［男］　（一年間で減った人数）
新附壱人［男］　（一年間で増えた人数）
今年計帳見定良賤大小口拾参人　（今年の計帳の人数）

不課口漆人　　　　　　　　　　　　　（課税対象外の人数）
　男壱人〔緑子〕　　　　　　　　　　（課税対象外の内訳）
　女伍人〔二人正女　三人小女〕
　賤口壱人〔奴〕
課口陸人　　　　　　　　　　　　　　（課税対象の人数）
　見不輸弐人〔少丁〕　　　　　　　　（課税対象の内訳）
　見輸肆人〔二人正丁　一人逃正丁　一人兵士〕
　輸調銭
課戸主国覓忌寸弟麻呂年参拾肆　正丁　（歴名部の冒頭）
（以下略）

第五号文書と、この「右京計帳」の部分とを行ごとに対照すると、第五号文書は上部が欠損しているものの、両者の各行が対応していることがわかる。しかも、第五号文書は本貫が「坊」であり、これも左京または右京の計帳手実であることが言える。但し、これは「右同坊」と、直前の戸を受けた記載になっており、各戸ばらばらに提出された手実そのものではなく、これを貼り継いでから写したものである可能性が高い。なお、「手実」を自称しても実際はこれを清書したものである例として、天平一二年（七四〇）「越前国江沼郡計帳」がある（本文中に「計帳手実」とあり、継目裏書に「計帳歴名」とある）。

また、第五号文書の作成年代について検討しておくと、三歳以下の年齢区分に「黄」字を用いていることが注意される。大宝令では「緑」字であるので、天平勝宝九歳（天平宝字元、七五七）の養老令施行以後のものであると判断できる。一方、下限は紙背文書の宝亀二年（七七〇）である。

次に、この文書の来歴、つまり作成されてから不要になり、漆工の場にもたらされるまでの過程について考えたい。清書された計帳は、中央に提出され、戸籍や計帳の管理を行う民部省で保管されるが、同じものの控えは、京職や国などの地方行政機構でも保管される。事実、陸奥国府が置かれた多賀城・出羽国の行政の一部を担った秋田城などでは、計帳が漆紙文書として出土している。当該の第五号文書は左京または右京の計帳で、出土地は左京にあたる。これらの点だけからでは、京職で保管されていたものが廃棄されたのか、民部省で保管されていたものが廃棄されたのか、決しがたい。そこで、伴出遺物を検討することにしたい。

第五号文書と同じ溝から近接して出土した第四号文書を見てみよう（史料2）。

史料2は田地に関する文書である。戸主の本貫の表記が「里」であり、郡里制下または郡郷里制下、つまり八世紀初に作成されたことがわかる。第四号文書が奈良時代前半のもの、第五号文書が奈良時代後半のものであり、同時に廃棄されているのは一見すると不審である。しかし、計帳は毎年作成されるもので、廃棄までの期間が短いのに対し、田地関係文書が長く保管されたと考えれば、矛盾なく理解できるので、同時に漆容器蓋紙として再利用されたとみてよい。

この二点が同じ経路で漆工の場にもたらされたのであれば、民部省から廃棄されたと判断できる。『延喜式』左右京職式には「凡京中不レ聴レ営二水田一」とあ

史料2　平城京漆紙文書第四号
（赤外線画像）

［　　］
□田八段
□〔麻カ〕□里長谷部赤男戸百廿歩
［　　］
〔歩カ〕□
㊎丘

㊎桑

り、法の原則としては京内に田地は存在せず、また京職では「里」を本貫とする者の田地を管理したとは想定しがたい。これに対し、民部省は、『養老令』職員令によれば、「諸国戸口名籍」「諸国田事」を職掌としており、人身支配、田地支配のいずれの文書も管理していたのである。

　ちなみに、これらが出土した溝の下流、左京二条二坊五坪の東にあたるＳＤ五〇二一から、「・大倭国志癸上郡大神里・和銅八年／計帳」と木口に記した長さ三二五ミリ、直径一九ミリの円柱形の木製の棒が出土している[1]。これは、和銅八年（七一五）の大倭国志癸上郡大神里の計帳を巻いていた軸である。計帳を記した紙が巻かれたまま軸が捨てられていたとは考えがたく、計帳が不要となった後、反古となった紙を再利用し尽くした後、軸だけを捨てたと思われる。同じ所から、天平一九年（七四七）の文書木簡、荷札木簡が伴出しており、反古文書が付近にもたらされて再利用され、軸が溝に捨てられたのは、奈良時代半ばであったと推定できる。再利用の仕方はさまざまな場合がありえるので特定はできないが、同じ溝から漆一升三合などを購入するため銭一貫を支出したことを記す文書木簡が出土しており、漆工関係で利用された可能性もある。

　第五号文書は奈良時代後半のもの、大倭国志癸上郡大神里の計帳の軸は奈良時代前半のもので、直接関連付けることはできない。しかし、奈良時代半ばであっても、後半であっても、付近に民部省関係の反古紙が供給される場があったということは言える。

三　平城宮跡造酒司推定地南出土資料

　次に取り上げるのは、一九九五年の奈良国立文化財研究所平城宮第二五九次調査で、平城宮跡の造酒司推定地の南を東西に走る宮内道路の南側溝ＳＤ一一六〇〇から出土した資料である（平城京漆紙文書第五六号）。この出土を契

史料３　平城京漆紙文書第五六号（赤外線画像）

×□十二
×□〔伍カ〕拾参歩×
得一町一段百八十
×段伯廿参歩　損二
得九段
×□拾肆歩　損三
得二段二百五十二
×拾伍歩　損二
得一町五段□〔一カ〕
×損二
×

機として、都城出土漆紙文書の再調査が進められることとなった。ＳＤ一一六〇〇は、幅約五メートル、深さ約一メートルの大規模な溝で、二八〇八点の木簡が伴出した。木簡は、ほぼ奈良時代末期のもので、その内容は、山部親王（後の桓武天皇）の皇太子時代の春宮坊や、桓武天皇の皇后藤原乙牟漏《おとむろ》の皇后宮職に関わるものが多い。漆紙文書は当該の一点が出土している（史料３）。

これは、漆の付着した面を外側にして、四つ折りにして廃棄されている。一般に、蓋紙を廃棄する際は、漆が他のものにつくことを避けるために、漆付着面を内側にして折りたたむことが多いが、漆は貴重なので、最後まで使い切るため、漆付着面を外側にして、漆をそぎ落としながら折りたたむ場合もしばしばある。この場合、紙は漆で固着していないので、展開することが可能である。縁辺部に、漆が相対的に厚く付着した部分が円弧状に見られ、このことから直径約一六センチの円形に復元できる。また、縁辺部の立ち上がりは緩やかであるため、漆液面に対し側板が垂直に立ち上がる曲物ではなく、パレットなどとして用いられた杯・皿の類に付された蓋紙であろう。文字が書いてある面が内側になっていたため、墨の残りが良く、肉眼でも文字を観察できる。

縦横の界線が見られ、縦界線の幅は約二・二センチである。界線があることから、正式の帳簿で、諸国からの京進文書であったと推定できる。内容は、各行に田地の面積を記した下に、「損」「得」の内訳を細字双行で記している。「得」は収穫の得られた田である「得田」を指し、町段歩単位で面積を記す。これに対し、「損」は損害のあった田である「損田」であるが、「二」「三」などの数字しか書かれていない。したがって、この数字は損田の面積そのものではなく、損害のあった田の率を示し、それぞれ「二分（二〇％）」「三分（三〇％）」を指す。

これについても、正倉院古文書の中から類例を探すと、天平一二年（七四〇）「遠江国浜名郡輸租帳」（正倉院古文書正集一六、㊄二―258〜271）が類似していることがわかる。これは、戸主ごとに当該の戸の口分田面積合計額、損害のあった田地の面積、損害の理由、損害の率を記し、これを郷ごと、さらに郡全体で合計したものである。戸主ごとに列記した部分の一例（新居郷の冒頭の戸）をあげると、次のようになっている。

戸主語部荒馬田玖段壹伯貳拾歩　　伍段貳伯壹拾陸歩遭風損六分

この文書の書式は、霊亀三年（養老元、七一七）に定められた輸租帳式（『続日本紀』養老元年五月辛酉条）にもとづいているとみられる。霊亀三年の式自体は残っていないが、次の、『延喜式』主税下にある「租帳」書式規定末尾の損害のあった戸の一覧記載の書式にほぼ対応しており、これが該当すると考えられる。

若干町不輸
　某郡某郷戸主姓名　　若干町遭澇水　損五分以上　封
若干町半輸
　某郡某郷戸主姓名　　若干段遭旱　損四分以下　官

　第五六号文書と、正倉院古文書や『延喜式』に見える輸租帳（租帳）を比較すると、前者が得田積の数字をあげて損率を記しているのに対し、後者が損田積を基準としているなど、いくつかの点で違いがある。したがって、第五六号文書が口分田に関する輸租帳にあたるかどうか、確言はできない。しかし、損害のあった田の面積の率を算出している点では一致しており、災害に対する措置に関わって作成された文書であるということは言えよう。
　ではその措置とはどのようなものであろうか。手がかりとなるのは、『延喜式』にみえる「不輸」「半輸」の語である。これはそれぞれ租の全額免除、損害の率に応じた一部免除を指す。このような、災害による損害に対して租税を免除することについては、大元の規定が令に存在する。『養老令』賦役令水旱条には、「凡田、有二水旱虫霜一、不レ熟之処、国司検レ実、具録申レ官。十分損二五分以上一、免レ租。損二七分一、免二租調一。損二八分以上一、課役倶免。若桑麻損尽者、各免レ調。其已役已輸者、聴レ折二来年一。」とあって、損害の率に応じて段階的に租税を免除することになっていた（大宝令は一部字句が異なるが、大筋は共通する）。この規定を実行するために、輸租帳の式が細則として定められ、それにもとづいて実際の文書が作成されたのである。

第五六号文書を理解するためには、こうした律令格式の体系的な規定、および、それにもとづいて作成される文書の様式をふまえておかなければならないのである。

四　平城京跡右京八条一坊一四坪出土資料

最後に、一九八四年に大和郡山市教育委員会が行った調査で出土した資料のうちの一つを取り上げる。調査地は西市に近接した位置にある。鋳造関係遺物や漆工関係遺物が多く出土し、大規模な工房が設けられていたことが判明した。漆紙文書が出土したのは、東西二・七メートル、南北一四・三メートル、深さ二三センチを測る大規模な土坑SK二〇〇一である。同遺構からは漆紙文書六九点とともに、漆容器の須恵器壺やその栓、漆の精製に用いる盤、漆を濾すための布などが伴出している。この調査については、周辺で奈良国立文化財研究所が行った調査と合わせて報告書が刊行された(2)（以下「旧報告」）。

旧報告では、片面に、

□習
悦□〔懌カ〕
□

と書かれているものが掲載されていた。しかし、一九九五年以降の再調査により、旧報告には掲載されていない「時

□」と書かれた断片と、ぴたりと接続することが判明し、その結果、釈文は次のように改まった（平城京漆紙文書第四〇号オモテ面〈漆の付着していない面〉。漆付着面は省略）。

×□時誦習×
×為悦懌　×
×□
×□×

ここまで文字がつながると、直ちに『論語』学而《がくじ》篇冒頭に似ていることに思いいたるが、その本文には含まれない文字も記されている。また、赤外線画像を確認すると最後の文字だけ線が太いことが注意される。以上の点からすると『論語』そのものではなく、その注釈書である可能性が出てくる。つまり、太い字が本文で、細字が注釈の部分にあたる。そこで、中国三国時代の魏の学者、何晏《かあん》が編集した注釈書である「何晏集解」を見ると、はたして同様の文字の並びがあることがわかる。そこまで見えてくると、次に行うべきことは他の断片の中に「何晏集解」の字句と一致する文字を含む断片がないかどうかを探し出す作業ということになる。これを行い、接続する断片を整理した結果、計四点（第三九号文書〜第四二号文書）が見いだされた。前掲の第四〇号文書を除く三点のオモテ面を掲出する。

第三九号

×□×
×廃業×
×□□×

第四一号

×□××□□×

×不知君子不×

×□□×

第四二号

×□□

×□也

このうち、特に第四一号文書は、旧報告では「君子マ（部）」と釈読され（たしかに、この断片だけをみるとそのように読める）、人名と判断されていた資料で、『論語』何晏集解と照合しなければ、正確な理解にはたどり着けなかったものである。

次の作業は、これらの断片の配置を復元することである。第三九号文書と第四〇号文書、第四一号文書と第四二号文書は、文章のつながりから、近接する上下の位置に置くことができるが、問題はその両者の位置関係である。改行の位置が明確でない以上、これを直ちに確定させることはできない。直接つながらない断片の位置を決めるためには、次の点に注意する必要がある。①同一の行は同一の直線上にあるはずである。②行の間隔は一定であるはずである。この資料の場合、細字双行の注釈部分を持つから、太字で書かれた本文については字の中心、細字双行部は行と行の中間が基準となる。③この資料の場合、前掲釈文では省略しているが紙背にも文書が書かれているから、そちらの行も等間隔になっているはずである。④そもそも、これは漆容器の蓋紙であるから、漆液面に密着した円形の部分だけが残るはずで、断片は一定の直径の円内にしか置けないはずである。これら全ての条件を満たすように断片を配列すると、史料4のようになる。

史料4　『論語』学而第一何晏集解の復元（下段の解読の実線は釈読できる文字、点線は残画に矛盾がない文字）

（画像：奈良文化財研究所提供）

子曰学而時習之不亦悦乎馬曰子者男子之通称謂

孔子也王曰時者学者以時誦習之誦習以時学無廢業所以為悦懌有朋自遠方来

不亦楽乎包曰同門曰朋人不知而不慍不亦

君子乎慍怒也凡人有所不知君子不怒也

これにて文書の中身は判明したことになるが、次に、この文書の来歴を検討してみよう。同じ遺構から出土した漆紙文書には、戸籍・計帳の類とみられる歴名、正税帳の類とみられる稲穀関係の文書、仏教経典である『中阿含経』の一部、そして、この『論語』何晏集解などがある。多種多様な文書・典籍が含まれており、単一の官司から一括で払い下げられたような状況ではないことがわかる。複数の機関が反古紙の供給元であったと考えられるが、出土地にあった工房は、継続的に大規模に操業していたとみられるから（なお、漆工房では漆を濾すためなど、蓋紙以外にも大量に紙が必要であったはずである）、複数の機関から個別に、五月雨式に供給を受けたと考えるのは不合理である。そこで、遺跡の立地を再度確認すると、当該工房は西市に近接している。市には再利用可能な資源として多くの機関から廃棄された反古紙が集まっていたとみられるので、市から購入したと推定するのが自然である。

文書を反古紙として払い下げた機関と、漆工の場の間に、市場が入っていたとすると、文書を最終的に保管していた官司と漆工房は、直接関係するとは言えなくなる。地方官衙でも同じことが言えるのであるが、特に都城の場合はより多くの反古紙が流通していたはずなので、市場から調達した可能性は高くなる。また、今回は例にあげていないが、大型の蓋紙の場合、地方から搬入された漆の容器とともに蓋紙としてもたらされた場合もありえる。その場合も、文書を廃棄した機関と漆工房の関係は遠くなる。漆紙文書が出土したからといって、その工房が文書内容からうかがえる官司に関係するとは限らないということに注意する必要がある。

五　漆紙文書の調査に必要なこと

以上、いくつかの事例を検討したが、それぞれについて記したような手順を踏むことによって、断片的な資料から多くの情報を引き出すことができるということを示せたと思う。そのためには、文書の形態を観察して復元することと、伴出資料を含め整合的に理解すること、文書の来歴を漆工の場の中で位置づけること、公文書作成の基礎にある法制について体系的に理解すること、類例を丹念に検索すること、などが重要なのである。

註

（1）『平城宮発掘調査出土木簡概報』二三。

（2）奈良国立文化財研究所編『平城京右京八条一坊一三・一四坪発掘調査報告』一九九〇年。

参考文献

奈良文化財研究所『平城京漆紙文書一』東京大学出版会、二〇〇五年
平川南『漆紙文書の研究』吉川弘文館、一九八九年
平川南『よみがえる古代文書』岩波新書、一九九四年
古尾谷知浩『文献史料・物質資料と古代史研究』塙書房、二〇一〇年
古尾谷知浩『漆紙文書と漆工房』名古屋大学出版会、二〇一四年

（古尾谷知浩）

コラム5

墨書土器《ぼくしょどき》

古代の遺跡から出土する土器には、墨で文字や記号などを書いたものがあり、それらを墨書土器と呼んでいる。墨書土器の文字情報は少なく、そこから意味内容を読み取ることは容易ではない。しかし、他の出土文字資料に比べて圧倒的な出土量を誇り、官衙・寺院・集落など全国各地のさまざまな遺跡から出土することから、墨書土器は古代社会の実相をうかがううえで欠かすことのできない資料となっている。

　文字を刻んで記すこととは異なり、墨で書くには筆や硯を用いる。この書記方法は、文書行政の進展とともに各地に伝播した。墨書土器もこの流れに沿って展開し、七世紀代に中央の宮都や寺院で使われはじめ、八世紀には中央から地方官衙へと広まった。

　官衙遺跡では、儀式や饗饌《きょうせん》用に大量の土器を管理する必要から、土器の使用者や保管場所など、器物の所属を明記した墨書土器が多く出土する。これらには、人名のほか、「少目」や「大領」「少領」、「津」や駅名などの官司・官職名、官衙内の施設や建物を示す「館」「曹司」「厨」「酒所」などがあり、墨書銘から遺跡の性格や機能を想定できるものもある。しかし、「厨」墨書土器が厨

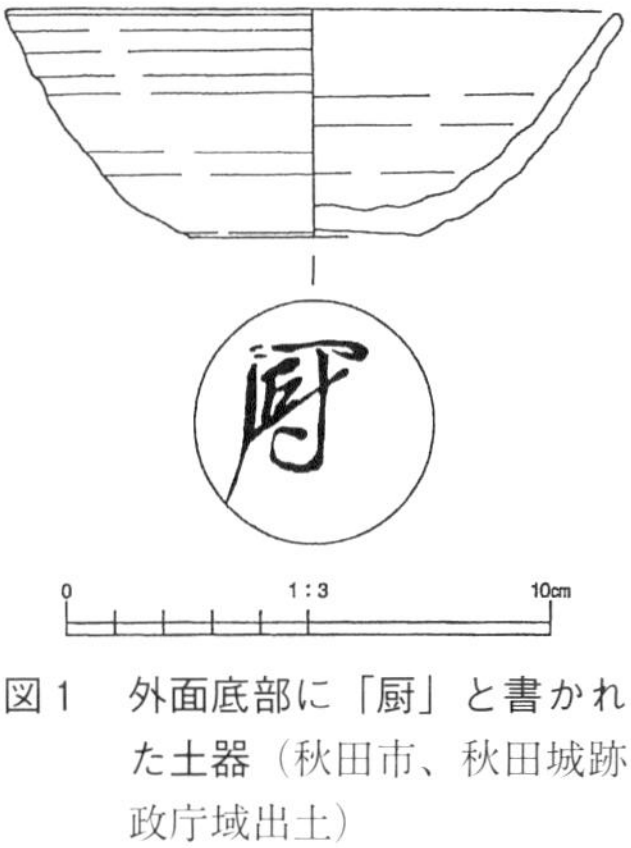

図1　**外面底部に「厨」と書かれた土器**（秋田市、秋田城跡政庁域出土）
（秋田市教育委員会・秋田城跡調査事務所『秋田城跡—政庁跡』2002年より転載）
（画像：秋田市教育委員会提供）

遺構に限らず官衙内外の饗饌の場からも出土するように、墨書銘が出土遺跡や遺構の性格と直接結びつかない場合もある。墨書土器と遺跡・遺構との関係については、遺跡全体の性格や木簡・漆紙文書など他の出土文字資料とあわせて総合的に判断する必要がある（図１）。

集落遺跡では、八世紀中葉以降に墨書土器の使用が本格的に浸透し、九～一〇世紀になると飛躍的に数が増加する。「家」「宅」や人名・地名・方角を記したものがある一方で、大半は祭祀や儀礼行為に関するものと考えられ、万・大・加・上・奉・生・得・冨・平・長などの吉祥的な漢字やそれらを組み合わせたもの、篆書《てんしょ》や則天文字などが書かれたものが各地の遺跡で共通して見られる。また、文字の種類だけでなく、一定範囲内で独特の字形や同じ書き順・書体のものが分布していることから、変形された字形や特異な文字がなかば記号として意識されたまま、祭祀・儀礼行為などに伴って広まっていったと考えられる。このような特徴から考えると、集落遺跡の墨書土器の存在は必ずしも古代における文字の普及を示す指標にはならないといえよう。また、五芒星「☆」や井桁《いげた》「井」・九字「卌」などの魔除け符号を書いた墨書土器も多く出土するが、こうした記号は古代朝鮮における金石文や刻書・墨書土器にも共通して見られる。墨書土器の記号や文字からは、朝鮮半島と日本における禍福除災の願いの広がりを読み取ることもできるのである。

そもそも坏などの土器は日常の供膳具であり、墨書することによって神への奉献用の器物として区別されたと考えられる。特に、東国の集落遺跡では膨大な量の墨書土器が出土しているが、その中には竈神《かまどがみ》や歳神《としがみ》信仰など、古代の人びとのさまざまな信仰をうかがうことができる。その一つに「国玉神奉」や「進上」「召代」「命替」の字句を含む多文字の墨書土器がある。「召代」は命を召す代わりとも神霊の依代《よりしろ》の意味とも考えられ、『日本霊異記』中巻の説話にみえる閻羅王の使の鬼に饗饌を供えて死を免れるという冥道信仰との関連が想起される。人びとは願いを文字で土器に記し、疫神鬼神へ供献することで延命長寿を祈ったのであろう（図２）。

これらの土器には、本貫や人名、人面墨書を伴うものがある。本貫記載や奉献の文言表現は、在地における文書行政の浸透を背景としている。人面墨書は、在地の国玉神や疫神の顔、あるいは祭祀主体者と神との交感した顔を描いたものともいわれ、具体的な在地信仰の様相を示している。古代墨書土器の世界は、神仏への信仰や祭祀を媒介として、文書行政の浸透した社会と非識字社会との間に存在していたのである。

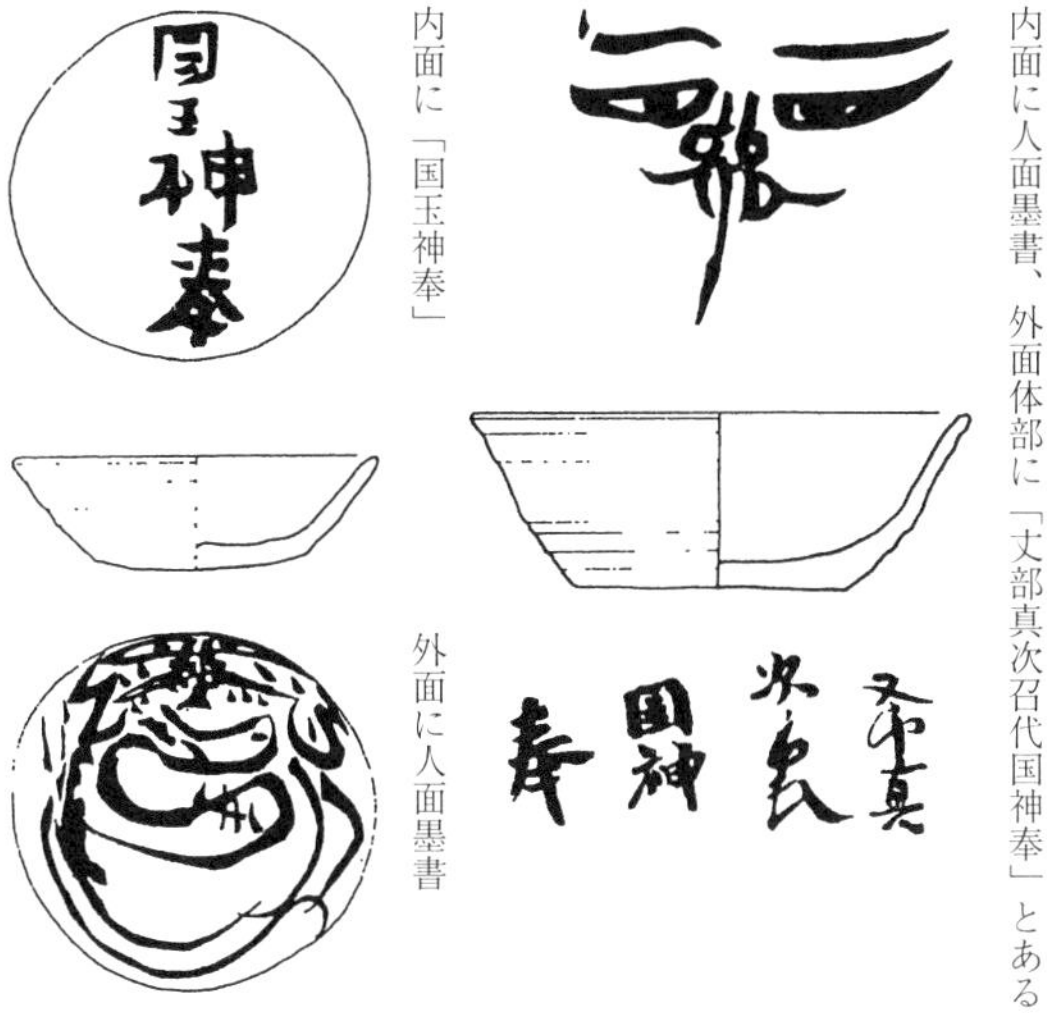

内面に人面墨書、外面体部に「丈部真次召代国神奉」とある
内面に「国玉神奉」
外面に人面墨書

図2　庄作遺跡出土の墨書土器（千葉県山武郡芝山町）
（山武考古学研究所編・芝山町教育委員会『小原子遺跡群』1990年より転載）（画像：芝山町教育委員会提供）

祭祀・儀式行為関連の墨書土器は、神との対話に用いられたものであることから、墨書が土器の内面に記される事例もある。これは所有帰属を示す文字が土器外面に墨書されることと対照的である。墨書土器を歴史資料として扱う際には、文字の内容だけではなく、土器の年代や器種、墨書の位置や文字の向き、出土状況なども重要な情報となることを端的に示しているといえよう。

墨書土器の消長には地域差があるが、一〇世紀半ばになると、官衙のあり方や信仰形態の変化などと連動し、多くの地域で姿を消していく。土器に文字を書く行為に如何なる意味が込められたのか。ここで述べた事例はほんの一部であるが、墨書土器は古代の人びとの生活や信仰に密着した歴史資料であり、古代社会の実像に迫る無限の可能性を秘めているのである。

（武井紀子）

参考文献

高島英之『古代出土文字資料の研究』東京堂出版、二〇〇〇年
平川南『墨書土器の研究』吉川弘文館、二〇〇〇年
平川南・沖森卓也・栄原永遠男・山中章編『文字と古代日本4　神仏と文字』吉川弘文館、二〇〇五年

③金石文《きんせきぶん》――上野三碑《こうづけさんぴ》を中心に――

一　金石文と上野三碑

金属や石に文字を刻んだ物を金石文という。日本の古墳時代にあっては、銅鏡や刀剣などの金属製品に文字が鋳込まれたり刻まれたりした事例がある。有名なものとして、各地の古墳から出土する三角縁神獣鏡の銘文や、埼玉県稲荷山古墳出土の鉄剣銘文、熊本県江田船山古墳出土の鉄刀銘文などがあるが、これらはいずれも最終的に古墳の副葬品として使用された。一方で、奈良県石上神宮所蔵の七支刀や和歌山県隅田八幡神社所蔵の画像鏡のように、伝世されたものもある。

これら金属製品に残る銘文は、四世紀～六世紀において作成されたものが多く、その内容は、吉祥表現や系譜表現など、多分に儀礼的性格を持ったもので、日本列島に文字文化が伝わった初期の段階の状況を示すものである。またこれらとは別に、七世紀から八世紀にかけて、仏像の光背銘や、金属製の板や骨蔵器などに文字を刻んだ墓誌などが作られたことも特筆される。

これに対して石に刻んだ文字はどうだろうか。古代の日本において石碑が確認されるのは、七世紀後半以降である。朝鮮半島では、五世紀初頭に高句麗で広開土王碑が作られるが、石碑文化は高句麗から新羅へと伝わり、六世紀初頭以降、新羅でも石碑文化が花開くことになる。日本列島では一五〇年ほど遅れて、石碑が作られるようになるのである。

日本列島において石碑が作られるようになる七世紀後半は、中国や朝鮮半島の影響を受けながら文書行政が本格的に開始された時期にあたる。つまり古代日本の石碑文化は、文書行政の成立と密接にかかわりながら作られたのである。

しかしながら、古代日本の石碑で現存するものは、全国でわずか一八基にすぎない。中国や朝鮮半島のように、石碑が盛行するという事態は起きなかったのである。石碑文化は日本列島の古代社会にさほどなじむことがなかったことを示している。

そのような中にあって注目されるのは、東国、とりわけ上野国の石碑である。上野国には七世紀末から八世紀初頭にかけての石碑が三碑現存している。このようなまとまった形で古代の石碑が残っているのはきわめて特異であり、これらを総称して「上野三碑」とよばれている。律令制が導入され、本格的な文書行政が開始されたこの時期に石碑が作られたことは、古代地域社会における文字文化の受容を考えるうえでもきわめて重要な意味をもつものと思われる。そこで本稿では、古代の石碑の中でも上野三碑に注目し、立碑年代の古いものから順にその内容や記載様式をたどりながら、その史料的意味を考えてみることにしたい(1)。

二　山上碑

上野三碑のうち、作られた年代が最も古いものが、群馬県高崎市山名町に所在する山上碑《やまのうえひ》である(2)。山上碑の建つ場所は、古代の上野国片岡郡山部里にあたり、和銅四年（七一一）の多胡郡設置によって多胡郡山部里（後に山部郷）となり、延暦四年（七八五）、桓武天皇の諱《いみな》を避けるために山字郷となった。山上碑のすぐ東側には山上古墳があり、この古墳の墓碑であるとする説もある。

碑文の原文と読み下し文、現代語訳は以下の通りである。

〔碑　文〕

辛己歳集月三日記

佐野三家定賜健守命孫黒売刀自此

新川臣児斯多々弥足尼孫大児臣娶生児

長利僧母為記定文也　放光寺僧

〔読み下し〕

辛己（巳）歳集月三日に記す。佐野三家を定め賜える健守命《たけもりのみこと》の孫黒売刀自《くろめとじ》、此れ新川臣《にいかわのおみ》の児斯多々弥足尼《したたみのすくね》の孫大児《おおこの》臣《おみ》と娶《めと》いて生める児長利僧《ちょうりのほうし》、母の為に記し定むる文也。放光寺僧。

〔現代語訳〕

辛己（巳）歳（六八一）集月（十月）三日に記す。佐野三家をお定めになった健守命の子孫の黒売刀自、これが、新川臣の子の斯多々弥足尼の子孫である大児臣と夫婦になり生まれた長利僧が、母の為に記し定めた文である。放光寺の僧。

山上碑

（画像：高崎市教育委員会提供。以下同）

読み下してみてわかるように、この碑文は正格の漢文によって書かれたものではなく、「佐野の屯倉を定め賜える」「大児臣を娶いて生む児」「母の為に記し定める文也」など、日本語の語順のとおりに漢字を並べている。これは、漢字を新羅語の語順通りに並べて表記した新羅の「壬申誓記石」（五五二年カ）にみえる、いわゆる「誓記体」と呼ばれる文体とも共通している。

壬申年六月十六日、二人幷誓記、天前誓、今自三年以後、忠道執持過失无誓、若此事失天大罪得誓、若国不安大乱世可容行誓之、又別先辛未年七月廿二日大誓、詩・尚書・礼・伝・倫得誓三年

〔読み下し〕

壬申の年の六月十六日。ふたり并びて誓いて記す。天の前に誓う。今より三年以後、忠道を執持し過失无《な》きことを誓う。若し此の事を失うは天の大罪を得んことを誓う。若し国安からず、大いに乱世たらば、まさに行うべきを誓う。又、別に先の辛未年七月廿二日に大いに誓い、詩・尚書・礼・伝・倫を得るを誓うこと三年。

さて山上碑の冒頭に注目すると、「辛己《(巳)》歳集月三日記」というように年月日と「記」の文字が記される。「(年)月日+記」が冒頭に記される金石文としては、「辛亥年七月中記…」ではじまることで知られる埼玉県の稲荷山古墳出土の鉄剣銘（四七一年）のほか、「丙寅年四月大旧八日癸卯開記…」ではじまる野中寺弥勒像台座銘（六六八年）などにも見られる。年月日を冒頭に書く記載様式は、七世紀以前の金石文に特徴的に見られ、そのルーツは「壬申誓記石」など朝鮮半島の金石文に求められると考えられる。続く「集月」は他に事例が見当たらないが、音が「十」に通ずるとして一般的には十月のことと解されている。

碑文は、放光寺の僧である「長利僧」が、母のために記し定めた文であることが記されているが、記載の大半は、「長利僧」の系譜である。なお山上古墳から北東一五キロ、群馬県前橋市総社町にある山王廃寺からは、「放光寺」とヘラ書きされた瓦や「方光」の押印がある瓦が出土しており、ここが放光寺にあたる寺院と考えられている。さらに長元三年（一〇三〇）の『上野国交替実録帳』には、定額寺として放光寺の名が見える。

「佐野三家」とは、佐野の地に置かれた屯倉《みやけ》のことである。屯倉とは、ヤマト王権が地域社会に設置した直轄的な経営体である。佐野の地名については、金井沢碑に「群馬郡下賛郷」とある「下賛」を「しもさぬ」と読み、さらに群馬県高崎市の南方の現地名に「上佐野」「下佐野」があることから、これらが佐野三家に関連する地名ではないかと考えられている。また、『和名類聚抄』に見える上野国片岡郡佐没郷も、「没」が「沼」の誤りとみて「さぬ郷」と読み、これもまた佐野三家と関連する地名であるとも考えられている[3]。

「佐野三家を定め賜う」とあるが、この「定賜」という表現は、九世紀末に編纂されたとみられる『先代旧事本紀』巻一〇「国造本紀」に「定賜国造（国造に定め賜う）」という形で頻繁に登場する。「国造本紀」の成立年代については議論があるが、古い資料にもとづくという説もあり、あるいは「定賜」は七世紀以前の古い表記をとどめているのかもしれない。

さてこの佐野屯倉を設定した人物が、健守命という人物で、その子孫である黒売刀自が、新川臣の子の斯多々弥足尼の子孫である大児臣と夫婦になり生まれたのが、長利僧であると記しているのである。すなわち書かれている人名の系譜関係を図示すると次のようになる。

健守命……………黒売刀自
　　　　　　　　‖…………長利僧
新川臣─斯多々弥足尼………大児臣

この石碑の系譜表現で最も注目されるのは、「娶いて生む児」という形で、両親の系譜を平等に記している点である。こうした系譜表現は、七世紀以前の古い系譜に特徴的に見られるといわれている。父系と母系の双方からその社会的地位を受け継いでいたことをこの系譜では示しており、父系の血筋が重視されるようになる後代の系譜表現とは異なる系譜意識が存在していたことを示す事例といえよう(4)。

もう一点、この石碑の系譜表現で注意したいことは、続柄の子を意味する「児」の表記についてである。大宝二年（七〇二）に作成された御野戸籍では男子を「子」、女児を「児」と表記しており、表記を使い分けている。後に述べる神亀三年（七二六）銘の金井沢碑においてもその原則は踏襲されている。だが山上碑は、男子の子どもを「児」と表記しており、上記の原則からははずれている。むしろ埼玉県稲荷山古墳出土の鉄剣銘文において、

辛亥年七月中記、乎獲居臣、上祖名意富比垝、其児多加利足尼、其児名弖已加利獲居、其児名多加披次獲居、其児名多沙鬼獲居、其児名半弖比、其児名加差披余、其児名乎獲居臣、世々為杖刀人首、奉事来至今、獲加多支鹵大王寺在斯鬼宮時、吾左治天下、令作此百練利刀、記吾奉事根原也

とあるように、系譜表現の中で一貫して「児」と表記していることとも共通しており、そう考えると七世紀以前の古い表記を踏襲しているとみるべきだろう。

これに関連して、碑文中の人名に出てくる「新川臣」「斯多々弥足尼」「大児臣」の表記もまた、「乎獲居臣」「多加利足尼」など稲荷山鉄剣銘文に見える人名表記と共通している。とりわけ「臣」「足尼」は人名に付された尊称として、両者に共通して用いられている。

以上のようにみてくると、山上碑は、五世紀以来の東国における系譜意識が脈々と受け継がれ、それが石碑の表記となってあらわれているとみることができるのではないだろうか。この点は、以下に述べる八世紀以降の石碑とは対照的である。

三　多胡碑

つづいて、和銅四年（七一一）銘の多胡碑《たごひ》を取りあげる。多胡碑は、群馬県高崎市吉井町の北部、鏑川南岸近くの旧稲荷明神社境内の、高さ九〇センチの土壇上にある。律令制導入当初は上野国甘楽郡であったが、和銅四年（七一一）に多胡郡となった。碑文には多胡郡が成立した経緯が書かれており、この碑文の性格は一般に「建郡碑」と呼ばれている。

まず碑文の原文をあげ、次に、読み下し文と現代語訳をあげる。

〔碑　文〕

弁官符上野国片岡郡緑野郡甘
良郡并三郡内三百戸郡成給羊
成多胡郡和銅四年三月九日甲寅
宣左中弁正五位下多治比真人
太政官二品穂積親王左太臣正二
位石上尊右太臣正二位藤原尊

〔読み下し〕

弁官符す、上野国片岡郡・緑野郡・甘良郡、三郡の内の三百戸を并せて郡に成し、羊に給い、多胡郡と成せ。和銅四年三月九日甲寅に宣る。左中弁・正五位下多治比真人、太政官・二品穂積親王、左太臣・正二位石上尊、右

多胡碑

太臣・正二位藤原尊。

〔現代語訳〕

弁官が上野国に命ずる。片岡郡・緑野郡・甘良郡、三郡のうち三〇〇戸をあわせて郡となし、羊に給い、多胡郡となせ。和銅四年三月九日甲寅に命ずる。左中弁・正五位下多治比真人、太政官・二品穂積親王、左太臣・正二位石上尊、右太臣・正二位藤原尊。

この石碑は、上野国の多胡郡の立郡を「弁官符」という文書様式で表現したものである。「弁官符」の問題については後にふれるとし、まず内容についてみてみよう。

この碑文の内容と密接にかかわる文献史料が『続日本紀』和銅四年（七一一）三月辛亥（六日）条にある「上野国甘良郡の織裳・韓級・矢田・大家、緑野郡の武美、片岡郡の山など六郷を割きて、別に多胡郡を置く」という記事である。「甘良」「緑野」「片岡」三郡から六郷（里）を割いて多胡郡を置いたという記事であるが、この点に関して『続日本紀』の記事と多胡碑の内容は合致している。当時は五〇戸を一里（郷）とする規定があったので、碑文中の「三〇〇戸」とは、六里（郷）分を意味するのである。なお、一〇世紀成立の『和名類聚抄』の郡郷部には、緑野郡、片岡郡が同名でみえ、「甘良郡」は甘楽郡と表記される。

だが碑文には、『続日本紀』に見えていない内容がいくつもあらわれている。その一つは、「羊に給う」という表現である。古来、この部分についてはさまざまな解釈があったが、現在は「羊」を人名もしくはその一部とみる説が有力である。

養老選叙令13郡司条には郡司の任用規定が定められているが、「其の大領・少領、才用同じならば、先ず国造を取れ（郡の長官や次官の候補者として、同じ実力を持つ者が複数いる場合は、先ず国造を採用せよ）」という部分の

『令集解』所収の古記（大宝令の注釈書）の注釈に、「『先ず国造を取れ』とは、謂、必ず国造の人に給わるべし」と書かれており、郡領職に任ずることを「給」と表現している。このことから、「羊に給う」とは、「羊」なる者に郡領職を任ずることを意味すると考えられる。

碑文に見える年月日が和銅四年三月九日甲寅であり、『続日本紀』とは三日の違いがある。これは、建郡の正式決定が三月六日になされ、郡領任官の儀式が三月九日に行われたことを示しているのであろう。年月日の下に「宣」とあるのは、それが左中弁・正五位下多治比真人により口頭で命ぜられたことを示しているものと思われる。

最後に、大臣たちの人名が記される。穂積親王は天武天皇の皇子で、このとき知太政官事の地位にあったので、「太政官」とはそのことを意味しているのであろう。

「左太臣正二位石上尊」は当時の左大臣石上朝臣麻呂を指し、「右太臣正二位藤原尊」は当時の右大臣藤原不比等を指す。いずれも姓のみで名前が記されておらず姓の後に「尊」という尊称が付されている。通常の符式の文書でこのような尊称がつくことはありえない。在地の豪族が中央の大臣に対してこのような尊称を付して呼称していたのである。このことはこの碑文が、文書の様式を借りながら在地側の論理で作られた碑文であることを明確に示している。

さて問題となるのは、冒頭の「弁官符」である。弁官とは太政官の一部局であり、諸司・諸国に関する事務を統括したり、関係官司との取り次ぎや命令伝達を行う。いわば事務部局である。太政官符の作成にもかかわるが、弁官じたいが「符」という形式の文書を出すことはない。この点が問題となる。

この碑文は符式の文書を石碑に写し取ったものだとする前提で、この文書が何であったのかということについて、これまで議論があった。太政官符の別称、大宝令制での勅符、弁官符という独自の文書とする説など、さまざまな説が提示された(5)。

「符」は、養老公式令に、国司に命令する符を事例として、

太政官符其国司
　其事云々。符到奉行。
　大弁位姓名　史位姓名
　　年月日　使人位姓名

という書式があげられている。これによれば、
①一行目に「太政官符〇〇国」
②二行目以降に事実書、文末に「符到奉行」
③大弁の位階と姓名、史の位階と名前
④年月日。日下に使人の位階と姓名
という点が、符式の文書の特徴であったことがわかる。
　多胡碑を、符式条の書式に合わせて改行してみると、以下のようになる。

　弁官符上野国
片岡郡緑野郡甘良郡并三郡内三百戸郡成給羊成多胡郡
和銅四年三月九日甲寅宣　左中弁正五位下多治比真人
太政官二品穂積親王
左太臣正二位石上尊
右太臣正二位藤原尊

公式令の符式と比較した場合、一見してわかるように、「符到奉行」という文言がないことや、文書作成者と年月日の位置との関係が合致していないこと、さらには書式には規定されていない大臣の名前までみえること、などが大

きく異なっている。

そもそもこの碑文が何らかの文書を写し取ったとする前提じたいに問題はないだろうか。建郡にあたっては、太政官から符式文書によって上野国司に伝えられたと考えられる一方で、実際の郡領任命に際しては、弁官から口頭で通達がなされるものと思われる。それを郡領就任者が聞き取って文書の形に作文し、碑文に刻んだのではないだろうか。先にみた大臣に対する「尊」の尊称はきわめて在地的な表現であり、その点からも、郡領就任という事実を「弁官符」という文書の形を借りて表現した、一種のフィクションの文書と考えられるのである[6]。

ではなぜ、このような手の込んだことをしたのだろうか。法令宣布を石碑に刻んで自らの支配の正当性を示すという手法は、じつは古代朝鮮の石碑にもしばしば見られるものである[7]。こうした古代朝鮮における石碑のあり方が、多胡碑に影響を与えたとは考えられないだろうか。多胡碑の形状に注目すると、石材を方柱形に整えて碑身の上に笠石を載せているが、これは新羅の真興王巡守管境碑である磨雲嶺碑や黄草嶺碑などと類似する。多胡郡を含む上野国の西部地域は朝鮮半島からの渡来人が集中的に遷置された地域であるとも言われており、碑文の作成に渡来人がかかわっていることは、容易に想像できるだろう。

もう一点興味深いのは、この石碑の形式的な宛所が上野国であるにもかかわらず、それを郡領任命者（碑文中の「羊」）が自らの正当性の根拠として碑文に刻んでいるという点である。これは、文書により権利を有する者が形式的な宛所とは別に存在するという認識が、八世紀初頭から形成されていたことを示している。

四　金井沢碑

最後に、神亀三年（七二六）銘の金《かな》井《い》沢《ざわ》碑《ひ》を取りあげる。金井沢碑は、高崎市山名町金井沢に所在する。山間を流れる金井沢川にそった谷間から、ゆるい斜面をのぼった丘陵の中腹に南向きに建てられている。上野国多胡郡山部郷にあたる場所である。

金井沢碑

〔碑　文〕

上野国群馬郡下賛郷高田里
三家子□為七世父母現在父母
現在侍家刀自他田君目頰刀自又児加
那刀自孫物部君午足次馸刀自次乙馸
刀自合六口又知識所結人三家毛人
次知万呂鍛師礒マ君身麻呂合三口
如是知識結而天地誓願仕奉
石文
神亀三年丙寅二月廾九日

〔読み下し〕

上野国群馬郡下賛郷高田里の三家子□、七世父母現在父母の為に、現在家刀自に侍る他田君目頰刀自、又児の加那刀自、孫の物部君午足、次に馸刀自、次に乙馸刀自の合せて六口、また知識として結ぶところの三家毛人、次に知万呂、鍛師の礒部君身麻呂の合せて三口、是の如く知識結びて天地誓願し奉る石文。
神亀三年丙寅二月二九日。

〔現代語訳〕

上野国群馬郡下賛郷高田里の三家子□が、七世父母と現在父母のために、現在侍る家刀自の他田君目頰刀自、又児の加那刀自、孫の物部君午足、次に馸刀自、次に乙馸刀自の合せて六口、また知識として結ぶところの三家毛人、次に知万呂、鍛師の礒部君身麻呂の合せて三口、このように知識を結んで天地誓願したてまつる石文。

神亀三年丙寅二月二九日

この石碑の内容を読むと、「七世父母」と「現在父母」のために、仏教的な供養を目的として建立されたものであることがうかがえるが、碑文中には山上碑と同様、石碑の建立にかかわった人物の系譜が書かれており、この系譜をどう解釈するかが、この碑文をどう評価するかという問題ともかかわってくる。

碑文中の系譜については古来さまざまな説が出されてきたが、近年勝浦令子は、供養者（すなわち石碑の建立者）の主体を、「三家子□」とその妻の「（現在家刀自に侍る）他田君目頰刀自」ととらえ、次のような系譜を復元した。(8)

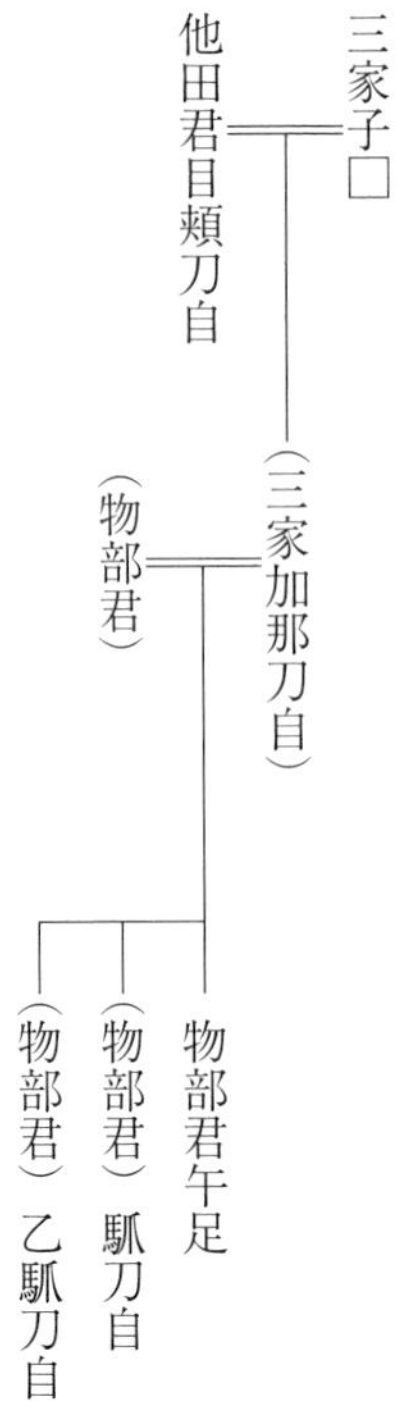

これによると石碑建立の主体は上野国群馬郡下賛郷高田里の「三家子□」とその妻ということになる。山上碑のところでふれたように、群馬郡下賛郷は、「佐野三家」の故地であると考えられる。「三家子□」という人名も、佐野三

家に由来するウジ名と考えることができ、その意味で、佐野三家と関係の深い人物たちが山上碑や金井沢碑のような石碑の建立にかかわっていたという歴史的背景が想定できる。

この碑に見える「七世父母」に注目した増尾伸一郎は、古代朝鮮の金石文を博捜し、「七世紀後期の新羅による三国統一前後の時期を中心として、日本との関係がとくに深かった百済の地域で、多くの知識により造立された仏像や碑などの造像物の銘文に「七世父母」の語が刻まれていることは、日本古代における用例の直接的な先蹤として注目に値する」と述べ、百済との関連を指摘している。(9)「七世父母」の文言自体は、高句麗の五世紀代の石仏像銘にも見え、いずれにせよ古代朝鮮で広く使用された文言の影響を受けたものであることは間違いないだろう。

「天地誓願」については、「天地」が天神地祇に通じ、「誓願」は造寺造仏や設斎などを通じて祖先供養や病気治癒をはじめとするさまざまな功徳を記念する際に使われる。「誓願」じたいは、法隆寺金堂釈迦三尊象光背銘（六二八あるいは六八八年）、野中寺弥勒菩薩像台座銘（六六六）、薬師寺東塔擦柱銘（六八〇）、奈良栗原寺塔露盤銘（七一五）などにその用例が見えるが、「天地」の神に「誓願」する事例は少ない。わずかに、『日本霊異記』上巻第七の、備後国三谷寺の創建譚の中で、百済出身の禅師弘済が「時に誓願を発していわく、もし平らかに還りおわらば、諸の神祇のために伽藍を造り立て、多に諸の寺を起しまつらむ」とあるのが知られるのみである。増尾はこうした事例から「天地誓願」の語を、古代の在地社会の祖先信仰を下地としながらも百済からの外来仏教が定着する初期の様相を物語るものとして評価したのである。

仏教に関する文言として「知識」の語も見える。「知識」とは善知識のことで、仏教信仰をともにする集団のことや、功徳を得るために財物を寄進したり労働力を提供したりする行為そのもののことをいう。碑文中には「知識を結ぶ」という表現が二度ほど出てくるが、これは、三家子□の一族としての集団と、「三家毛人、次に知万呂、鍛師の礒部君身麻呂の合せて三口」という別の集団が、「知識」を結ぶことにより仏縁による集団となったことを強調したものといえよう。八世紀前半の東国社会において、血縁だけではない仏縁による知識集団が形成されていたことを示すものである。

さて、ここで系譜表現にあらためて注目してみよう。すでに多くの研究者が指摘していることだが、この碑文の中で系譜関係を示す「児」「次」「口」といった語が、大宝二年の御野国戸籍にみえる系譜関係等を示す語と共通している。(10) 具体的にいえば、「児」とは女児の場合に用い、「次」は、直前に書かれた人物の弟を意味する語である。また、人員の単位に「口」が用いられている点も、御野国戸籍と共通している。

御野国戸籍との共通点はこれだけにとどまらない。「鍛師礒部君身麻呂」というふうに、人名だけではなく「鍛師」という属性まで石碑に記されている例があるが、これは御野国加毛郡半布里の戸籍の中に「下々戸主安麻呂〈年卌四、正丁、鍛〉」と、「鍛」の語を注記していることを思い起こさせる。系譜表現や人名表記においては、戸籍からそのまま抜き書きしたのではないかと思われるほど、戸籍の記載を意識した書き方がなされていると考えざるをえないのである。

さらに人名表記に注目すると、「三家子□」「他田君目頬刀自」「加那刀自」「物部君午足」「馴刀自」「若馴刀自」「三家毛人」「知万呂」「礒部君身麻呂」というようにウジ名が記され、直前の人物とウジ名が同じ場合はウジ名が省略されるという原則が見受けられる。これもまた、御野国戸籍とまったく同じ原則である。

このようにみてくると、山上碑と金井沢碑は、ともに在地の系譜を表現しながらも、その表現方法が大きく異なっていたことがわかる。山上碑の人名表記には、ウジ名がないことや、「臣」「足尼」などの尊称表現といった、五世紀の稲荷山鉄剣銘文に見える系譜表現に共通する表記が残っていたのに対し、金井沢碑においてはウジ名が記され、さらには戸籍の系譜表現や注記を意識して系譜が書かれているのである。八世紀以降、戸籍制の導入により地域社会において人身把握のシステムが飛躍的に整い、それが碑文の表現にも影響をもたらしたのである。年月日が冒頭ではなく末尾にくるというのも、八世紀以降の文書行政の進展の影響を受けたものであろう。

　山上碑と金井沢碑は、ともに佐野三家の設置にかかわった在地の一族の後裔たちによって作られた碑であると考えられる。しかし七世紀末から八世紀初頭における律令制の導入によって、地方社会における文書行政システムが飛躍的に進展したことにより、石碑の中の表現は大きく変わることになった。山上碑から金井沢碑へ、石碑の表現が大きく変化した背景には、この時期、地方社会に急速に流入してくる文字による支配システムを、在地の豪族たちが受け入れざるをえなかった事情が反映されているように思う。上野三碑は、古代東国の在地豪族たちが、七世紀末から八世紀前半にかけて急速に整備されていく文書行政システムをどのように受け入れていったかを具体的に知ることのできる、稀有な資料群なのである。

五　上野三碑の歴史的背景

　以上、上野三碑を素材に、七世紀末から八世紀前半の地域社会における文字文化の歴史的展開の問題を考えてみた。くり返すが、上野三碑は三つの碑を合わせて検討することにより、古代国家の文書行政が地域社会に浸透していく七世紀後半から八世紀前半の状況を明らかにすることができる、稀有な資料群である。三碑がそろって残っていたおかげでその過程を知ることができたのである。

　ではなぜ上野国にこの時期、このような石碑が集中して作られたのだろうか。よく指摘されているように、この地域に渡来人が数多く居住していることと関係しているのだろう。『日本書紀』天智天皇五年（六六六）是冬条には、「百済の男女二千余人を以て東国に居せしむ」とあり、七世紀後半の百済滅亡にともなう渡来人の流入が東国社会にも影響を与えたことが示されている。持統元年（六八七）三月丙戌条には、新羅人一四人を下野国に移して田地を与えたとする記事、同三年（六八九）四月庚寅条、同四年（六九〇）八月乙卯条にも同様の記事が見える。これらの記事に上野国は直接登場はしないが、七世紀の東国、それも北関東に、百済や新羅からの渡来人が数多く移住してきたことが想定できる。

上野三碑の周辺で渡来人の痕跡をうかがわせる史料としては、多胡郡には韓級郷があり、正倉院の庸布墨書銘には多胡郡山那郷の住人として秦人の名が見えるなど、渡来人が居住していた痕跡がうかがえる。さらに『続日本紀』天平神護二年（七六六）五月壬戌条には、「上野国に在る新羅人子午足ら一百九十三人に姓を吉井連と賜う」とあり、「吉井」が現高崎市吉井町の地名にもとづくとみられることから、これもまた多胡郡の住人と推定される。(11)

またこれもすでに指摘されているように、山上碑と金井沢碑が自然石を用いていることや、多胡碑が直方体の碑身の上に笠石を載せる構造であることが、古代朝鮮の石碑の影響を受けたものであることを示している。(12)石碑が建立されることがほとんどなかった古代日本において上野三碑はきわめて特異な存在だが、その背景には石碑文化をもたらした渡来人たちの直接的な影響を想定することができるのである。

註

（1）上野三碑に関する主要な研究としては、東野治之「上野三碑」『日本古代金石文の研究』岩波書店、二〇〇四年、初出一九九一年、平野邦夫監修・あたらしい古代史の会編『東国石文の古代史』吉川弘文館、一九九九年、前沢和之『古代東国の石碑』山川出版社、二〇〇八年等を参照。

（2）篠川賢「山上碑を読む」『東国石文の古代史』吉川弘文館、一九九九年。

（3）尾崎喜左雄『上野三碑の研究』尾崎喜左雄先生著書刊行会、一九八〇年。

（4）義江明子「出自と系譜」『日本古代の氏の構造』吉川弘文館、一九八六年。

（5）東野註（1）前掲論文。

（6）鐘江宏之「口頭伝達の諸相　―口頭伝達と天皇・国家・民衆―」『歴史評論』五七四、一九九八年、平川南「建郡碑　―多胡碑の輝き」『律令国家国郡里制の実像　上巻』吉川弘文館、二〇一四年。

（7）新川登亀男「古代東国の「石文」系譜論序説　―東アジアの視点から―」『東国石文の古代史』吉川弘文館、一九九九年。

（8）勝浦令子「金井沢碑を読む」『東国石文の古代史』吉川弘文館、一九九九年。

（9）増尾伸一郎「「七世父母」と「天地誓願」―古代東国における仏教受容と祖先信仰をめぐって―」『東国石文の古代史』吉川弘文館、一九九九年。

（10）東野註（1）前掲論文、平川南「古代の籍帳と道制　―発掘された古代文書から」『律令国郡里制の実像　上巻』吉川弘文館、二〇一四年（初出一九九六年）など。

（11）加藤謙吉「上野三碑と渡来人」『東国石文の古代史』吉川弘文館、一九九九年。

（12）東野註（1）前掲論文。

参考文献

国立歴史民俗博物館編『企画展示　古代の碑　―石に刻まれたメッセージ―』一九九七年
東野治之『日本古代金石文の研究』岩波書店、二〇〇四年
平野邦夫監修・あたらしい古代史の会編『東国石文の古代史』吉川弘文館、一九九九年
前沢和之『古代東国の石碑』山川出版社、二〇〇八年

（三上喜孝）

執筆者紹介（執筆順、◎は編者）（2018年３月現在）

春名宏昭（はるな　ひろあき）法政大学大学院人文科学研究科兼任講師

◎佐藤　信（さとう　まこと）　別掲参照

矢嶋　泉（やじま　いづみ）　青山学院大学文学部教授

坂江　渉（さかえ　わたる）　兵庫県立歴史博物館ひょうご歴史研究室研究コーディネーター

三舟隆之（みふね　たかゆき）東京医療保健大学医療保健学部医療栄養学科教授

須原祥二（すはら　しょうじ）四天王寺大学人文社会学部教授

佐々田　悠（ささだ　ゆう）　宮内庁正倉院事務所保存課技官

小倉真紀子（おぐら　まきこ）北海道大学大学院文学研究科准教授

北村安裕（きたむら　やすひろ）岐阜聖徳学園大学教育学部専任講師

◎小口雅史（おぐち　まさし）　別掲参照

飯田剛彦（いいだ　たけひこ）宮内庁正倉院事務所保存課長

野尻　忠（のじり　ただし）　奈良国立博物館学芸部企画室長

坂上康俊（さかうえ　やすとし）九州大学大学院人文科学研究院教授

磐下　徹（いわした　とおる）大阪市立大学文学研究院准教授

小倉慈司（おぐら　しげじ）　国立歴史民俗博物館研究部准教授

渡辺晃宏（わたなべ　あきひろ）奈良文化財研究所都城発掘調査部史料研究室長

古尾谷知浩（ふるおや　ともひろ）名古屋大学大学院人文学研究科教授

武井紀子（たけい　のりこ）　弘前大学人文社会科学部准教授

三上喜孝（みかみ　よしたか）国立歴史民俗博物館研究部教授

古代史料《こだいしりょう》を読《よ》む

上　律令国家篇

■編者略歴■

佐藤　信（さとう　まこと）

1952年　東京生まれ

1978年　東京大学大学院人文科学研究科博士課程中退

その後、聖心女子大学文学部助教授、東京大学文学部助教授等を経て

現　在　東京大学名誉教授・人間文化研究機構理事

［主要著作］

『日本古代の宮都と木簡』（吉川弘文館、1997年）、『古代の遺跡と文字資料』（名著刊行会、1999年）、『出土史料の古代史』（東京大学出版会、2002年）、『古代の地方官衙と社会』（山川出版社、2007年）ほか

小口　雅史（おぐち　まさし）

1956年　長野県生まれ

1985年　東京大学大学院人文科学研究科博士課程単位修得退学

その後、弘前大学人文学部助教授、法政大学第一教養部教授等を経て

現　在　法政大学文学部教授・同国際日本学研究所所長

［主要著作］

『新体系日本史　3土地所有史』（共著、山川出版社、2002年）、『北の防御性集落と激動の時代』（編著、同成社、2006年）、『海峡と古代蝦夷』（編著、高志書院、2011年）、『北方世界と秋田城』（編著、六一書房、2016年）ほか

2018年 3 月 31 日発行

2019年 2 月 10 日第 2 刷

編　者　佐　藤　　信
　　　　小　口　雅　史

発行者　山脇由紀子

印　刷　亜細亜印刷㈱

製　本　協栄製本㈱

発行所　東京都千代田区飯田橋4-4-8　（〒102-0072）東京中央ビル　㈱同成社

TEL　03-3239-1467　振替　00140-0-20618

ISBN978-4-88621-783-7　C3021